Bernt Engelmann

Die Laufmasche

Tatsachenroman

Rowohlt

Der in der Originalausgabe im Anhang enthaltene Lebenslauf des Theodor Oberländer darf laut Beschluß des 21. Zivilsenats des Oberlandesgerichts München vom 5. 5. 1981 (Az: 21 W 932/81) nicht mehr veröffentlicht werden und entfällt in dieser Ausgabe.

Veröffentlicht im Rowohlt Taschenbuch Verlag GmbH,
Reinbek bei Hamburg, Januar 1982
Copyright © 1980 by Verlag AutorenEdition im
Athenäum Verlag, Königstein/Ts.
Umschlagentwurf Werner Rebhuhn
(Foto: Werner Neumeister)
Satz Garamond (Linotron 404)
Gesamtherstellung Clausen & Bosse, Leck
Printed in Germany
580-ISBN 3 499 14882 x

Vorbemerkung

Dies ist ein Tatsachenroman. Die Handlung, die an einem Wochenende der frühen sechziger Jahre in und um München herum spielt, ist frei erfunden, zumindest insofern, als keine der Romanfiguren tatsächlich existiert oder existiert hat. Namensgleichheit mit lebenden (oder damals lebenden) Personen ist unbeabsichtigt und wäre rein zufällig – ausgenommen bei jenen Personen der Zeitgeschichte, die mit ihrem richtigen Namen genannt werden. Um jede Verwechslung zu vermeiden, sind diese wirklichen Personen im Anhang aufgeführt, jeweils mit ihren Lebensdaten und einigen biographischen Anmerkungen.

Die einzelnen Vorfälle, die die Romanhandlung bilden, haben wirkliche Begebenheiten zur Vorlage. Aber diese tatsächlichen Vorkommnisse haben sich in manchen Einzelheiten anders, auch meist zu anderer Zeit und natürlich mit anderen Akteuren abgespielt. Eine Übereinstimmung mit Tatsächlichem wäre unbeabsichtigt und rein zufällig.

Und dennoch: Wenn sich der eine oder andere prominente Mitbürger in der einen oder anderen Romanfigur wiederzuerkennen meint, so muß er (oder sie) sich nicht täuschen. Denn es kann ja sein, daß er (oder sie) sich, bewußt oder unbewußt, ähnlich verhalten hat wie die erdachte Person.

Rottach-Egern, Obb. Bernt Engelmann
im Sommer 1980

Verzeichnis der
– natürlich frei erfundenen –
Hauptfiguren:

ANNA PICHLMAYR
Mitte 30, Gruppenleiterin in einem Saller-Supermarkt im Münchner Norden, die sich, aber auch anderen, zu helfen weiß.

DR. FRANZ XAVER HURLINGER
Direktor der ‹Bayerischen Credit- und Giro-Casse›, knapp 40, vielseitig interessiert und karrierebewußt.

BARBARA V. KORFF
Annas Freundin, verdient sich das Geld für ihr Studium u. a. mit ‹Eilarbeiten› für Rechtsanwälte.

SEBASTIAN HUEBER
Oberamtsrat i. R., fast 90, spielt gern Schach, ist erstaunlich aktiv und weiß viel von früher zu erzählen.

DR. ALFRED ZADEK
Rechtsanwalt, der seine Heimatstadt München 1933 verlassen mußte und mit einem festen Vorsatz zurückgekommen ist.

ANGELA ZIVOJINOVIC
genannt Geli, arbeitet in Annas Gruppe im Supermarkt, reißt sich eine Laufmasche und löst damit mehr aus, als sie und alle anderen ahnen.

DAMIAN LOHBICHLER
Elektriker, Klempner, notfalls auch Fahrer im Supermarkt, hält die Augen offen und weiß sich auf das, was er sieht, einen Reim zu machen.

PETER KRAUB
Barbaras Freund, Referendar in einer Anwaltskanzlei.

MAXIMILIAN V. HUNGER
Vorstandsmitglied der ‹Bayern-Credit› mit familiären Sorgen.

KONSUL GUSTL SALLER
Chef des Saller-Konzerns, ein vielseitiger Geschäftsmann, der sich gern volksnah und jovial gibt, aber nicht immer.

Seine Durchlaucht DER FÜRST,
Großgrundbesitzer, Großaktionär und ‹Alpenglück›-Fabrikant mit mancherlei Sorgen.

DR. MAX JOSEF ZIRLGRUBER,
MdB, Rechtsanwalt, einflußreich, vielleicht bald Minister, der aber dennoch nachts aus dem Bett springen muß, wenn man ihn ruft.

BANKIER MERTZ
Chef des altrenommierten Bankhauses Maywaldt, Mertz & Co, ein Mann von großem Einfluß und raschen Entschlüssen.

RABLACZEK
Sicherheitsbeauftragter der Elektronik-Union, der sich früher anders nannte.

JELLINEK
Sicherheitsbeauftragter des Saller-Konzerns, für den etliche wackere Männer Tag und Nacht unterwegs sind.

GSTETTENBAUER
ein Landwirt, der während der ganzen Handlung inhaftiert ist und dem man Hof und Felder planiert hat, um eine Trabantenstadt zu bauen.

ORT UND ZEIT DER HANDLUNG:
München und Umgebung an einem Frühsommer-Wochenende Anfang der 60er Jahre.

Andere wichtige, aber nicht erfundene Personen sind im Anhang aufgeführt.

Freitag früh

Es war 2.25 Uhr. Der Einsatzleiter sagte leise, ohne eine Spur von Erregung: «X minus 5 Minuten. Fertigmachen. Bitte kommen.» Dann legte er das auf Empfang geschaltete Funksprechgerät vor sich auf das hölzerne Geländer. Während die Unterführer über Funk bestätigten, daß sie den Befehl verstanden hätten, sah er noch einmal durch sein Nachtglas hinüber zum Hof. Dort rührte sich nichts. Auf dem Anstand am Waldrand, einer roh gezimmerten, überdachten Plattform sieben Meter über dem Boden, hielten sich, außer dem Einsatzleiter und einem weiteren Polizeioffizier, auch drei Männer auf, die keine Uniform trugen. Sie standen etwas im Hintergrund und wirkten nervös.

«Ob man sich eine Zigarette...?» wandte sich einer von ihnen an seinen Nachbarn. Der zuckte zusammen, schüttelte dann ärgerlich den Kopf. Der dritte Zivilist, einen Schritt abseits, beobachtete den Vorgang. ‹Mächtigen Schiß haben sie, die Herren vom Ministerium›, dachte er. Unter einem dunklen Regenmantel trug er einen Smoking. Er war in der Oper gewesen, danach bis kurz nach 1 Uhr in der «Kanne», wo ihn der Anruf erreicht hatte.

Er war dann gleich losgefahren, entsprechend den telefonischen Anweisungen über die Tegernseer Landstraße, bis er auf die Polizeisperre stieß. Dort hatte er seinen Wagen geparkt und war von einem Beamten über Feld- und Waldwege zum anderthalb Kilometer entfernten Kommandostand geleitet worden. Er hatte die äußere Postenkette passiert, auch die in einer Lichtung lagernde Hundertschaft, die in Reserve gehalten wurde. Mit leichtem Frösteln war er auf der Foststraße an den in der Dunkelheit wie Ungetüme lauernden Planierraupen vorbeigegangen und hatte dabei gedacht: ‹So ähnlich wird es wohl auch im Krieg gewesen sein, wenn sie ein Dorf dem Erdboden gleichgemacht haben – zur Vergeltung von Partisanenangriffen, wie es dann hieß...›

Während er, von seinem zurückbleibenden Begleiter ermahnt, ja recht leise zu sein, die Leiter zum Anstand erklettert hatte, war ihm durch den Kopf gegangen, daß es für einen Einser-Juristen und B-Direktor der angesehenen Bayerischen Credit- und Giro-Casse seltsam und eigentlich unpassend war, hier nachts im Wald an einem Großeinsatz der Polizei teilzunehmen. Aber die reibungslose, rasche und möglichst unblutige Durchführung dieses Einsatzes war eine wesentliche Voraussetzung für den Erfolg eines Großprojekts, und dessen Gelingen würde sich wiederum für seine weitere Karriere günstig auswirken, ihn vielleicht sogar die letzte Sprosse, das Ziel seiner Wünsche, erreichen lassen.

Oben auf der Plattform hatte er dann eine kurze, geflüsterte Unterredung mit dem Einsatzleiter gehabt. Das Ergebnis war zufriedenstellend gewesen: Die Anzahl der Besetzer, alles junge Leute unter 25, hauptsächlich Studenten, hatte sich gegen Abend stark verringert. Die meisten waren, wie von der Polizei erwartet, zu dem großen Festival auf die Theresienwiese gegangen. Kaum fünfzig waren zurückgeblieben und lagen nun in ihren Schlafsäcken drüben auf der Wiese neben dem Hof, samt ihren zusammengerollten Transparenten durch das Nachtglas deutlich zu erkennen. Der Mann, der um 2 Uhr die Wache übernommen hatte, saß ein paar Schritte abseits auf einem Küchenstuhl und hatte sich seit zehn Minuten nicht bewegt. Vielleicht war er eingeschlafen.

Wenn es gelänge, die offenbar Ahnungslosen blitzschnell zu überrumpeln und in ihren Schlafsäcken wegzutragen, ehe sie überhaupt merkten, was ihnen geschah, wäre die ganze leidige Angelegenheit im Handumdrehen erledigt. Man würde sie alle auf Lastkraftwagen abtransportieren, bis gegen Mittag in Gewahrsam halten, und die Planierraupen konnten dann in wenigen Stunden ihr Werk verrichten – ohne Aufsehen, denn der Presse war mitgeteilt worden, vor Freitag morgen werde man bestimmt nichts unternehmen. Bei der Aufsichtsratssitzung, die um 13.30 Uhr als Arbeitsessen angesetzt war, würde er den Herren bereits mitteilen können...

Er schrak aus seinen Gedanken, als er merkte, daß die Aktion begonnen hatte. Die Polizisten waren schon bei den Schlafenden angelangt. Einige große Scheinwerfer flammten auf und tauchten das Nachtlager in grelles Licht. Lastwagen brausten heran. Einzelne Schreie wehten herüber.

Genau acht Minuten und dreißig Sekunden später schaltete der Einsatzleiter sein Funksprechgerät aus und erklärte:
 «Die Aktion ist beendet, meine Herren. Der Auftrag ist ausgeführt. Gewalt brauchte kaum angewendet zu werden, außer bei dem Wachtposten. Der Mann ist aber wohl nicht ernstlich verletzt ... Ich lasse jetzt abrücken. Mein Wagen wird gleich hiersein. Sie können dann mit mir zurück zu ihren Autos fahren ...»
 Als sie sich dort trennten, meinte der Herr im Smoking zu dem Einsatzleiter: «Das ist wirklich hervorragend gelaufen. Wir sind Ihnen sehr dankbar. Wenn ich Ihnen mal behilflich sein kann ...» Er gab dem Polizeioffizier seine Visitenkarte.
 «Vielen Dank, Herr Dr. Hurlinger», sagte der Einsatzleiter und steckte die Karte ein. «Sie hatten recht. Das hätt' ganz schön haarig werden können ...»
 Aus der Ferne hörte man das Dröhnen schwerer Motoren. Die Planierraupen hatten schon mit ihrer Arbeit begonnen.
 Als Dr. Franz Xaver Hurlinger seine Wohnung am Arabellapark erreichte, dämmerte es bereits. Im Aufzug überlegte er, daß er nur knapp drei Stunden würde schlafen können. ‹Na ja, es ist Freitag – am Nachmittag werde ich nach Tölz fahren und mich dort übers Wochenende mal richtig ausschlafen ...› Dabei fiel ihm Anna ein.

«... zwischendurch eine Zeitansage: 6.42 Uhr! Und weiter geht's mit ...» Anna Pichlmayr schaltete das Radio aus, warf einen letzten Blick in den Spiegel und schüttelte ihr halblanges braunes Haar zurecht. Sie fand, daß das rot-weiß gestreifte Kleid gut zu ihrer Sonnenbräune paßte.
 Hatte sie auch nichts vergessen? Das Frühstück für den alten Herrn Hueber war gerichtet. Barbara, ihre Freundin und Zimmernachbarin, die manchmal weiterschlief, nachdem Anna sie geweckt hatte, war heute schon im Bad. Was im Haushalt fehlte, hatte Anna sich aufgeschrieben und würde es aus dem Supermarkt mitbringen.
 Ehe sie die Wohnungstür leise hinter sich schloß, besah sie sich Barbaras neues Namensschild, einen Visitenkartenausschnitt in schmalem Metallrahmen: *cand. phil. Barbara v. Korff, Fachübersetzungen. Eilarbeiten. Russisch, Schwedisch, Englisch* stand darauf. Anna fand das Schild gut. Sie war direkt stolz auf ihre fast zehn Jahre jüngere Freundin. Barbara, gerade 25, verdiente jetzt neben ihrem

Studium mindestens ebensoviel Geld wie sie selbst nach achtzehn Berufsjahren. Anna hatte nur die katholische Volksschule besucht, dann in Bad Tölz im «Hirschen» gearbeitet, erst in der Küche, dann, zunächst aufhilfsweise, als Bedienung.

Rasch ging sie die drei Treppen hinunter. Wie gut war es gewesen, in Tölz aufzuhören und nach München zu gehen. Gewiß, sie tat sich noch immer etwas schwer mit dem Hochdeutschen, zumal im Schriftlichen. Sie seufzte, als ihr der Monatsbericht einfiel, den sie nächste Woche zu schreiben hatte. Aber sie machte sich keine wirklichen Sorgen deswegen. Ihren Aufgaben als Gruppenleiterin im Saller-Supermarkt fühlte sie sich durchaus gewachsen. Sie war dort eine geschätzte Kraft.

Als sie die Haustür öffnete, war es genau 6.45 Uhr. Fast im selben Augenblick, als Anna auf die Straße trat und ins helle Licht des föhnigen Frühsommertags blinzelte, hielt vor ihr am Bordstein der blau-gelbe Lieferwagen. Einer der Fahrer des Supermarkts nahm sie an jedem Werktagmorgen mit.

«Grüß dich, Maxl, du bist pünktlich wie immer», sagte sie und nahm auf dem Beifahrersitz Platz, während der Wagen schon weiterfuhr. «Heiß wird's heute, und Föhn haben wir auch. Hoffentlich bleibt's so übers Wochenende ...»

An der Einmündung der Theresien- in die breite Ludwigstraße stand ein kleiner, fast zierlich wirkender älterer Herr. Er hatte spärliches graues Haar und trug eine helle Hornbrille mit dicken Gläsern. Mit seiner kleinen, etwas zu breiten Nase und der vorstehenden Unterlippe erinnerte er an eine französische Bulldogge. Sein hellgrauer Sommeranzug mit Weste, eine etwas altmodische dunkelblaue Krawatte und die blankgeputzten schwarzen Halbschuhe wirkten ungemein korrekt. Neben ihm saß, ohne Halsband und Leine, ein kleiner Hund, halb Spitz, halb Pudel. Beide warteten, bis ihnen die Ampel den Weg hinüber zur Staatsbibliothek freigab.

Der kleine Hund lief hurtig, kaum daß die Autos hielten, dicht an den Vorderreifen und Stoßstangen vorbei auf die andere Straßenseite und wartete dort auf seinen Herrn. Als dieser an dem blau-gelben Lieferwagen vorüberkam, sagte Anna:

«Das ist Dr. Zadek. Meine Freundin Barbara arbeitet manchmal für ihn. Das Zamperl, das er hat, tät mir auch gefallen ...» Und den beiden nachschauend, die auf der anderen Seite der Ludwigstraße zum Englischen Garten gingen: «Nett schaut er aus», wobei nicht ganz klar wurde, wen sie eigentlich meinte: Dr. Zadek oder dessen Hund.

Rechtsanwalt Dr. Alfred Zadek wäre sehr erstaunt gewesen, hätte er gewußt, daß jemand ihn (oder auch nur seinen Hund) nett aussehend fand. Er war von Natur aus skeptisch, und er hatte keine Illusionen, was sein (oder auch seines Hundes) Aussehen betraf, und zudem dachte er an ganz anderes.

Wie so oft bei seinen frühmorgendlichen Spaziergängen grübelte er darüber nach, ob es richtig gewesen sei, nach Deutschland zurückzukehren. Es gab in seiner Heimatstadt München niemanden mehr, dem er sich von früher her verbunden fühlte, und in den fast schon zehn Jahren, die seit seiner Übersiedlung von London vergangen waren, hatte er hier kaum neue Freunde gefunden, abgesehen von dem fast 90jährigen Herrn Hueber, den er in seinem Stammcafé kennengelernt hatte.

Daß er in München ziemlich einsam geblieben war, hing wohl mit der Aufgabe zusammen, die er sich selbst gestellt hatte. Sie war nicht dazu angetan, ihm viele Freunde zu gewinnen. Dabei war diese Aufgabe vielleicht nur ein Vorwand, eine ihm damals willkommene Ausrede gewesen. Er hatte sich früher in Hampstead des öfteren dabei ertappt, daß er sich Verse aufsagte wie diese: *Immer ragst du mir in meine Träume / meiner Jugend – zartgeliebte Stadt, / die so rauschende Kastanienbäume / und das Licht des nahen Südens hat ...*

Das Gedicht stammte von Schalom Ben-Chorin, der damals auch aus München geflohen war und Fritz Rosenthal geheißen hatte. Dr. Zadek konnte sich noch dunkel an ihn erinnern. In der Zweibrückenstraße hatten die Rosenthals gewohnt, wogegen der Bankier Leopold Zadek, sein Vater, Besitzer einer schönen Villa in der Möhlstraße gewesen war. Im Frühjahr 1933 war er Fritz Rosenthal ein paarmal begegnet, das erstemal noch ganz unbeschwert zu früher Morgenstunde im «Simpl», einen Monat später aber bereits in einer überfüllten Zelle des Polizeigefängnisses an der Ettstraße. Schlägertrupps der SA, die mit dem Ruf *Juda, verrecke!* die Lokale gestürmt hatten, in denen sie Juden vermuteten, waren über sie hergefallen, hatten sie erst übel zugerichtet und dann der tatenlos zusehenden Polizei in ‹Schutzhaft› gegeben ...

Dr. Zadek erinnerte sich noch sehr genau an diese Nacht, die er stehend, eingeklemmt zwischen verängstigten, blutenden und vor Schmerzen wimmernden Menschen, verbracht hatte. Er selbst war noch recht glimpflich davongekommen – mit gebrochenem Nasenbein und zwei gequetschten Rippen. Aber sobald er am Mittag des nächsten Tages wieder daheim gewesen war, hatte er beschlossen, sein Studium sofort abzubrechen und ins Ausland zu gehen.

Seine Eltern hatten von Emigration nichts wissen wollen. Sie waren alteingesessene Münchner, die Vorfahren hatten seit urdenklichen Zeiten Bayern als ihre Heimat angesehen, und das Bankgeschäft, die Villa, die Kunstsammlung ... «Das kann man doch nicht einfach aufgeben», sagten sie. Sie meinten auch: «Das gibt sich doch bald wieder, das geht vorbei! Die allermeisten unserer deutschen Landsleute mißbilligen solches Rowdytum, und die Regierung wird bestimmt für Ordnung sorgen!» Aber sie hatten ihn schließlich, wenngleich widerstrebend, abreisen lassen, wohlversehen mit Kreditbriefen, Kleidung und Büchern sowie mit guten Ratschlägen, sich im Ausland ja nicht politisch zu engagieren, das deutsche Vaterland stets in Ehren zu halten und «die Chance eines Studienjahrs in London» – so sagten sie wirklich! – gut zu nutzen.

Elf Monate später hatte die Geheime Staatspolizei seinen Vater verhaftet. Dann wurde dem Bankier Leopold Zadek ein – von der «gleichgeschalteten» Presse zu wüster Hetze gegen die Juden benutzter – Prozeß gemacht, weil er dem Sohn heimlich Geld ins Ausland geschickt hatte. Das Bankhaus war ‹arisiert›, die Villa in der Möhlstraße beschlagnahmt und zwangsversteigert, das gesamte Vermögen der Familie «zu Gunsten des Deutschen Reiches» eingezogen worden. Im Juni 1935 wurde sein Vater zu drei Jahren Zuchthaus und Ehrverlust verurteilt. Die Strafe mußte er in Straubing verbüßen, wo ihn, wie die Mutter schrieb, die «arischen» Mitgefangenen noch ärger quälten als zuvor die Gestapo.

Ende Juni 1938 – Dr. Alfred Zadek hatte derweilen alles vorbereitet, die Eltern in London aufzunehmen, sobald der Vater aus dem Zuchthaus entlassen war – kam dann das Telegramm von Sophie. Sie war sein Kindermädchen, später viele Jahre lang die Haushälterin der Zadeks gewesen, und bei ihr hatte seine Mutter eine Zuflucht gefunden. Sophie sollte ihn sofort benachrichtigen, wenn die Eltern abgereist wären. Ihre Botschaft aber lautete: *«Vater und Mutter heute verstorben. Friede ihrer Asche. Gemeinde sorgt für Beisetzung. Bleib ja dort. Gott schütze dich. Sophie.*»

Kurze Zeit später erfuhr er etwas mehr von dem ins Ausland geflüchteten Anwalt der Familie: Ein neuer Untersuchungsleiter bei der Geheimen Staatspolizei-Leitstelle München war bei den Eltern erschienen und hatte ihnen, die schon fertig zur Abreise waren, die zwei Tage zuvor bewilligten Pässe wieder abgenommen. Wie er dies begründet und womit er ihnen gedroht hatte, war von den ganz Verzweifelten nicht mehr zu erfahren gewesen. Schon eine Stunde nach dem Besuch des Gestapobeamten, eines gewissen Dr. Christmann, hatten sie sich das Leben genommen.

Zwanzig Jahre später, 1958, war Dr. Alfred Zadek nach langem Zögern bei der Londoner Vertretung der Bundesrepublik Deutschland erstmals vorstellig geworden und hatte die Rückerstattung des eingezogenen Familienvermögens verlangt. Von einem überaus höflichen jungen Beamten war ihm aber wenig später erklärt worden, sein Antrag habe abgelehnt werden müssen. Zwar sei die Bundesrepublik die Rechtsnachfolgerin des Deutschen Reichs und habe dessen Verpflichtung übernommen; es bestehe auch kein Zweifel daran, daß Dr. Zadek rechtmäßiger und alleiniger Erbe seiner verstorbenen Eltern sei. Aber das seinerzeitige Urteil, das seinen Vater mit Zuchthaus und Vermögenseinziehung bestrafte, sei *rechtens* gewesen; es hätten dabei nicht ‹Rasse›, Religion oder politische Einstellung des Verurteilten eine maßgebliche Rolle gespielt, sondern ein krimineller Tatbestand: die Verbringung von Vermögenswerten ins Ausland. Darauf stand damals Zuchthaus, und zwar für jedermann.

Der höfliche junge Botschaftssekretär hatte Dr. Zadek auf ein Grundsatzurteil des Obersten Rückerstattungsgerichts in Nürnberg aufmerksam gemacht, das einen ganz ähnlich gelagerten Fall betraf. Das Gericht hatte gegen die Erben des 1943 verstorbenen Arnold Rosenthal entschieden, der ebenfalls wegen Devisenschiebung zu Zuchthaus und Vermögenseinziehung verurteilt gewesen war. Diese Bestrafung sei nicht ausschließlich oder auch nur vorwiegend wegen Rosenthals Zugehörigkeit zur jüdischen Religionsgemeinschaft erfolgt; moralische oder ethische Gründe – das Geld war zur Rettung eigener und fremder Kinder ins Ausland verbracht worden – könnten die Straftat nicht rechtfertigen.

So darüber belehrt, daß er als Sohn eines *rechtens* enteigneten

Zuchthäuslers keine Rückerstattungsansprüche hätte, war Dr. Zadek damals fest entschlossen gewesen, auch auf seine eigenen Wiedergutmachungsforderungen zu verzichten und die letzten Beziehungen zu Deutschland endgültig abzubrechen. Aber dann war ein Hilferuf von der alten Sophie gekommen; sie lag in einer Münchner Klinik, und es gab ein paar Dinge, die ihr sehr am Herzen lagen. Schon am nächsten Tag war Dr. Zadek zu ihr gefahren, hatte zwei Wochen lang täglich mehrere Stunden an ihrem Krankenbett gesessen und mit der alten Frau gesprochen, solange sie noch bei Besinnung war, dann für ihre Beerdigung gesorgt und ihre letzten Wünsche erfüllt.

Als er nach London zurückgekehrt war, hatte er alle früheren Vorsätze über Bord geworfen, seine eigenen Wiedergutmachungsansprüche geltend gemacht und ihre Erfüllung mit Nachdruck betrieben. Schließlich war er – nur vorübergehend und um seine Forderungen an Ort und Stelle besser durchsetzen zu können, wie er seinen Londoner Bekannten sagte – nach München gezogen und hatte seine Zulassung als Rechtsanwalt bei den dortigen Gerichten durchgesetzt.

Das war nun schon einige Jahre her – eine lange Zeit für einen als nur vorübergehend gedachten Ortswechsel. Aber auch die Bundesrepublik, mit der er noch immer prozessierte, war ja 1949 als bloßes Provisorium gegründet worden, mit einer nur provisorischen Hauptstadt am Rhein, der ehemaligen preußischen Kreisstadt Bonn, und mit dem Auftrag, «in freier Selbstbestimmung die Einheit und Freiheit Deutschlands zu vollenden».

Auch Dr. Zadek hatte einen Auftrag, den er sich selbst erteilt hatte: Die Abrechnung mit den für Elend und Tod seiner Eltern Verantwortlichen, die Rehabilitierung seines Vaters und – das ergab sich daraus, sozusagen als Nebenprodukt – die Wiederinbesitznahme des Familienvermögens. Was die Verantwortlichen betraf, so hatte er sie, soweit sie noch lebten, bereits aufgespürt. Das war schon schwierig genug gewesen, aber als noch weit schwerer erreichbar erwies sich die Strafverfolgung der nach seiner Überzeugung Schuldigen.

Der Staatsanwalt, mit dem Dr. Zadek die Angelegenheit besprochen hatte, hielt es für aussichtslos, die Angeschuldigten zu überführen; die wichtigsten Beweise fehlten, meinte er, und zudem hätte, wegen der inzwischen eingetretenen Verjährung, nur noch ein nachgewiesener Mord strafrechtliche Relevanz, und um Mord handele es sich ja nicht. Bei dieser Sachlage gebe es nach seiner Einschätzung keine juristische Handhabe, das Urteil aus dem Jahre 1935 anzufechten.

Dr. Zadek hatte eigene Vermutungen, was die Gründe für die abweisende Haltung des Staatsanwalts betraf. Auch war er neuerdings recht zuversichtlich, bald das Mittel zu finden, mit dem er erst den einen, dann vielleicht auch den anderen der für den Tod seiner Eltern Verantwortlichen zu einem Geständnis würde bringen können.

Es hatte lange gedauert, bis er einigermaßen sicher gewesen war, auf dem richtigen Wege zu sein. In den nächsten Tagen, vielleicht schon heute oder morgen, würde er endgültige Gewißheit erlangen.

Dr. Zadek zog seine Uhr aus der Westentasche, ließ den Sprungdeckel aufklappen und stellte stirnrunzelnd fest, daß es höchste Zeit war, den Morgenspaziergang abzubrechen und in seine Wohnung in der Amalienstraße zurückzukehren. Dort hatte er seine Anwaltspraxis, wo der Briefträger ein paar Minuten vor 8 Uhr die Post ablieferte. Der Brief, den er mit Ungeduld erwartete, war mit größter Wahrscheinlichkeit mit Rückschein, mindestens aber ein Einschreiben, das er selbst in Empfang nehmen und quittieren mußte.

Eilig machte er sich auf den Heimweg; der kleine Hund folgte ihm erst zögernd, lief dann aber wieder voraus. Unterwegs überlegte Dr. Zadek, was zu tun sei, wenn der Brief heute einträfe. Vor allem würde er dann Fräulein v. Korffs Hilfe brauchen. Hoffentlich war sie erreichbar; sie hatte ja Semesterferien. Aber der alte Herr Hueber würde sicherlich wissen, wo die Barbara, wie er sie nannte, zu finden wäre. Sie hinterließ immer einen Bescheid für ihre Stammkunden.

Es war kurz vor 8 Uhr, als Dr. Zadek in die Amalienstraße einbog und dort den Briefträger traf, der ihm zuwinkte.

«Ein Einschreibebrief für Sie, Herr Doktor, mit Rückschein – aus der Sowjetunion! Wo Sie überall Kundschaft haben!»

«Ja», erwiderte Dr. Zadek freundlich, «das hängt zusammen mit den weiten Reisen der einstigen großdeutschen Wehrmacht. Sie hat überall Klienten für mich geworben ...»

Etwa zur selben Zeit begann am Promenadeplatz eine Stadtrundfahrt. Die Fremdenführerin, die auf einem erhöhten Platz vorn im Bus saß, hatte die Teilnehmer bereits begrüßt und hinzugefügt: «Es ist zwar noch nicht 8 Uhr, aber wir sind komplett und können beginnen.»

Die Gespräche verstummten. Die Touristen in der ersten der vier Rundfahrten dieses Frühsommertages blickten erwartungsvoll um sich.

«Willkommen in München», tönte es aus den Lautsprechern, «ich heiße Barbara, und ich werde Ihnen in den nächsten zwei Stunden soviel wie möglich von unserer ‹Weltstadt mit Herz› zeigen ...»

Sie wiederholte ihre Ansage, nun auf englisch, für die japanische Reisegruppe, die mehr als die Hälfte der Teilnehmer ausmachte. Touristen aus der norddeutschen Provinz und Japaner bevorzugten die Acht-Uhr-Rundfahrt, und beide Gruppen wünschten sehr genaue, sachliche Information, wogegen bei der 10-Uhr-Fahrt Angelsachsen, Skandinavier und Franzosen die Hauptkontingente stellten und für kleine Scherze empfänglich waren. Von 8 bis 10 Uhr waren Witze nicht gefragt.

«München ist die Landeshauptstadt des Freistaats Bayern, dem seiner Fläche nach mit Abstand größten Land der Bundesrepublik. Die Stadt hat 1,3 Millionen Einwohner und liegt 520 Meter über dem Meeresspiegel im Zentrum des Gebiets zwischen Alpennordrand und Donau. Die ländliche Siedlung ‹Munichen›, ‹zu den Mönchen›, eine Niederlassung des Klosters Tegernsee, wurde im Jahre 1158 von dem Welfenherzog Heinrich dem Löwen zu einem mit städtischen Freiheiten ausgestatteten Markt erhoben ...»

Barbara v. Korff brachte es fertig, solche trockenen Informationen geradezu spannend wirken zu lassen. Ihre große Routine war ihr nicht anzumerken, auch nicht, daß sie an anderes dachte: ‹Sieben Minuten haben wir durch die zu frühe Abfahrt eingespart. Wenn wir uns unterwegs nirgendwo zu lange aufhalten, sind wir gegen 9.50 Uhr zurück ... Das müßte reichen, einen Kaffee zu trinken und Dr. Zadek anzurufen. Wenn er etwas für mich zu übersetzen hat, werde ich Gerda bitten, für mich einzuspringen ...›

Der Bus bog gerade aus der Brienner- in die Ludwigstraße ein.

Barbara erklärte ihren Fahrgästen: «Rechter Hand, meine Damen und Herren, liegt der berühmte Odeonsplatz mit Residenz, Theatinerkirche und Feldherrnhalle.»

Einer der ganz vorn sitzenden Fahrgäste, ein Endsechziger aus Norddeutschland, der Barbaras schulterlanges blondes Haar eben noch mit sichtlichem Wohlgefallen betrachtet hatte, wandte sich eifrig und ziemlich laut an seine Nachbarn: «Hier haben am 9. November 1923 die nationalen Kräfte unter Führung Adolf Hitlers...»

Barbara nahm ihr Mikrophon noch etwas näher zum Mund: «Die Feldherrnhalle ist eine 1844 vollendete Nachbildung der florentinischen Loggia dei Lanzi...»

Der Mann, dem sie das Wort abgeschnitten hatte, sah sie ärgerlich an. Wahrscheinlich fand er nun, daß ihre Backenknochen und ihr etwas zu breiter Mund mehr slawisch als nordisch wirkten.

«Die Feldherrnhalle», fuhr sie in ihrer Beschreibung fort, «verdankt ihren Namen den darin aufgestellten Statuen der beiden großen bayerischen Feldherren, Tilly und Wrede...» Fast hätte sie hinzugefügt: ‹... von denen der eine kein Bayer, der andere kein Feldherr war›, doch sie unterdrückte das Bonmot. Dr. Zadek hatte sie kürzlich damit erfreut und ihr erklärt, es stamme aus Lion Feuchtwangers Roman «Erfolg». Das Buch handelte von den Hintergründen der bayerischen Politik in den frühen zwanziger Jahren.

Barbara hatte sich vorgenommen, den Roman demnächst von Dr. Zadek auszuleihen. Im Augenblick hatte sie zuwenig Zeit zum Lesen. Sie mußte Geld verdienen – mit Fremdenführungen, gelegentlichem Dolmetschen für Geschäftsleute und ausländische Besucher, die von der Staatskanzlei betreut wurden, sowie mit schwierigen Übersetzungen, vor allem aus dem Russischen.

Russisch hatte ihr die Großmama, bei der sie aufgewachsen war, neben Deutsch schon früh beigebracht. Barbaras Eltern, die bald nach dem letzten Krieg im Baltikum ums Leben gekommen waren, hatten sie als kleines Kind nach Stockholm schicken können, wo sie bis zu ihrem sechzehnten Lebensjahr die Schule besucht hatte. Die Großmutter aus St. Petersburg, dem heutigen Leningrad, war vor nun schon fast fünf Jahren gestorben. Damals war Barbara gerade 20 und studierte im ersten Semester Kunstgeschichte in München. Seither war sie allein und auf sich gestellt. Sie hatte keine Verwandten mehr, nur noch ein paar gute Freunde, darunter die Anna, den alten

Hueber, bei dem sie und Anna zur Untermiete wohnten, vielleicht noch den Rechtsanwalt Dr. Zadek. Am nächsten stand ihr sicherlich die Anna, obwohl Großmama bei ihrem einzigen Besuch in München gefunden hatte, ihr ältere Freundin sei «eigentlich nur ein Dienstbote» und kein rechter Umgang für sie.

Barbara mußte immer lachen, wenn sie an Großmamas mit zunehmender Verarmung wachsenden Snobismus dachte. Jetzt lächelte sie nur in Gedanken, während sie ihren Touristen auf deutsch und englisch die Theatinerkirche erklärte: «... erbaut 1662 bis 1675 im Stil des italienischen Spätbarock, ein Meisterwerk von Barelli. Erst 1688 wurde die Kuppel vollendet, der Bau der Türme dauerte bis 1692...»

Anna Pichlmayr hatte, als Barbara damit begann, die Teilnehmer der ersten Stadtrundfahrt mit den Sehenswürdigkeiten Münchens vertraut zu machen, noch in aller Ruhe ihren Morgenkaffee getrunken und dazu eine Zigarette geraucht. Sie frühstückte an jedem Werktagmorgen in dem kleinen Espresso-Café, das schräg gegenüber ihrer Arbeitsstätte lag.

Sie trug schon den blaugrauen Arbeitskittel. Gegen 7 Uhr hatte sie drüben im Saller-Supermarkt damit begonnen, in ihrem Bereich alles für den Verkaufsbeginn um 8 Uhr vorzubereiten. Dann war sie wie üblich zu Mario ins Espresso hinübergegangen, hatte gefrühstückt und dabei die Morgenzeitung gelesen.

Selten erregten die Neuigkeiten darin wirklich ihr Interesse. Was sie da las über Katastrophen und Sexualverbrechen, pompöse Hochzeiten und Playboy-Eskapaden, kommentierte sie zwar mit vielen «Da schau her!» und «Ja, gibt's denn das?». Aber es berührte sie kaum. Ihre Gedanken nahmen jede Gelegenheit wahr, vom Gelesenen in private Bereiche abzuschweifen. Im Augenblick dachte sie, vielleicht angeregt von der ausführlichen Schilderung der Hochzeit eines bayerischen Prinzen mit einer einfachen Büroangestellten, an ihren Franzi. Seit nun schon allzuvielen Jahren hatte sie ein G'spusi mit ihm, aber daraus würde natürlich nie und nimmermehr etwas Rechtes werden. Das hatte sie ja eigentlich von Anfang an gewußt.

Denn Dr. Franz Xaver Hurlinger, der auch aus der Tölzer Gegend stammte und der mit ihr angebändelt hatte, als sie noch Bedienung im «Hirschen» gewesen war und er Prokurist bei der «Bayern-Credit»-Filiale, der mochte zwar zunächst ganz narrisch nach ihr gewesen sein, so wie sie nach ihm. Doch versprochen hatte der Franzi ihr nie etwas, im Gegenteil: Immer war bei ihm von seiner Karriere die Rede gewesen; daß sie Vorrang haben müßte und daß es darum besser wäre, die Leut merkten nichts von ihren Beziehungen. Deshalb trafen sie sich auch nie in München, sondern in seiner Jagdhütte bei Tölz.

Anna seufzte leise und suchte wieder nach Ablenkung in der Morgenzeitung. Ihr Blick fiel auf eine Meldung, die sie tatsächlich interessierte: *Landwirt Gstettenbauer muß seinen Hof räumen!*

Es war eine sehr sonderbare, die Gemüter der Münchner wie der Menschen des Voralpenlandes erregende Geschichte. Denn der Bauer, dem das Gericht soeben den Hof nebst 4,5 Hektar Ackerland zu räumen aufgegeben hatte, war bislang guten Glaubens gewesen, der rechtmäßige Eigentümer seiner Landwirtschaft zu sein. Er hatte sie vor vielen Jahren vom Freistaat Bayern zugeteilt erhalten, und dem Freistaat wiederum war das Land an der südlichen Stadtgrenze von München im Zuge der Bodenreform vom abgabepflichtigen Voreigentümer übertragen worden.

Diese Bodenreform, die die amerikanische Besatzungsmacht kurz nach dem Zweiten Weltkrieg zur Demokratisierung Deutschlands verordnet hatte, sollte den meist reaktionären Aristokraten gehörenden Großgrundbesitz «zerschlagen» – tatsächlich nur ein wenig beschneiden – und landlose Bauern, vor allem Vertriebene und Flüchtlinge aus dem Osten Deutschlands, wieder seßhaft machen.

Bei der Abgabe jener 4,5 Hektar, die der Landwirt Gstettenbauer seit damals als sein Eigentum ansah, war unerklärlicherweise versäumt worden, das Grundbuch zu berichtigen. Der Fürst, der als Herr über mehr als 26 000 Hektar bayerischen Bodens seinerzeit zur Landabgabe herangezogen worden war, galt deshalb nunmehr laut Gerichtsurteil, gegen das es keine Berufung mehr gab, als berechtigt, den Gstettenbauerschen Grund nebst darauf stehenden Gebäuden wieder an sich zu nehmen und – was bereits geschehen war – an eine Gesellschaft zu verkaufen. Diese hatte nun Erlaubnis, die Hofstatt abzureißen und die dazugehörigen Äcker und Weiden in eine riesige Baustelle zu verwandeln. In Kürze sollte dort eine Trabantenstadt entstehen, mit mehr als dreißig Hochhäusern und allem, was dazugehörte.

Die Öffentlichkeit war indessen mit der geplanten Vertreibung des Landwirts Gstettenbauer ganz und gar nicht einverstanden. Auch die Presse, sonst meist auf seiten der Mächtigen, witterte eine Manipulation zugunsten des Fürsten oder der Baugesellschaft. Sie zeigte offen ihre Sympathie für den Bauern, der seinerseits entschlossen war, sich gegen die Vertreibung zu wehren, notfalls mit Gewalt. Ein paar hundert junge Leute, meist Studenten, hatten dem Gstettenbauer daraufhin Unterstützung zugesagt und mit seinem Einverständnis die ‹Besetzung› des Grundstücks begonnen.

Schließlich wußte die Zeitung noch zu melden, daß der Landwirt, der verwitwet war und dessen einzige Tochter nach einer Blinddarmoperation noch im Krankenhaus lag, im Gerichtssaal verhaftet worden war. Er hatte bei der Urteilsverkündung den Gerichtspräsidenten einen ‹Räuber› und ‹Menschenschinder› genannt, war beinahe tätlich geworden und hatte dafür eine Ordnungsstrafe von zehn Tagen Freiheitsentzug erhalten, die er jetzt in Stadelheim verbüßte. Zum Glück waren jetzt die Studenten auf seinem Hof und versorgten das Vieh ...

‹Eine Sauerei ist das›, dachte Anna, ‹einem Bauern erst Land zuteilen und ihn dann nach vielen Jahren von seinem Hof vertreiben! Und auch noch so kurz vor der Ernte ...

Sie drückte ihre Zigarette aus, dachte noch einmal kurz an ihren Franzi, der auch Jurist war, und beschloß, das Rendezvous in Tölz am Wochenende einmal ausfallen zu lassen, sozusagen versuchsweise. Laut sagte sie:

«Ich muß an die Arbeit, Mario. Das Geld liegt auf dem Tisch, die Zeitung laß ich dir auch – mei, was da über dera Mafia geschrieben steht! Sowas wie bei euch in Italia, das gibt's hier bei uns Gott sei Dank nicht!»

Mario, der Pächter, sah auf, konnte aber in Annas braunen, ein wenig auseinanderstehenden Augen keine Spur von Ironie entdecken.

Anna nickte ihm freundlich zu, zog ihren Kittel zurecht und ging ohne Hast hinüber zum Personaleingang des Saller-Supermarkts. Es war bereits anderthalb Minuten vor 8 Uhr. Sie ließ den anderen Angestellten, meist Frauen, den Vortritt, denn alle drängelten jetzt zur Stechuhr, um nur ja pünktlich zu sein.

Als Anna gerade die Tür zum Umkleideraum des weiblichen Personals öffnen wollte, um die Frauen ihrer Gruppe zur Eile zu mahnen, sah sie die Geli durch den Personaleingang kommen und, noch ganz atemlos vom Rennen, die Stechuhr bedienen. Geli, die Jüngste in Annas Gruppe, gerade 19, sehr schlank, langbeinig und mit blondem Wuschelkopf, blickte Anna strahlend an. «Mei, grad noch geschafft ... !»

Anna warf einen Blick auf die Uhr, deren Zeiger soeben auf 8.01 Uhr sprang, schüttelte den Kopf, lachte dann auch.

«Schau, daß du's packst, Geli, heut ist Freitag – da geht's rund! – Hast wohl wieder verschlafen vor lauter *amore* ... ?»

Geli, laut ihrem jugoslawischen Paß mit vollem Namen Angela Maria Zivojinovic, war die Tochter einer Italienerin und eines slowenischen Landarbeiters.

«Nein, nein, Anna, *nix Amore*! War putzen Büros am Stachus, wie jeden Tag von sechs bis halb acht. Und dann kam Tram zu spät ...»

Anna wollte etwas erwidern, aber aus den bereits geöffneten Verkaufsräumen brüllte eine ärgerliche Männerstimme:

«Also, wird's bald, meine Damen?! *Presto, presto*, keine Müdigkeit vorschützen!» Und etwas leiser: «Das gilt auch für Sie, *Fräulein* Neureuther!»

Geli verschwand eilig in den Umkleideraum. Monika Neureuther, die zweite Gruppenleiterin, warf Anna einen Blick zu, der zu besagen schien: ‹Hör dir das an! Der spinnt mal wieder! Aber wir wissen ja, was wir davon zu halten haben ...›

Sie schnitt noch eine Grimasse, aber dann schien sie etwas zu bemerken, das sie wirklich ärgerlich machte. Anna drehte sich rasch um, folgte ihrem Blick und sah nun auch den Mann an der halboffenen Tür zum Umkleideraum der Frauen.

«Was machst *du* denn da, Hansi?!» hörte sie Monika sagen, und dann, etwas schärfer: «Dort drin haben Sie nix verloren, Herr Schimanski!»

Anna, die wußte, daß nur noch Geli beim Umziehen war, warf Herrn Schimanski, der sich eilig in sein dem Frauenumkleideraum gegenüberliegendes Büro zurückzog, einen ärgerlichen Blick nach.

‹Dieser Gschaftlhuber›, dachte sie. ‹Nennt sich großspurig «Sicherheitsbeauftragter», und dabei ist kein Mädel sicher vor ihm!›

Sie wollte gerade zum Lager gehen, als Herr Lallinger, der Filialleiter, auftauchte.

«Die Kilobüchsen Schnittbohnen sind fast ausverkauft, die aus unserem Sonderangebot, und die Ananas, Halbkilo in Stücken, ebenfalls», begann er. Anna wollte erwidern, daß auch die Lagerbestände erschöpft seien, sonst hätte sie längst die Regale auffüllen lassen. Doch Herr Lallinger sprach bereits zu jemandem, der hinter Anna am Personaleingang erschienen war: «Ah, der Herr Lohbichler gibt uns auch noch die Ehre! Wie schön, daß Sie endlich da sind und etwas tun wollen ...»

Doch Damian Lohbichler, der gerade seine Karte stechen wollte, warf nur einen Blick auf die Uhr und überlegte es sich anders.

«Jetzt ziehen Sie mir ja eh eine halbe Stunde vom Lohn ab», sagte er laut und vernehmlich, ohne Herrn Lallinger zu beachten, «da geh ich derweil lieber noch einen Kaffee trinken ... Nix für ungut, Herr Nachbar», fügte er freundlich hinzu, nun an Hans Schimanski gewandt, der seinen Kopf aus der Tür gesteckt hatte. «Die Firma ist nämlich sehr sozial. Sie zahlt mir genauso viel, wenn ich erst um 8.29 Uhr komme anstatt um 8.03 Uhr, gell?»

Er steckte sich eine Zigarette an und verschwand um die Ecke. Lallinger und Schimanski waren sprachlos. Anna hatte Mühe, ihr Lachen zu unterdrücken. ‹Der kann sich das erlauben›, ging es ihr durch den Kopf. ‹Der Lohbichler Damian spart ihnen den Elektriker und den Installateur, dekoriert die Schaufenster notfalls auch allein und fährt, wenn's brennt, den Lkw ...›

«Ich frag bei der Zentrale nach, ob wir noch Schnittbohnen bekommen können», hörte sie im Vorbeigehen Herrn Lallinger sagen, «Herr Zeppel von der Direktion hat auf der Filialleiterkonferenz ausdrücklich betont, daß wir noch Riesenmengen davon haben, und Herr Direktor Mittermeier persönlich ...»

Anna mußte an ihren Franzi denken, den Herrn Bankdirektor Dr. Hurlinger, der nicht bloß über Schnittbohnen und Ananas gebot und der sicherlich noch daheim war. ‹Vielleicht fahr ich morgen doch nach Tölz›, überlegte sie.

Entgegen Annas Annahme hatte Dr. Hurlinger um diese Zeit das Gebäude der Bayerischen Credit- und Giro-Casse bereits betreten. Er kam immer pünktlich um 8 Uhr.

Jetzt trug er einen dunkelgrauen Anzug, dazu eine silberfarbene Krawatte. Er fühlte sich frisch und ausgeruht, obwohl er nur wenige Stunden geschlafen hatte. Außerdem war er hungrig, denn er hatte noch nicht gefrühstückt. Aber Frau Lemmert, seine Sekrätärin, hatte bestimmt schon Kaffee gekocht und würde ihm auch bald ein Frühstück servieren, wie er es liebte: Joghurt, Schwarzbrot mit Quark und eine Buttersemmel mit Himbeergelee. Bis dreiviertel neun würde sie alles von ihm fernhalten, was sich abwimmeln ließ, aber jedem deutlich machen, daß er längst anwesend sei, doch mit Wichtigerem beschäftigt. Darin war sie perfekt, darüber hinaus eine überaus wertvolle Informationsquelle. Sie hielt ihn stets auf dem laufenden, was in der Bank vor sich ging, welche Veränderungen, zumal im Personalbereich, sich anbahnten, welche privaten Vorkommnisse auf der Chefetage erörtert wurden und welche äußeren Einflüsse zu berücksichtigen waren, etwa von seiten der Bayerischen Elektronik-Union, des erzbischöflichen Ordinariats, der Bauernbundführung, des Fürsten, der Parteizentrale oder der Staatskanzlei.

Als er sein Büro betrat, fand er alles so vor, wie er es erwartet hatte: Frühstück, Blumen auf dem Schreibtisch, griffbereite Morgenzeitungen. Nur zog sich seine Sekretärin nach der kurzen Begrüßung nicht sogleich wieder ins Vorzimmer zurück wie sonst, sondern blieb an der Tür stehen, sichtlich nervös.

«Also, was gibt's, Lämmchen?»

Frau Lemmert, unverheiratet und einige Jahre älter als ihr 39jähriger Chef, kicherte nicht wie sonst, wenn er sie ‹Lämmchen› nannte.

«Der Herr Baron», begann sie.

Hurlinger, der gerade den ersten Schluck Kaffe nehmen wollte, setzte die Tasse wieder ab.

«Baron Pirkl?» fragte er unwirsch.

Frau Lemmert bestätigte seine Vermutung, etwas verschüchtert, wie ihm schien. Er überlegte und kam zu der beruhigenden Gewißheit, daß eigentlich nichts mehr schiefgehen könne. Pirkl kam zu spät. Wenn er sich jetzt als der große, volkstümliche Bauernführer aufspielen wollte, hätte er früher aufstehen müssen. Dem Gstettenbauer, dem armen Hund, war nicht mehr zu helfen. Laut sagte er: «Ist schon recht, Frau Lemmert, sobald ich gefrühstückt habe, können Sie mich mit dem Baron Pirkl verbinden ... Gibt's sonst etwas Neues?»

Frau Lemmert hatte an diesem Freitag morgen wenig zu bieten; die wütenden Attacken des sonst immer so freundlichen Bauernbundführers auf ihren Chef, die sie hatte abwehren müssen, waren schuld daran, daß ihr vom morgendlichen Klatsch in der Kaffeeküche der Direktionsetage heute viel entgangen war.

Immerhin wußte sie einiges, das Dr. Hurlinger interessieren würde: Die jüngste, mit dem Chefingenieur der Elektronik-Union verlobte Tochter des Herrn Kommerzienrats Batz war, so berichtete sie eifrig, beim Warenhausdiebstahl erwischt worden – mit einem wertvollen Pelz unter ihrem Regenmantel und sechs Fläschchen Parfüm, einem teuren Reisewecker und einer Pfunddose Kaviar in den Taschen! Kaviar und Wecker, so berichtete Frau Lemmert kichernd, sollten – man stelle sich vor! – Geburtstagsgeschenke für den Vater sein, den Vorstandsvorsitzenden der ‹Bayern-Credit›-Bank! Die Sache sei natürlich rasch vertuscht worden. Schließlich saß Kommerzienrat Batz im Aufsichtsrat des Kaufhauskonzerns. Aber der Fahrer – Fräulein Batz hatte sich mit dem Dienstwagen des Vaters zum Warenhaus chauffieren lassen – war peinlicherweise Zeuge des Vorfalls geworden ...

Sodann wußte Frau Lemmert zu berichten, daß Frau v. Hunger, die Gattin des Stellvertreters von Kommerzienrat Batz, schon wieder zu ihrer Freundin, dieser Malerin, die in Ascona lebte, gereist sei – bereits zum dritten Mal in diesem Jahr ... Dabei wohnte sie, wie Fräulein Auer, Dr. Kunzes Sekretärin, zufällig in Erfahrung gebracht hatte, gar nicht bei der Freundin, sondern im Hotel Condor, und zwar, wie Frau Lemmert mit bedeutsamem Blick hinzufügte, keineswegs allein ...

Dr. Hurlinger nahm diese Klatschgeschichte mit leisem Schmunzeln zur Kenntnis, ohne allzuviel Interesse zu zeigen. Dann griff er zur Zeitung und gab auf diese Weise Frau Lemmert zu verstehen, daß er nun nicht mehr gestört werden wollte.

Frau Lemmert hätte ihm noch eine weitere Neuigkeit berichten können: Volker v. Hunger, der einzige Sohn des Vorstands-Vize, der in Marburg studierte und Mitglied einer kommunistischen Gruppe sein sollte, war in den Ferien nach München gekommen, um die ‹Besetzung› des Gstettenbauerschen Anwesens zu organisieren ... Heute früh hatte die Klinik links der Isar den Vater in der Bank davon verständigt, daß Volker eingeliefert worden sei – bewußtlos, mit einer Gehirnerschütterung und etlichen Prellungen ... Niemand wußte, wie und wo der Unfall passiert war ...

Diese Information benötigte Dr. Hurlinger indessen nicht. Er selbst hatte schließlich den Einsatzleiter darum gebeten, den jungen Wirrkopf diskret aus dem Verkehr zu ziehen, ihn von den anderen ‹Besetzern› zu trennen und, unter Verzicht auf erkennungsdienstliche Behandlung, irgendwo für eine Weile zu isolieren. Hurlinger wußte nur noch nicht, wie gründlich die Polizei seinem Wunsch nachgekommen war. Das erfuhr er erst eine Stunde später, durch einen Anruf vom Präsidium.

Er ließ sich seinen Ärger aber nicht anmerken und bat den Anrufer, dafür Sorge zu tragen, daß nun keine weitere Panne mehr einträte. Befriedigt lauschte er den Beteuerungen, man werde ganz bestimmt so verfahren, wie es abgesprochen sei; im übrigen werde der junge Herr in spätestens achtundvierzig Stunden die Klinik wieder verlassen können ...

«... und hoffen, daß Ihnen die Stadtrundfahrt gefallen hat!» Es war 9.50 Uhr. Barbara lächelte ihre Fahrgäste noch einmal freundlich an und schaltete das Mikrophon ab. Sie wartete vor dem Bus, bis der letzte Teilnehmer ausgestiegen war, kassierte ein paar Mark Trinkgeld und lief dann rasch ins Büro, um sich einen Becher mit Kaffee zu holen.

«Da hat jemand für Sie angerufen, Barbara, ein Dr. Zadek. Es sei äußerst dringend ...» Der junge Mann, der die Busbesatzungen einzuteilen hatte, sah sie besorgt an. «Ich hoffe, Sie laufen mir heute nicht davon – wir haben einen Mordsbetrieb und müssen sogar noch den Reservebus einsetzen!»

Barbara antwortete mit einer Handbewegung, die besagte: ‹Ich will sehen, was ich für Sie tun kann›, und verschwand im Untergeschoß, wo es einen Münzfernsprecher für das Personal gab. Als sie wieder heraufkam, machte sie ein ernstes Gesicht. «Es tut mir sehr leid», sagte sie zu dem jungen Mann, «eigentlich müßte ich sofort weg. Aber ich habe Dr. Zadek gesagt, daß ich erst Ersatz besorgen muß. Ich habe meine Freundin Gerda schon verständigt – sie löst mich um 12 Uhr ab ...»

Im Saller-Supermarkt herrschte freitagmorgendlicher Hochbetrieb. Im Lagerraum, wo Anna ihre Hilfskräfte dirigierte und selbst kräftig mit anpackte, hatten die Frauen alle Hände voll zu tun, die Verkaufstische und Regale immer wieder aufzufüllen.

«Hier, Maria, zwei Kartons Tomatenmark nach vorn – und mach *presto*! Der Lallinger macht mich heut wieder ganz narrisch – er will sich wohl die goldene Saller-Nadel verdienen, dieser Gschaftlhuber, dieser damische!»

Anna wischte sich den Schweiß von der Stirn. Geli kam gerade mit leeren Gemüsekörben aus dem Verkaufsraum zurück.

«Wie sieht's aus mit den Salatkartoffeln? Und mit dem Blumenkohl? Wo willst du denn jetzt hin, Geli?! Du mußt gleich die Semmeln nach vorn bringen – sind eben geliefert worden!»

Geli schien im Moment nicht so recht bei der Sache zu sein. Sie stellte die leeren Körbe ab und sagte:

«Ganz gleich – schmeiß sie mir schon da rein, ja? Bin sofort wieder da...»

Damit war sie auch schon zur Hoftür hinaus.

Anna sah durch das Fenster, wie sie zur Mülltonne rannte, und wollte sich gerade kopfschüttelnd abwenden, um die Semmeln in die Körbe zu schütten, als sie gewahr wurde, daß Schimanski ebenfalls im Hof war, sich auf Geli stürzte und ihr etwas aus der Hand riß, das sie gerade in den Müll werfen wollte. Jetzt schrie er das Mädchen an, das sich von ihm losmachte und eilig ins Lager zurücklief.

«Spitzel, verdammter», sagte Anna und leerte die Plastiksäcke mit den frischen Semmeln in die Körbe. Geli kam herein, ziemlich verstört.

«Was wollte er wieder von dir?»

«Hat mir Tüte weggerissen, hat mir Diebin gesagt, der Schimanski!» Geli war entrüstet. «Vor halbe Stunde hat mir im Laden so ein Kerl, so ein dreckiger, unter den Kittel gefaßt! Hat mir Strimpfe zerrissen, *sporco pervertito*, und als ich ihn weggestoßen hab, hat er mir ‹Itakersau› gesagt...»

Anna machte eine wegwerfende Handbewegung. «So was kommt leider öfter vor, mach dir nix draus!»

«Hab mir dann neue Strimpfe genommen, aus dem Regal hinter der Kasse, da, wo dransteht ‹Nimm mich mit! Nur 1,98 DM›...»

«Und was wollte der Schimanski?» Anna ahnte schon die Antwort.

«Hat mir nachgestellt, wie ich vorhin die alten aus- und die neuen angezogen hab, nebenan auf dem Gang. Hat mir angefaßt, da und da ... Und er hat mir gesagt, er meldet mich nicht, wenn ich ihn laß – na, du weißt schon. Und da hab ich ihm eine geschmiert!»

Anna lachte. Monika, die zugehört hatte, lachte auch.

«Hoffentlich hat er's gespürt!»

«Und jetzt hat er dir aufgelauert, als du die Verpackung in den Müll werfen wolltest?» fragte Anna. Geli nickte nur stumm und griff nach dem Semmelkorb.

«Mach dir nix draus», sagte Anna nur. «Schlimmstenfalls ziehen sie dir die zwei Mark vom Lohn ab ...»

Monika wartete, bis Geli den Lagerraum verlassen hatte, bevor sie sagte: «Da kennst du den Hansi Schimanski schlecht! Ich sag dir, Anna, der wird's der Geli heimzahlen, jetzt, wo er abgeblitzt ist bei ihr, der Haderlump, der verdammte!»

Herr Schimanski stand bereits im Büro des Filialleiters. «Hier, sehen Sie, Herr Lallinger, da ist das Preisschild: 1,98! Ich habe ihr gesagt, sie soll sich nachher auf dem Personalbüro melden ...»

«Schon gut, Herr Schimanski, Sie können gehen! – Wer war es noch gleich?»

«Die Geli, die hübsche Blonde, Sie wissen schon, Herr Lallinger ... Und sie hat den Kunden beleidigt! ‹Drecksau› hat sie ihm gesagt – nur, weil er über ihren Korb gestolpert ist und sich an ihr festgehalten hat ... Sie sollten da mal hart durchgreifen, Herr Lallinger!»

«Na ja, Schimanski, ich werd sie mir mal vorknöpfen – aber so schlimm kann's ja nicht gewesen sein, sonst hätte sich der Kunde doch beschwert ... Sie konnten wohl nicht bei ihr landen, Schimanski, oder ...?»

Herr Schimanski tat gekränkt. Dann versuchte er es mit einem Grinsen, so von Mann zu Mann, Verständnis heischend.

Aber Herr Lallinger ging nicht darauf ein.

«Wir reden später noch darüber ... Himmel, es ist ja schon halb zwölf – und ich muß in der Mittagspause zur Filialleiterbesprechung!»

Freitag mittag

Im ersten Stock des Polizeipräsidiums an der Ettstraße fand um 12 Uhr eine Pressekonferenz statt, zu der sich ein Dutzend Journalisten eingefunden hatte. Der Pressesprecher des Präsidiums, Dr. Zorn, ein Herr von Anfang 30 mit dunkler Hornbrille und spärlichen, aber sorgfältig gescheitelten Haaren, wartete noch an der Tür.

Es war 8 Minuten nach 12 Uhr, als endlich der Präsident kam, die Journalisten überaus freundlich begrüßte, die wichtigsten mit herzlichem Händedruck und persönlicher Anrede, und bei ihnen am Tisch Platz nahm. Er trug einen maßgeschneiderten hellgrauen Sommeranzug, der ihn noch größer und schlanker machte, als er war.

«Bitte, Herr Zorn», sagte er höflich, «Sie leiten die Pressekonferenz, ich bin hier nur Zuhörer ...»

Dr. Zorn räusperte sich, sprach einige Worte zur Begrüßung, die eine freundliche, lockere Atmosphäre schaffen sollten, und kam dann zur Sache:

«Wie Sie wissen, wurde in der Räumungssache Gstettenbauer ein rechtskräftiges Urteil verkündet. Damit war klargestellt, daß das betreffende Grundstück rechtmäßiges Eigentum der Treubau AG ist und daß diese mit den bereits genehmigten Erd- und Planierungsarbeiten beginnen kann. Aufgabe der Polizei ist dabei, rechtswidrig anwesende Störer von dem Grundstück zu entfernen. Dies ist vor einigen Stunden geschehen ...»

Die letzten Worte lösten große Überraschung aus, alle redeten durcheinander. Ein Journalist war aufgesprungen und rief: «Sie haben uns doch gestern versichert, erst heute vormittag würde das entschieden ...?!»

«Heute früh», korrigierte Dr. Zorn mit mildem Lächeln, «aber beruhigen Sie sich doch, meine Damen und Herren! Ich möchte Sie gern über den genauen Stand der Dinge unterrichten ...»

Als es wieder still geworden war, fuhr er fort:
«Die Aktion wurde nach dem Grundsatz ‹Sowenig Gewalt wie möglich› durchgeführt und war ein voller Erfolg. Insgesamt 46 Personen, die sich widerrechtlich auf dem Gelände aufhielten, wurden aufgefordert, es sofort zu räumen, und kamen der polizeilichen Anordnung unverzüglich nach. Sie wurden mit unseren Fahrzeugen in die Stadt zurückgebracht und nach Feststellung ihrer Personalien und erkennungsdienstlicher Behandlung wieder auf freien Fuß gesetzt...»
«Wann war das?» rief eine junge Frau, die Lokalreportagen für das ‹Abendblatt› schrieb. «Wann sind die Leute freigelassen worden?»
«Vor etwa zehn Minuten», antwortete Dr. Zorn nach kurzem Zögern.
Wieder entstand große Unruhe. Diesmal griff der Präsident selbst ein. Er erhob sich und sagte ziemlich laut:
«Damit wir uns richtig verstehen, meine Damen und Herren! Es ging uns einzig und allein darum, in dieser Angelegenheit, die ja auch noch einen tragischen menschlichen Hintergrund hat, alles zu vermeiden, was zur Erhitzung der Gemüter und zur Gewaltanwendung hätte führen können. Durch Gewalt und Gegengewalt wäre ja alles nur noch schlimmer geworden... Und ich darf vielleicht daran erinnern, daß für die Entscheidung, die den Landwirt Gstettenbauer so bedauerlich hart getroffen hat, schließlich nicht die Polizei verantwortlich ist!»
Etwas leiser, in sehr vertraulichem Tonfall, fügte der Präsident hinzu:
«Übrigens – aber das ist keine offizielle Mitteilung, sondern meine private Information –, der Landtag wird einen Untersuchungsausschuß einsetzen, wegen der Schlamperei mit dem Grundbuch und zur Aufklärung der Hintergründe. Der damalige Minister und weitere Spitzenpolitiker werden sich da zu verantworten haben...»
Damit hatten die Journalisten eine neue Sensation. Der Polizeieinsatz vom frühen Morgen war nur noch von zweitrangigem Interesse, zumal dabei offenbar nichts passiert war. Dr. Zorn konnte seine kurze Pressemitteilung nun ungestört verlesen. Es gab kaum noch Fragen. Die meisten drängten auf ein rasches Ende der Kon-

ferenz, denn sie wollten in den Landtag, um Näheres über den Untersuchungsausschuß zu erfahren.

Im Hinausgehen erkundigte sich noch einer beiläufig: «Verletzte gab's keine?» Dr. Zorn beschied den Frager, wie er es mit dem Präsidenten abgesprochen hatte: «Nein, aber, um genau zu sein: Ein junger Mann hat eine leichte Gehirnerschütterung davongetragen – ist wohl unglücklich gestolpert ...»

Erst auf der Treppe fiel der Dame vom ‹Abendblatt› ein, daß sie alle vergessen hatten, nach dem Beginn der Abbruch- und Planierungsarbeiten zu fragen. Sie wollte umkehren, beschloß dann aber, Dr. Zorn von der Redaktion aus anzurufen.

Um diese Zeit war die Filialleiterkonferenz der Saller-Supermarkt-Kette bereits voll im Gang, diesmal sogar in Anwesenheit von Konsul Saller. Rund vierzig Filialleiter aus München und Umgebung sowie aus Nürnberg, Augsburg, Passau, Ingolstadt und Regensburg waren versammelt. Konsul Gustl Saller, Chef des Saller-Konzerns, saß allein am breiten Kopfende der Tafel zwischen zwei prächtigen Blumengebinden, ein untersetzter Mittfünfziger, rundschädelig und stiernackig. Er hielt eine Ansprache. Neben ihm auf dem Tisch lag ein rundes, farbig bemaltes Blechschild, das viele neugierige Blicke auf sich zog.

«Hotel- und Gaststättenbetriebe bilden nach meiner Überzeugung eine natürliche Ergänzung zu unseren Supermärkten. Ich habe deshalb, zunächst in Bayern, wo unser Filialnetz ja gut ausgebaut ist, mit dem Marquart-Hotel- und Gaststättenkonzern einen Kooperationsvertrag geschlossen. Die Marquart-Gruppe ist, wie Sie wohl wissen, ein uns befreundetes Unternehmen ...»

Konsul Sallers knarrige Stimme, die bislang im ganzen Raum deutlich zu hören gewesen war, versagte ihm für einen Augenblick. Er nahm einen Schluck Apfelsaft aus seinem Glas. Der neben Lallinger am unteren Ende der Tafel sitzende Filialleiter von Obermenzing flüsterte seinem Kollegen zu:

«Befreundet! Daß ich nicht lache! Sie gehört ihm doch längst!» Lallinger ließ sich nicht anmerken, daß ihm das neu war, und horchte auf die weiteren Mitteilungen des Konzernchefs.

«Wenn Sie mit mir darin übereinstimmen, daß wir hier soeben vorzüglich gespeist haben, wird es Sie freuen zu hören, daß sich der

Saller-Konzern entschlossen hat, diesem Marquart-Restaurant als erstem eine Auszeichnung zuteil werden zu lassen ...»

Er nahm das Blechschild, hielt es hoch und drehte es nach links und rechts. Auf dunkelblauem Grund glänzten fünf goldene Sterne in einer Reihe nebeneinander; die Umschrift in dunkelroten, goldgeränderten Buchstaben lautete: *Für gastronomische Meisterleistungen.*

Die Filialleiter zeigten sich pflichtschuldigst beeindruckt, konnten sich aber keinen rechten Reim darauf machen. Konsul Saller lächelte verschmitzt.

«Zur Meisterleistung, die wir auszeichnen, gehört natürlich auch, daß das Restaurant volkstümliche Preise hat», knarrte er weiter. «Niedrigpreisgerichte kann aber nur der anbieten, der billig einkaufen kann, und zwar bei uns! Die Marquart-Betriebe erhalten von uns künftig alles, was durch Fehldispositionen zu verderben droht – Brot, sonstige Backwaren, Salat, Frischgemüse, Tiefkühlkost, Aufschnitt, Frischfleisch, Milchprodukte, Obst – und zwar zum Selbstkostenpreis. Damit ersparen wir uns Verluste durch Verderb und ermöglichen der Marquart-Gruppe ein konkurrenzlos preisgünstiges Angebot. Was Sie betrifft, meine Herren, so werden Sie in Zukunft weniger Sorgen haben: Was aus Ihren Beständen dringend weg muß, melden Sie bei Ladenschluß der Zentral-Disposition, die mit dem Marquart-Einkauf kurzgeschlossen wird und für Abholung und Anlieferung noch am selben Abend sorgt ...»

Er redete noch eine Weile lang über die Vorzüge des neuen Systems. Dann kam er auf ein anderes Thema zu sprechen:

«Nun noch ein Wort zur Disziplin und Ehrlichkeit des Personals. Sie wissen, meine Herren, daß es unser Ziel ist, eine große harmonische Betriebsfamilie zu bilden. Wir wollen unseren Saller-‹Dienst am Kunden› treu, fleißig, fröhlich, aber auch redlich erfüllen, nach der Devise ‹Einer für alle, alle für einen›! Aber, man muß der Realität ins Auge schauen: viele Mitarbeiter lassen sich von unserem herrlichen Angebot zu Diebstählen verführen ...»

Strafanzeigen, so erläuterte er den Filialleitern, brächten dem Unternehmen nichts ein und schadeten seinem Ruf, erst recht dem Betriebsklima; sie sollten beschränkt bleiben auf Fälle, wo ohnehin eine – dann fristlose – Entlassung erforderlich sei. Im Normalfall solle auf Anzeigen verzichtet werden, zum einen, weil man sozial sei, zum andern, weil eine eingearbeitete Kraft nicht so leicht ersetzt werden könne; die Konkurrenz lauere nur darauf, die Leute zu übernehmen. In solchen Fällen genüge es, die ertappten Diebe ein Schuldbekenntnis unterschreiben zu lassen, sich die Strafanzeige vorzubehalten und empfindliche Geldbußen zu verhängen. Ein entsprechender Katalog werde ab sofort Bestandteil der Betriebsordnung und damit der Arbeitsverträge. Die mit Bußen bestraften Mitarbeiter müßten sich aber bei alledem noch großzügig behandelt vorkommen und der Firma zu Dank verpflichtet fühlen. Das verlange, schloß er diesen Punkt, viel Fingerspitzengefühl.

«Haben Sie mich verstanden? Dann noch ein Wort zu einem Artikel, der uns, wie Sie wissen, einige Kopfschmerzen bereitet hat: zur «Alpenglück»-Fertignahrung. Ab sofort ist der Verkauf einzustellen. In den meisten Münchner Filialen sind die Lagerbestände ja schon abgeholt worden. Jetzt können Sie das Zeug auch aus den Regalen nehmen. Die Fahrer vom Zentrallager holen es so rasch wie möglich ab. Noch eine Frage? Nein? Dann wollen wir mit frischem Mut an die Arbeit gehen. Habe die Ehre, meine Herren!»

An der Tür fiel Konsul Saller noch etwas ein. Er sah in seinen Terminkalender, wandte sich dann den Filialleitern zu, die aufgestanden waren, und fand rasch das Gesicht, das er suchte: «Lallinger, morgen mittag gleich nach Ladenschluß komm ich zu Ihnen. Diesmal ist Ihre Filiale an der Reihe. Versammeln Sie das Personal im Hof, ordentlich in Doppelreihe, denn von der Presse wird auch jemand kommen und ein paar Fotos machen ...»

Lallinger war sehr verwirrt.

«Ja, Herr Konsul, jawohl, Herr Konsul Saller», konnte er gerade noch herausbringen. Er wußte natürlich, daß der Konzern-Chef jeden Samstag eine Goldene Saller-Nadel verlieh. Das Bild des damit Ausgezeichneten war dann montags im ‹Abendblatt› – eine kostenlose Reklame für den Supermarkt, und zugleich machte es den in der Zeitung Abgebildeten stadtbekannt. Diesmal war also er an der Reihe!

Er fuhr sich über sein Haar, sah auf die Uhr und beschloß, rasch noch zum Friseur zu gehen. Es machte nichts, wenn er eine Stunde später zurück ins Geschäft kam.

In einem altmodischen Café an der Leopoldstraße beendeten Rechtsanwalt Dr. Zadek und der Herr Oberamtsrat im Ruhestand Sebastian Hueber gerade ihre erste Schachpartie. Der alte Hueber hatte gewonnen; Dr. Zadek war ein paarmal sehr unaufmerksam gewesen.

Seine Gedanken schweiften immer wieder ab zu dem Brief, den er heute aus Moskau erhalten hatte. Barbara war um halb eins gekommen. Er hatte vorher das kurze Schreiben und die achtundzwanzig Blatt des anliegenden, amtlich beglaubigten Protokolls für sie fotokopiert und die Originale mit zur Bank genommen. Dort lagen sie nun sicher in seinem Stahlfach. Barbara saß jetzt am Schreibtisch in seiner Kanzlei und diktierte seiner Schreibkraft, Frau Messerschmidt, die Rohübersetzung. Sie hatte versprochen, sich zu beeilen, aber es würde dennoch etliche Stunden dauern, bis sie damit fertig sein konnte.

Um sich bis dahin die Zeit zu vertreiben, hatte er sich mit dem alten Hueber zum Schachspielen verabredet. Daß sie sich schon mittags ins Café setzten und sich das Schachbrett geben ließen, war nichts Außergewöhnliches. Das kam ab und zu mal vor, wenn Dr. Zadek gerade der Sinn danach stand und seine Praxis es zuließ. Der alte Hueber hatte immer Zeit und war froh über jede Abwechslung.

Ehe sie die Figuren für die zweite Partie aufbauten, bestellten sie sich eine Kleinigkeit, Dr. Zadek ein Schinkenhörnchen, Hueber eine Hühnerbouillon.

«Das dürfen Sie doch gar nicht essen, Alfred!» Herr Hueber zwinkerte.

«Doch, Sebastian, wenn's mir schmeckt, bestelle ich vielleicht sogar noch eins! ‹Zadek› bedeutet zwar fromm oder gesetzestreu, aber schon meine Eltern waren der Meinung, die Speisevorschriften des Alten Testaments seien überholt und zudem für das Leben im Orient gedacht, nicht für das in Bayern...»

«Was Ihre Eltern betrifft – sind Sie weitergekommen...?»

«Ich glaube, ich bin dicht am Ziel. Barbara arbeitet schon an der Übersetzung – die Protokolle sind heute früh aus Moskau gekommen.»

«Daher!» Hueber tat enttäuscht. «Ich habe mir eingebildet, ich hätte Sie eben besiegt, weil ich der bessere Spieler bin, und dabei sind Sie nur begreiflicherweise unkonzentriert und mit Ihren Gedanken ganz woanders ... Jedenfalls gratuliere ich Ihnen, Alfred, daß Sie endlich das bekommen haben, was Sie haben wollten ... Allerdings ...»

Er zögerte etwas, fuhr dann aber fort:

«Also, ich fürchte, Sie machen sich immer noch eine falsche Vorstellung von dem, was sich die Behörden und zumal die Justiz hierzulande leisten. Glauben Sie einem alten Beamten, der das ein halbes Jahrhundert lang beobachtet hat, und zwar *im* Behördenapparat, nicht von außen. Wenn's um die Bewahrung ihrer Macht geht, sind den Großkopfeten sogar die größten Lumpen und Verbrecher noch willkommene Verbündete, und das hat Tradition! Denken Sie doch nur an das Frühjahr 1919, an den Hitler-Putsch, an die ‹Machtergreifung› von 1933 ...»

Es war nicht das erste Mal, daß der alte Hueber so redete, aber diesmal, so schien es Dr. Zadek, wollte er ihm etwas erklären, das ihn und sein Vorhaben zwar unmittelbar betraf, aber nur auf Umwegen zu vermitteln war. «Der Hitler-Putsch vom 9. November 1923, beispielsweise, der hätte gar nicht stattgefunden, wenn die damalige bayerische Staatsregierung nicht heimlich mit von der Partie gewesen wäre und wenn sie die völkischen Verbände nicht so wohlwollend geduldet und gefördert hätte ...»

«Aber sie hat doch den Putsch dann niederschlagen lassen», warf Dr. Zadek ein.

«Ja, weil die Inhaber der Staatsgewalt – Regierungschef v. Kahr und General v. Lossow – ein Scheitern voraussahen. Lossow erklärte später, bei 51 Prozent Erfolgsaussichten hätte er mitgemacht ... Aber ich will Ihnen eigentlich nur die Rolle der Justiz erklären. Der Prozeß, der Anfang 1924 den Anführern des Putsches gemacht wurde, war eine reine Farce. Dabei hatte das Unternehmen 19 Menschen das Leben gekostet, darunter drei Polizeibeamten. Die bayerische Regierung setzte es durch, daß der Prozeß in München stattfand, nicht beim Reichsgericht in Leipzig, das für einen Putsch zum Sturz der Reichsregierung und zur Abschaffung der Republik zuständig gewesen wäre. Das Münchner Gericht, das wenige Jahre zuvor die linken Aufständischen wie Schwerverbrecher behandelt und äußerst hart bestraft hatte, faßte Hitler und seine Komplizen mit Samthandschuhen an und ließ sie sehr glimpflich davonkommen. Zum Beispiel erhielt Dr. Frick, der als Leiter der Politischen

Polizei Hitler aktiv unterstützt und am Putsch teilgenommen hatte, vier Monate Haft, die zur Bewährung ausgesetzt wurden, sowie 100 Mark Geldstrafe; zehn Jahre später ernannte ihn Hitler zu seinem Reichsinnenminister ...»
«Sagen Sie mir, Sebastian, warum erzählen Sie mir das alles?»
«Weil der damalige Anklagevertreter, der diesen politischen Fasching inszenierte, noch immer eine für Ihre Angelegenheit maßgebliche Rolle spielt!»
Dr. Zadek sah erstaunt auf. Der alte Herr verblüffte ihn häufig durch seine präzisen Kenntnisse geschichtlicher und politischer Zusammenhänge, aber das hatte er nicht erwartet.
«Der seinerzeitige Staatsanwalt Dr. Hans Ehard, damals Mitglied der regierenden Bayerischen Volkspartei, wurde 1933 von den Nazis, die er im Hitlerputsch-Prozeß so überaus freundlich behandelt hatte, zum Senatspräsidenten am Münchner Oberlandesgericht ernannt. Das blieb er bis 1945 ...»
«Dann war er womöglich zuständig dafür, daß der Antrag auf Revision des Urteils gegen meinen Vater verworfen wurde!»
«Richtig, und im Mai 1945 wurde derselbe Dr. Ehard bayerischer Justizminister. Von 1946 bis 1954 und dann noch einmal von 1960 bis 1962 war er sogar Ministerpräsident unseres Freistaats ...»
«Mein Gott», Dr. Zadek war nun wirklich sehr aufgeregt, «meinen Sie etwa ...?»
«Jawohl, den meine ich. Dr. Ehard ist derzeit Chef der Behörde, an deren Weisungen die Staatsanwaltschaft München gebunden ist. Seit 1962 leitet er wieder das bayerische Justizministerium.»

Der Saller-Supermarkt blieb über Mittag geöffnet. Das Personal machte schichtweise Pause, bei schönem Wetter wie heute im Hof, wo man sich in die Sonne setzen konnte. Die meisten der Frauen aßen mitgebrachte Brote, tranken dazu Milch oder Saft. Anna Pichlmayr und Monika Neureuther, die Gruppenleiterinnen, gönnten sich am nahen Kiosk eine Currywurst und waren mitten im Gespräch über die neue Überstunden-Regelung der Saller-Supermärkte.
«Mei, das könnt denen so passen», sagte Monika gerade, «nix bezahlen, sondern abbummeln lassen ... Da mach ich nicht mit!» Unbemerkt war neben ihnen Frau Stepanek vom Personalbüro aufgetaucht.

«Sie sind doch erste Schicht, Frau Neureuther! Was machen Sie denn noch hier?!»

Sie sagte es in sehr spitzem Ton. Monika fuhr ärgerlich herum und wollte ihr eine derbe Antwort geben, denn diese Frau Stepanek, um die 40, hielt sich für etwas Besseres und schikanierte die Frauen vom Lager, wo sie nur konnte. Aber Anna kam ihr zuvor.

«Sie hat halt getauscht mit der Erika, Frau Stepanek, weil sie mit mir was zu bereden hat, die Monika. Kein Grund zur Aufregung. Es ist doch Wurscht, wann sie Pause macht – Hauptsache, die Arbeit wird getan, gell?»

Anna wollte Streit vermeiden. Aber bei Frau Stepanek kam sie damit schlecht an: «Sie haben es gerade nötig, sich aufzuspielen, Frau Pichlmayr», zischelte sie. «Sie sollten sich lieber um Ihre Gruppe kümmern – denn so geht's nicht weiter! Vorgestern die Sache mit der Scalzaletti, und heut haben wir nichts als Scherereien mit dieser Jugoslawin, dieser Schlampe ...»

Anna war verblüfft. Sie wußte gar nicht, wen Frau Stepanek meinte und worüber sie sich so aufregte. Sie hatte sogar ein bißchen Mitleid mit der Frau, die eifersüchtig war auf alle, die jünger und hübscher waren als sie. Doch ihr verging jedes Mitgefühl, als sie merkte, wovon die Frau Stepanek redete:

«... zweimal ist sie diesen Monat schon zu spät gekommen, heute hat sie Strümpfe gestohlen und einen Kunden unflätig beschimpft. Faul und verlogen ist sie. Und Herrn Schimanski hat sie als Lügner hinzustellen versucht und verleumdet! Aber damit ist jetzt Schluß! Sie ist fristlos entlassen, und das weitere erledigt die Polizei ...»

Anna hatte genug. «Sie spinnen ja, Frau Stepanek! Wenn sie die Geli meinen, das ist ein nettes, fleißiges Mädel, und die lügt bestimmt nicht! Der Schimanski hat das angezettelt, nur weil die Geli ihn hat abblitzen lassen, wo er ihr doch dauernd nachstellt. Ich werd jetzt mit Herrn Lallinger reden ...»

«Das können Sie sich sparen! Sie ist schon abgeholt worden, gleich vom Personalbüro. Gott sei Dank sind wir sie los, diese Diebin ... Und machen Sie nicht auch noch den Hansi schlecht. Der tut so was nicht!» schrie sie Anna ins Gesicht, dem Weinen nahe.

«Ich geh jetzt sofort zu Herrn Lallinger», sagte Anna, «der muß das wieder in Ordnung bringen – bei so was, da hört der Spaß auf ... Das arme Mädel, das nix getan hat, von der Polizei ...»

Sie hatte sich schon zum Gehen gewandt. «Herr Lallinger ist gar nicht da», hörte sie Frau Stepanek sagen.

Anna blieb stehen. «Ich wett, der Herr Lallinger, der weiß gar nix davon. Der ist doch schon kurz nach halber zwölf weggefahren – zur Filialleiterkonferenz, das hab ich ihn noch selber sagen hören ... Also, das haben Sie und der saubere Herr Schimanski allein ausgeheckt, Frau Stepanek!»

Die hatte sich schon abgewandt und lief eilig zurück in ihr Büro. Anna sah ihr nach.

«Das laß ich nicht zu, das mit der Geli!» rief sie.

Im Blauen Salon des großen Hotels am Promenadeplatz, das von der «Bayern-Credit»-Zentrale aus bequem zu Fuß in kaum zwei Minuten zu erreichen war, tagte seit 13.30 Uhr der Aufsichtsrat der Treubau AG. Er bestand aus sieben Herren, die sich nach und nach eingefunden hatten. Dr. Hurlinger war als Vertreter seiner Bank zum erstenmal dabei. Diese Ehre hatte er seinem großen Geschick bei der Regelung bestimmter Angelegenheiten zu verdanken, wie ihm vom Herrn Kommerzienrat Batz persönlich versichert worden war.

Den Vorsitz führte Dr. Dr. Sandbichler, Chef der fürstlichen Rent- und Domänenkasse, der im nächsten Jahr in Pension ging. Rechtsanwalt Dr. Strohschneider, der die Interessen des erzbischöflichen Generalvikariats, und Konsul Saller, der nur seine eigenen Belange vertrat, waren die stellvertretenden Vorsitzer. Die Brauereigruppe repräsentierte Generalkonsul Bunsenbacher; die Zentrale Versicherungs-Union wurde von ihrem Chefsyndikus Dr. Mauerwirt vertreten, das Bankhaus Maywaldt, Mertz & Co vom alten Bankier Mertz selbst.

Die Herren hatten zunächst auf ihren Vorsitzenden, Dr. Dr. Sandbichler, warten müssen, doch war diese Zeit auf Vorschlag Dr. Strohschneiders benutzt worden, die Anwesenden mit dem neuesten Stand des Trabantenstadt-Projekts vertraut zu machen. Hurlinger hatte Bericht erstattet, sowohl über die so erfolgreiche und, wie er betonte, dank seiner Intervention völlig gewaltlose Blitzaktion gegen die Besetzer des künftigen Baugeländes als auch über den glücklich ausgegangenen Prozeß gegen den Landwirt Gstettenbauer, dem er als Beobachter beigewohnt hatte.

Da der Vertreter des Fürsten, Oberdomänendirektor Dr. Sandbichler, noch nicht anwesend war, riskierte es Hurlinger, zu erwähnen, daß es anfangs mit den Aussichten Seiner Durchlaucht, den Prozeß zu gewinnen, nicht weit her gewesen sei. Erst die Aussage des Herrn Abgeordneten Dr. Zirlgruber habe die Wende herbeigeführt. Denn danach sei klar gewesen, daß es sich bei der fehlenden Grundbucheintragung um kein bloßes Versehen gehandelt habe, sondern um eine absichtliche Unterlassung auf Anweisung der Staatsregierung.

«Da schau her!» hatte Generalkonsul Bunsenbacher dazu bemerkt. «Was hat denn der Zirlgruber da ausgesagt? Ich hab gar nichts davon in der Zeitung gelesen ...» Dr. Hurlinger hatte ihn dann aufgeklärt. Dabei war er darauf bedacht gewesen, deutlich zu machen, daß seine Bank und er selbst es lieber gesehen hätten, wenn der Zeuge Dr. Zirlgruber etwas weniger präzise gewesen, ja, wenn er gar nicht erst benannt worden wäre. «Hat er eigentlich seine Aussage beeiden müssen?» hatte sich Rechtsanwalt Dr. Strohschneider erkundigt, etwas besorgt, wie es schien. «Der Kollege Zirlgruber hatte doch erst vor ein paar Monaten gewisse, hm, Schwierigkeiten in einer, hm, ähnlichen Sache ...»

Daraufhin hatte sich Konsul Saller eingemischt und sich jede Verdächtigung des Herrn Bundestagsabgeordneten Dr. Zirlgruber verbeten. Der besitze das volle Vertrauen seiner Partei und insbesondere das ihres Vorsitzenden, habe nichts getan als seine staatsbürgerliche Pflicht, und im übrigen sei der Zirlgruber am Aktienkapital der Treubau AG ein wenig beteiligt, was man als Aufsichtsrat wohl berücksichtigen müsse.

Die letzte Bemerkung Sallers hatte, wie Dr. Hurlinger beobachten konnte, einige Herren deutlich überrascht. Rechtsanwalt Dr. Strohschneider beteuerte auch sogleich, eine Verdächtigung des geschätzten Kollegen Zirlgruber habe ihm ferngelegen. Allerdings, fügte er süffisant hinzu, mache man sich im erzbischöflichen Generalvikariat neuerdings doch einige Sorgen um diesen verdienten Politiker, denn der habe kürzlich angefragt, ob man Möglichkeiten sehe, seine eventuelle Scheidung kirchlich zu sanktionieren. Man denke nur, ein so profilierter christlicher Politiker ...!

Dr. Hurlinger hatte diese Neuigkeit interessiert zur Kenntnis genommen. Dann war endlich Dr. Sandbichler erschienen, wie immer schlecht angezogen, eröffnete eilig die Sitzung und ließ den Imbiß servieren. Die Herren mußten sich von ihm nochmals erzählen lassen, wie der Prozeß verlaufen war; daß sich glücklicherweise ein Zeuge in der Person des Abgeordneten Dr. Zirlgruber gefunden habe, der die Dinge klarstellen konnte, und wie glücklich Seine Durchlaucht darüber sei.

Beim Kaffee erwähnte Konsul Saller, scheinbar nebenbei, Zirlgruber werde sich für einen Autobahn-Anschluß einsetzen, der den Wert des Geländes verdreifache. Das war eine Sensation! Doch Hurlinger beugte sich daraufhin zu Sandbichler und flüsterte ihm zu:

«Schaug'n S', Herr Domänendirektor, deshalb sind meine Bank und ich der Meinung, daß es keine so glänzende Idee war, den Herrn Abgeordneten schwören zu lassen ...», wozu Dr. Dr. Sandbichler schwieg, mit zusammengekniffenem Mund und gerunzelter Stirn.

Inzwischen waren die Herren bei Punkt 2 der Tagesordnung angelangt, der Genehmigung des Ankaufs jenes Terrains, um das es im Prozeß gegangen war, durch die Treubau AG. Es war dies eine reine Formalität, denn die Gesellschaft hatte ja mit den Arbeiten auf dem Gelände bereits begonnen, die erste Rate der Kaufsumme überwiesen und erhebliches Kapital in die Planung der Trabantenstadt investiert. Sandbichler sagte deshalb nur:

«Ich darf davon ausgehen, daß niemand Einwände hat. Damit ist der Antrag einstimmig angenommen, die Genehmigung erteilt. Ich werde das ins Protokoll aufnehmen. Wenn niemand etwas zu Punkt 3, Verschiedenes, vorzubringen hat» – er sah sich im Kreis um, keiner der Herren wünschte das Wort – «dann kann ich hiermit schließen und danke Ihnen, meine Herren.»

Jeder war froh, daß die Sitzung so rasch beendet war. Man verabschiedete sich eilig voneinander, wünschte sich ein erholsames Wochenende und bat, daheim zu grüßen.

«Auf Wiederschauen, Herr Generalkonsul! Servus, lieber Hurlinger! Habe die Ehre, meine Herren», verabschiedete sich der alte Bankier Mertz. Dann beugte er sich zu Dr. Sandbichler, der noch am Tisch saß und seine Papiere einsammelte:

«Richten S' dem Fürsten mein Kompliment aus, lieber Dr. Sandbichler! Man kann Seiner Durchlaucht wirklich gratulieren! Wenn man bedenkt, daß er damals im Durchschnitt 2,10 Mark pro Quadratmeter für die Wiesen und noch etwas weniger für das Brachland bezahlt hat, damit der Freistaat ihm ein paar Hektar enteignen konnte, denn der eigne Wald war Seiner Durchlaucht natürlich zu schad für die Bodenreform ... Und nun stellt sich auch noch heraus, daß man ihm das Land gar nicht weggenommen hat ... Also, wirklich, mein Kompliment!»

Dr. Dr. Ignaz Sandbichler zwang sich ein Lächeln ab. ‹Ausgerechnet der alte Mertz›, dachte er. ‹Der und seine Grundstücksgeschäfte! Dagegen sind wir alle doch Waisenknaben ...› Laut sagte er: «Seine Durchlaucht kann's brauchen, Herr Bankier, wir haben allerhand Sorgen gehabt in letzter Zeit. Und nochmals besten Dank! Ich werde Ihre Grüße gern ausrichten.»

Hurlinger, der die kurze Unterhaltung mit angehört hatte, unterdrückte die Bemerkung, die ihm gerade in den Sinn gekommen war, machte eine knappe Verbeugung und ging hinaus.

Mit wachsendem Entsetzen las Barbara die umfangreichen Protokolle, die Dr. Zadek ihr gegeben hatte. Es waren die Aussagen einer Russin, Tamara Anilowa, die 1943 in Krasnodar am Kuban, in Nordkaukasien, bei einer Razzia von der deutschen SS festgenommen und dem Leiter des Sonderkommandos 10a vorgeführt worden war. Ihre Aussage begann mit der Schilderung dieses Mannes, in dessen Arbeitszimmer man sie gebracht hatte. Sie beschrieb ihn als «einen Menschen von sehr kleinem Wuchs, mit spitz zulaufendem Gesicht und glatt zurückgekämmten Haaren». Sein Name, der erst später genannt wurde, war Christmann, sein Vorname Kurt. Er war Doktor der Rechtswissenschaften und leitete das Sonderkommando schon seit einigen Monaten.

«Ich begriff sofort, daß er zur Führung gehörte», hieß es in der Aussage der Anilowa, Tamara. «Das große Arbeitszimmer, der Teppich, der Tisch mit dem grünen Tuch bedeckt. Und er, er war so klein, daß er fast hinter dem Tisch verschwand. Neben ihm waren da: Rabbe, ein SS-Offizier, und sein persönlicher Dolmetscher, Sascha Lüttich. Man merkte, daß er der Chef war ... Er schaute mich an und sagte etwas, das ich nicht verstand, zu dem Dolmetscher. Dann führte man mich in den Keller ab, in eine Einzelzelle. Überhaupt kein Licht, Zementboden, weder ein Brett noch ein Stuhl, und dazu noch Wasser auf dem Boden. Man gab mir zu essen – alle 24 Stunden ein Halbliterglas Sojamehl in ungekochtem Wasser verrührt. Das war alles. Zehn Tage saß ich dort. Dann ließ Christmann mich wieder rufen.»

Mit der Drohung, sie sofort wie die anderen bei der Razzia festgenommenen unten im Hof erschießen zu lassen, brachte er Tamara Anilowa soweit, sich bereit zu erklären, für die SS zu arbeiten. Er ließ sie ein Papier mit deutschem Text unterschreiben, den sie nicht verstand. Danach wurde sie wieder in den Keller gebracht, nun allerdings in eine größere, nicht verdunkelte Gemeinschaftszelle.

Tamara war damals 19 Jahre alt gewesen und, wie alte Fotos zeigten, schlank, schwarzhaarig und ungewöhnlich schön.

Vom langen Stehen in der nassen Dunkelzelle waren damals ihre Beine stark angeschwollen und hatten so geschmerzt, daß sie laut geschrien hatte. «Eine Kosakin riet mir», hieß es im Protokoll, «Harnkompressen um die Beine zu machen. So ging es leichter ...» Nach ein paar Tagen war Sascha Lüttich, der Dolmetscher, zu Tamara in die Zelle gekommen und hatte sie ins örtliche Zivilkrankenhaus gebracht – «zur Untersuchung und Ausheilung». Vielleicht hätte sie von dort fliehen können, aber erst wagte sie es nicht, und dann war es zu spät. Man brachte sie zurück in das Haus des SS-Sonderkommandos. Dort bekam sie eine Kammer im zweiten Stock zugewiesen, hatte zunächst nur die Zimmer der Offiziere aufzuräumen, die Öfen einzuheizen und ähnliche leichte Aufgaben. Dabei wurde ihr allmählich klar, worin die ‹Arbeit› des SS-Sonderkommandos bestand.

«Vom Fenster aus sah ich den Vergasungswagen. Er stand immer dem Keller gegenüber, hatte riesige Ausmaße, wie ein sechstonniger Eisschrank, nur war er in einer schmutzig-grünen Farbe angestrichen ... Hinten hatte er ein Türchen. Jeden Tag wurden Menschen dort hineingeführt. Ich dachte zuerst, daß man sie in ein anderes Gefängnis oder einen Betrieb abführte.» Aber dann sah sie eines Tages mit Entsetzen, wie Landsleute von ihr, die ebenfalls zur Arbeit für die SS bereit gewesen waren, unter Aufsicht eines Unterführers die Leichen aus dem Türchen des Wagens zerrten.

Tamara hatte, seit ihr die Kammer zugewiesen worden war, keine Illusionen mehr gehabt hinsichtlich der ‹Arbeit›, die der Chef von ihr verlangen würde; seine Blicke hatten es ihr deutlich gesagt. Aber was sie dann erwartete, übertraf ihre schlimmsten Befürchtungen.

«Er kam jeden Abend zu mir ... Er tat natürlich, was ihn vergnügte, aber auf viehische Weise, nicht so wie Menschen ... Er hat mir niemals etwas angeboten, nicht einmal einen Trunk ... Ob aus Geiz – ich weiß es nicht. Er hat nie gefragt, und sei es auch nur in gebrochenem Russisch oder mit Blicken: Wie steht's mit dir...? Ich war seine Beischläferin, und er interessierte sich nie für meine Stimmung, meine Verfassung...» Das Protokoll verzeichnete noch viele Einzelheiten, die den Leiter des Sonderkommandos 10a betreffen: Dr. Kurt Christmann liebte Torten, hielt sich zu ihrer Anfertigung einen russischen Konditormeister. Sonst aß er wenig, «ein Tellerchen Suppe, häufig Reissuppen, Borschtsch aß er nicht, dann irgend etwas Fleischiges – entweder Fleischklöße oder gefüllte Klopse... Er hatte eine Frau in Deutschland, eine Tochter im Schulalter. Einmal, zu Weihnachten, schickten sie ihm von daheim eine kleine Tanne und selbstgebackenen Pfefferkuchen...» Kurz zuvor hatte Dr. Christmann – das war keine Aussage von Tamara Anilowa, sondern des Konditors – bei einem Einsatz zwei halbwüchsige Mädchen beiseite genommen, sich an ihnen vergangen und sie dann erschossen.

Tamara selbst sah von den Greueltaten der SS nur wenig, «weil ich nicht mit ihnen zu ihren Einsätzen fuhr. Aber ich habe sie oft durch das Fenster beobachten können, wenn sie von ihren Einsätzen, vor allem aus den Dörfern, zurückkamen. Sie fuhren die Wagen in den Hof; sie waren alle völlig verschmutzt und erschöpft. Einer hielt eine Gans, ein anderer einen Hahn ... Alle trugen Waffen. Sie rupften die lebende Gans, steckten die Federn in Briefumschläge und schickten sie nach Deutschland. Hat man je gehört, daß Gänse bei lebendigem Leib gerupft werden? Ich war empört ...

... So verlebte ich die Zeit bei ihm in Krasnodar bis zum endgültigen Rückzug, bis zum Februar 1943 ... Eines Abends kam Sascha Lüttich in mein Zimmer. Ich glaubte, ich würde zum Chef gerufen – es kam vor, daß er mich nicht selber holte, sondern mich durch Sascha rufen ließ –; statt dessen aber erfuhr ich, daß der Befehl gekommen war, sich zu sammeln und nach Kurtschansk zurückzuziehen. Alle Offiziere waren eigenartig elektrisiert. Man hatte den Eindruck, sie begriffen, daß sie Schaden angerichtet hatten und daß es für sie nur einen Ausweg gab – abzuhauen!... Christmann sah ich an diesem Abend nicht. Wir trafen ihn erst in Kurtschansk wieder...»

Warum sie ihn an diesem Abend nicht gesehen haben konnte, ergab sich aus den Protokollen. Christmann machte einen Rundgang durch das Gebäude, stieg dann, begleitet von SS-Männern mit Benzinkanistern, in den Keller hinab zu den Zellen der Häftlinge. Zwanzig Minuten später loderte das Feuer auf. Die Eingeschlossenen schlugen mit den Köpfen gegen die Eisengitter...

Tamara befand sich zu dieser Zeit am Westrand der Stadt, auf einem mit einer Zeltplane bedeckten Küchenwagen. «Ich weiß von dem Rückzug nur noch, was wir, als wir durch Krasnodar fuhren, sahen: die Gehängten baumelten...»

Barbara schauderte. Sie drückte ihre Zigarette aus, legte die Protokolle aus der Hand. Sie hatte erst etwa zwölf Seiten gelesen, kaum die Hälfte. Was wollte Dr. Zadek nur damit? Er schien so froh, so erleichtert, als er ihr die Papiere gab und sie bat, recht bald mit der Übersetzung zu beginnen, «eigenartig elektrisiert»...

Barbara hatte keine Erklärung dafür.

‹Ich muß mich zusammenreißen›, dachte sie, ‹und mit der Arbeit anfangen. Ich werde den Rest später lesen und erst einmal mit der Rohübersetzung beginnen...›

Freitag nachmittag

«War irgend etwas Besonderes, Frau Stepanek?»
Herr Lallinger steckte nur eben den Kopf durch die Tür. Er wollte rasch weiter, von den Kassiererinnen die Umsätze erfragen und im Lager Bescheid sagen, daß die Ergänzungslisten für den morgigen Samstag bis 16 Uhr bei ihm abgegeben werden müßten.
Jetzt war es halb vier. Er hatte beim Friseur warten müssen.
«Herr Freiwaldner vom Zentrallager hat angerufen», ließ ihn Frau Stepanek wissen, «er hat ein Sonderangebot an rosa Pampelmusen, sehr günstig, sie müssen dringend weg ... Ja, und dann ist eine vom Lager, die Zivojinovic, eine Jugoslawin ...»
«Das ist doch die Geli – oder?»
«Gewiß, Herr Lallinger – ihre Aufenthaltserlaubnis ist abgelaufen. Das Ausländeramt hat sie abholen lassen ...»
«Nanu, die sind doch sonst nicht so ...! Haben Sie denn den Leuten nicht gesagt, daß wir diese Frau dringend benötigen und gleich am Montag den Verlängerunsantrag rüberschicken werden?»
Frau Stepanek hatte sich die Antwort gut überlegt und mit Herrn Schimanski genau abgesprochen.
«Wir hatten heute zwei Vorfälle mit der Zivojinovic, Herr Lallinger, erst hat sie Strümpfe aus dem Regal gestohlen und versucht, die Verpackung zu vernichten ...»
«Ja, ja, ich weiß ... Ich habe Herrn Schimanski bereits gesagt, daß sie sie bezahlen muß, dazu 10 DM Buße und damit basta!» Er war ärgerlich.
Frau Stepanek fuhr rasch fort:
«Gewiß, Herr Lallinger, Herr Schimanski hat mir das berichtet. Aber da ist noch etwas vorgefallen, und da fanden Herr Schimanski und ich es richtiger, daß wir uns nicht mehr für das Mädel verwenden. Ich habe bereits mit dem Arbeitsamt telefoniert. Sie schicken

uns spätestens Montag früh zwei kräftige Frauen, von denen wir uns eine aussuchen können. Die eine, eine Italienerin, spricht ganz gut Deutsch und hat auch schon bei der König-Kette im Lager gearbeitet. Der Sachbearbeiter hat mir versprochen ...»

«Was ist da noch vorgefallen?»

Frau Stepanek hatte gehofft, daß sich der Filialleiter mit der sicheren Aussicht auf guten Ersatz zufriedengeben würde.

«Sie waren ja leider noch nicht zurück, Herr Lallinger. Wir haben versucht, den Beamten zum Warten zu bewegen. Aber es ist ja heute Freitag, und da hatte er es eilig. Wir mußten daher selbst entscheiden ... Herr Schimanski meinte ...»

«Ich brauche nur mal ein paar Minuten später zu kommen, und schon geht hier alles drunter und drüber! Herr Schimanski soll in zehn Minuten in mein Büro kommen, und dann will ich einen exakten Bericht! Verstanden?»

Er knallte die Tür zu. Frau Stepanek griff zum Hausapparat und benachrichtigte Hansi Schimanski. Als sie den Hörer wieder auflegte, schien sie beruhigt.

Indessen traf Herr Lallinger, kaum daß er die Tür des Personalbüros geschlossen hatte, auf Fräulein Weber, die als Halbtagskraft an der Kasse arbeitete und den Dienst für heute beendet hatte. Sie gab ihm einen Zettel, auf dem die Umsätze bis 15 Uhr notiert waren.

«Ich sollte Ihnen das auf Ihren Schreibtisch legen, Herr Lallinger», sagte sie freundlich. Der Filialleiter, froh über die Zeitersparnis, ging nun direkt über den Hof zum Lager. Anna Pichlmayr sah ihn kommen. Auch sie hatte sich auf diesen Augenblick vorbereitet.

«Grüß Gott, Herr Lallinger», sagte sie, kaum daß er in Hörweite war, «Monika und ich haben Ihnen die Ergänzungslisten schon zusammengestellt. Nur Salat und Frischgemüse haben wir offengelassen, das läßt sich noch nicht übersehen ...»

Lallinger war angenehm überrascht.

«Das ist ja prima, wir müssen die Aufträge nämlich heute etwas früher durchgeben ... Ich trage das Fehlende dann selbst noch ein ... Sonst alles in Ordnung?»

Anna nahm ihren Mut zusammen.

«Ja, bis auf eine Sache. Darüber möchte ich mit Ihnen sprechen, Herr Lallinger, wenn Sie bitt schön, einen Moment Zeit hätten.»

«Gibt es noch irgend etwas Dringendes, Lämmchen?»
Dr. Hurlinger war guter Stimmung. Die Aufsichtsratssitzung hatte den gewünschten Verlauf genommen. Die Arbeit für diese Woche war getan. Er hatte seine Post bereits unterschrieben. Es war erst kurz nach halb vier, so daß er dem Stoßverkehr wohl gerade noch entkommen würde.

Frau Lemmert, die wußte, daß ihr Chef so rasch wie möglich aus dem Haus wollte, hatte die Liste der noch von ihm zu erledigenden Dinge kräftig zusammengestrichen.

«Herr Baron Pirkl hat nochmals angerufen, doch diesmal war er wieder sehr freundlich, so wie sonst. Er läßt ausrichten, er habe sich die Sache durch den Kopf gehen lassen; Sie hätten wohl recht, und er erwartet Sie am Montag zum Abendessen ...»

Hurlinger nickte nur.

Er hatte mit Baron Pirkl, seinem langjährigen Förderer, am Morgen ein längeres Telefongespräch geführt. Es war daraufhin vorauszusehen gewesen, daß der Bauernbundführer seine Argumente billigen würde.

«Herr v. Hunger bittet Sie, ihn heute abend ab 19 Uhr zu Hause anzurufen», berichtete Frau Lemmert weiter. «Er schien recht bedrückt ... Hier habe ich Ihnen seine Privatnummer aufgeschrieben.» Sie reichte ihm einen Zettel.

‹Was mag das zu bedeuten haben?› ging es Hurlinger durch den Kopf. ‹Vielleicht ein Ehekrach ...?› Aber für Scheidungsklagen von Vorstandsmitgliedern war er – noch – nicht zuständig. Nun, man würde sehen ...

«Noch was?»

«Da ist noch etwas, das angeblich ganz dringend sein soll», sagte Frau Lemmert, etwas zögernd. «Ein Volontär der Auslandsabteilung, Mr. Keppel ...»

«Was ist mit ihm?»

«Er ist schon drei Monate bei uns und hat sich weder polizeilich angemeldet noch eine Arbeitserlaubnis ... Heute früh hatte er einen kleinen Unfall mit seinem Auto – nichts Ernstes, aber nun ist die Polizei dahintergekommen, und ...»

Dr. Hurlinger winkte ab.

«Das hat Zeit bis Montag. Da genügt ein Anruf. Machen Sie sich eine Notiz, Frau Lemmert, daß wir es nicht vergessen. Mr. Keppel ist ein Sohn des Earl of Albemarle, des früheren Botschafters – das geht schon in Ordnung! War das alles?»

«Ja, Herr Direktor, alles andere hat Zeit bis nächste Woche. Ich wünsche Ihnen ein angenehmes Wochenende, Herr Dr. Hurlinger!»

«Danke, ich Ihnen auch, Frau Lemmert – also, bis Montag!»

Während er zum Direktionsaufzug ging, zu dem nur die leitenden Herren der Bank einen Schlüssel hatten, dachte er: ‹Mit allen ihren Wehwehchen kommen sie jetzt zu mir gelaufen... Diese Sache mit Mr. Keppel, die geht mich im Grunde gar nichts an. Das hätte die Auslandsabteilung mit dem Personalchef regeln müssen, dafür bin ich als Chef der Rechtsabteilung gar nicht zuständig. Aber nur noch der alte Batz sieht in mir bloß den Chefsyndikus. Alle anderen Vorstandsmitglieder haben wohl längst erkannt, daß ich der einzige bin, der ihnen in bestimmten Fällen aus der Patsche helfen kann, wenn's brennt...›

Er überlegte, ob das seinem Ziel, bald ordentliches Vorstandsmitglied der «Bayern-Credit» zu werden, förderlich wäre oder nicht. Bis er seinen Wagen erreicht hatte, war er nach Abwägen des Für und Wider zu der Überzeugung gelangt, daß alles richtig lief: die unverminderte Protektion, die ihm der Baron Pirkl zukommen ließ, der in ihm seinen Mann sah; die Zufriedenheit des alten Batz mit ihm, seinem ‹Kronjuristen›, wie er manchmal zu scherzen beliebte, und das Vertrauen der übrigen Vorstandsmitglieder zu seinen schier unbegrenzten Fähigkeiten, Pannen in ihren Bereichen rasch zu beheben und auch die schwierigsten Situationen zu meistern. Dazu kamen seine glänzenden Beziehungen, sein untadeliger Ruf, seine Verschwiegenheit. Nein, er brauchte keine Sorgen zu haben, er würde es bestimmt schaffen, vielleicht schon recht bald. Im Aufsichtsrat hatte er neuerdings einige Freunde hinzugewonnen. Schwierigkeiten würden nur vom Fürsten und vor allem von seinem Vertreter in diesem wichtigen Gremium, dem Oberdomänendirektor Dr. Dr. Sandbichler, zu erwarten sein. Gottlob ging der Sandbichler Ende des Jahres in Pension! Und im Vorstand war bislang Herr v. Hunger der einzige, der sich ihm gegenüber ziemlich reserviert verhalten hatte. Das schien jetzt nachzulassen. Wie anders war die Bitte zu verstehen, ihn noch heute privat anzurufen...?

Sehr zufrieden mit sich und der Entwicklung der Dinge setzte sich Dr. Hurlinger ans Steuer. Knapp zehn Minuten später bog er am Sendlinger Tor in die Lindwurmstraße ab.

«Schach... – und matt!» Herr Hueber lehnte sich zufrieden zurück.
«Wollen Sie Revanche?»
Dr. Zadek schüttelte den Kopf.
«Sagen Sie mir lieber, wie dieser Ehard 1945 bayerischer Justizminister werden konnte. Wer hat ihn damals eingesetzt? Etwa die Amerikaner?»
Hueber nickte.
«Verantwortlich für die Einsetzung der ersten Nachkriegsregierung in Bayern war General Patton, ein politisch weit rechtsstehender Haudegen, der am liebsten alle Nazis auf ihren Posten gelassen hätte. Als er das sogar öffentlich erklärte – das war im September 1945 in Bad Tölz –, entzog ihm Eisenhower das Kommando in Bayern, aber da war es zu spät ...»
«Aber wie kam Patton auf die Idee, ausgerechnet Ehard zum Chef der bayerischen Justiz zu machen? War er ihm von jemandem empfohlen worden?»
«Natürlich.» Hueber beugte sich etwas vor, nahm zwei der abgeräumten Schachfiguren, die weiße Dame und den weißen Turm, und stellte sie auf ihren Platz. «Pattons engster und wichtigster Mitarbeiter, Colonel Keegan, war noch im Mai 1945, gleich nach der Kapitulation, vom General beauftragt worden, geeignete Deutsche zu finden, die die Zivilverwaltung wiederaufbauen und leiten sollten. Patton wollte nicht, daß er und sein Stab sich ‹um jeden Dreck selbst kümmern› müßten ... So drückte er sich wirklich aus!»
Der alte Herr nahm einen Schluck Kaffee, griff nach den weißen Springern und sagte, während er sie auf das Schachbrett stellte:
«Keegan beauftragte seinerseits zwei höhere Offiziere, beide im Zivilberuf Universitätsprofessoren, mit der Suche nach geeigneten deutschen Behördenchefs, und da die beiden keine Ahnung hatten, wie sie das machen sollten, wandten sie sich vertrauensvoll um Rat – an wen wohl? Was meinen Sie, Alfred?» Hueber hatte eine weitere Figur genommen, hielt sie aber noch in seiner Hand verborgen.
«Vielleicht an das Komitee der in Dachau befreiten deutschen KZ-Häftlinge? Dort gab es doch prominente Nazigegner unterschiedlichster politischer Richtung...»

«Das stimmt zwar, aber Sie vergessen, daß sich Patton und seine Berater vorgenommen hatten, die alte Ordnung wiederherzustellen. Als Rechtskonservative wollten sie weder Liberale noch Sozialisten, schon gar nicht Kommunisten heranziehen ... Nein, ich will es Ihnen verraten – Sie kommen doch nicht darauf!»

Er zeigte Dr. Zadek die Figur, die er versteckt gehalten hatte: einen schwarzen Läufer.

«*The bishop* nennt man diese Figur auf englisch. Das haben Sie mir selbst einmal erklärt. Tatsächlich wandten sich damals Oberst Keegans Abgesandte an den Erzbischof von München und Freising, Kardinal Faulhaber. Er galt als stockkonservativ, hatte schon in der Zeit der Weimarer Republik sehr weit rechts gestanden und war bekannt als derjenige Kirchenfürst, der am eifrigsten ein Zweckbündnis zwischen dem Vatikan und der Nazidiktatur betrieben hatte. Das Konkordat vom Herbst 1933, ‹eine ungeheuere moralische Stärkung› der Hitler-Regierung und ihres Ansehens, wie damals der ‹Völkische Beobachter› schrieb, war die Krönung seiner Bemühungen ...»

Dr. Zadek schaute nachdenklich auf den schwarzen Läufer, den der alte Hueber auf seinen Platz gestellt hatte.

«Der Kardinal hatte sogleich personelle Vorschläge», fuhr Hueber fort und griff nach weiteren schwarzen Figuren. «Als neuen Ministerpräsidenten empfahl er den Amerikanern den Rechtsanwalt Dr. Fritz Schäffer ...» Er stellte die schwarze Dame auf das Brett.

«An Schäffer erinnere ich mich», sagte Dr. Zadek. «Er war doch bis 1933 der Vorsitzende der Bayerischen Volkspartei ...? Mein Vater war mit ihm bekannt und hatte große Stücke auf diesen Mann gehalten. Er war dann tief enttäuscht, als sich dieser Dr. Schäffer dafür einsetzte, die Nazis an der Regierung zu beteiligen ...»

«Ja», sagte Hueber, «das war im Sommer und Herbst 1932. Aber schon viel früher, ein Jahr vor dem Hitlerputsch, hatte sich Schäffer im bayerischen Landtag energisch gegen ein Verbot der schwerbewaffneten, immer dreister werdenden Kampfverbände der Hakenkreuzler ausgesprochen. Es sei nicht die Aufgabe der bayerischen Staatsregierung, so sagte er damals, den Roten einen unangenehmen Gegner zu ersparen ...»

«Und dieser Dr. Schäffer machte dann den als Nazi-Freund bekannten Dr. Ehard zu seinem Justizminister!» Dr. Zadeks Erbitterung war deutlich zu spüren. «Wie lange blieben denn diese sauberen Herren im Amt?»

«Nur bis zum September 1945. Dann wurden sie, zusammen mit General Patton, auf Anordnung Eisenhowers gefeuert. ‹Starrköpfige Reaktionäre›, nannte sie der neue Chef der Militärregierung, und Fritz Schäffer erhielt striktes Verbot, sich politisch zu betätigen oder eine Position im öffentlichen Leben einzunehmen.» Hueber lachte leise. «Aber dieses Verbot wurde bald wieder aufgehoben. Schäffer gründete dann mit seinen politischen Freunden die Christlich-Soziale Union in Bayern, und 1949 ging er als deren Bundestagsabgeordneter nach Bonn, wo er erst Finanz-, später Justizminister in den verschiedenen Regierungen des Bundeskanzlers Konrad Adenauer wurde. Dr. Ehard aber – es klingt wie ein Witz – mußte zwar im September 1945 seinen Ministersessel räumen, aber er blieb im Justizministerium, nun als Staatssekretär, und 1946 wurde er bayerischer Ministerpräsident. Von 1948 an war er auch Vorsitzender der bayerischen CSU... Und wissen Sie, wen er sich 1950 als Staatssekretär für das Flüchtlingswesen in sein Kabinett holte? Dr. Theodor Oberländer, einen der Teilnehmer am Hitlerputsch von 1923 ...! Dieser Oberländer, der im letzten Weltkrieg an der Spitze des Ukrainer-Bataillons ‹Nachtigall› gestanden hatte, das für den Massenmord an den Lemberger Juden verantwortlich war...»

«Ich weiß», unterbrach ihn Dr. Zadek. «Er war bis zur Erlangung von Pensionsansprüchen Bundesminister im Kabinett Adenauer. Ich wußte nur nicht, daß Oberländer schon beim Hitler-Putsch mitgemacht hatte und daß es auch dieser Dr. Ehard gewesen ist, der ihm eine Nachkriegskarriere ermöglicht hat...» Er sah den alten Hueber nachdenklich an. «Das alles kann mich aber nicht davon abhalten, weiterzumachen.»

Hueber lächelte. «Ich habe es auch nicht anders erwartet. Sie sollen nur genau wissen, Alfred, woran Sie sind.»

«Danke, Sebastian», sagte Dr. Zadek nur, «und jetzt muß ich gehen – bis zum nächstenmal!»

Er drückte Hueber die Hand und verließ eilig das Café.

Anna Pichlmayr wischte sich den Schweiß von der Stirn.

«Mei, ist das eine Hitze! Und die Leut kaufen heut wie narrisch, als ob sie fürchten täten, es gäb eine Hungersnot!»

Monika Neureuther hatte sich zu ihr gestellt.

«Wenn nicht bald neue Ware kommt, können sie zusperren», sagte sie. Die Nachmittagslieferung vom Zentrallager war ausgeblieben. Die Regale wiesen beträchtliche Lücken auf, und Milch, Frischgemüse, Salat und Fleisch waren so gut wie ausverkauft. Herr Lallinger lief aufgeregt hin und her.

«Gerade heut», jammerte er im Vorübergehen, «wo ich einen Rekordumsatz erzielen könnte ... Was gibt's, Herr Lohbichler?»

Anna und Monika hörten, wie Damian Herrn Lallinger den Vorschlag machte, den Lastwagen der Baufirma auszuleihen, der drei Häuser weiter auf dem Hof stehe.

«Die haben längst Feierabend. Ich kenn den Pförtner gut, er gibt ihn mir bestimmt. In einer Viertelstunde bin ich damit beim Zentrallager. Wenn ich zwei Frauen von uns mitnehmen␣trenneinheit␣", wär im Handumdrehen alles aufgeladen – es liegt ja schon bereit. In einer guten halben Stunde hätten wir wieder frische Ware ... Die schicken uns heute bestimmt nichts mehr – die Fahrer haben nämlich einen Sondereinsatz. Sie schaffen die Restbestände ‹Alpenglück› nach Riem zur Luftfracht. Also, was meinen Sie, Herr Lallinger? Zwanzig Mark für den Pförtner und zwei bezahlte Überstunden für mich und die, die mit aufladen – einverstanden?»

Herr Lallinger sah auf die Uhr. Es war kurz vor 16 Uhr. Wenn er vor fünf wieder Ware hätte, könnte es mit dem Rekordumsatz noch klappen.

«Lohbichler, Sie sind ein Genie!» sagte er, gab Damian einen Zwanzigmarkschein und forderte ihn auf, alles andere selbst zu regeln und sich zu beeilen. Er werde beim Zentrallager anrufen und sie auf die ungewöhnliche Abholung vorbereiten.

Auf den Lohbichler war doch Verlaß, dachte er. Ein ‹Hund› war er, wie man in Bayern anerkennend sagte. Woher der schon wieder wußte, daß man die ‹Alpenglück›-Fertignahrung fortschaffte? Die Aktion war von der Geschäftsleitung als streng vertraulich bezeichnet worden, und selbst den Filialleitern hatte man nicht gesagt, wohin das Zeug käme.

Barbara war mit der Rohübersetzung schnell vorangekommen. Der Text war einfach und bereitete sprachlich keine Schwierigkeiten. Nur der Inhalt machte ihr diesmal schwer zu schaffen. Da war zunächst die Rede vom Rückzug, von einem dreiwöchigen Aufenthalt in Kamyschansk, von der Weiterfahrt nach Tjemrük, Simferopol, Feodosia, Dshankoi. In Dshankoi hatte das Sonderkommando 10a in einem Schulhaus Quartier bezogen, die Offiziere in einem komfortablen Einfamilienhaus nebenan.

«Mit Christmann traf ich in dieser Zeit selten zusammen», hatte Tamara Anilowa zu Protokoll gegeben. «Ihm war nicht nach mir zumute. Mit seinen Leuten hastete er von einem Dorf der Umgebung zum anderen. Sie suchten in Spähtruppunternehmen nach Partisanen, verbrannten Dörfer und vernichteten alle, die ihnen in die Hände fielen. In einem Dorf warfen sie die Kinder in den Brunnenschacht, in einem anderen hängten sie alle Einwohner an Bäumen auf. Dann sah ich selbst, wie sie im Schulhof eine Lehrerin erschossen. Dann erinnere ich mich noch an einen Fall: Sie schleppten einen gefangenen Kommissar an, folterten ihn furchtbar. Mehrere Tage und Nächte dauerte das Verhör. Es gab nur ein Gesprächsthema: den Kommissar. Er starb dann ...»

Tamara Anilowa war auch auf die engsten Mitarbeiter des Sonderkommandoleiters Dr. Christmann zu sprechen gekommen. Von einem, dem SS-Arzt Dr. Herz, berichtete sie, daß er die ‹Arbeit› im Vergasungswagen leitete. In seinen Dienstbereich fielen auch die Liquidierung der Patienten in den Heilanstalten und die Tötung von Kindern in Heimen. Dr. Christmann war mit Dr. Herz sehr zufrieden gewesen.

«Er war wohl von allen Offizieren des Kommandos der gebildetste Mensch», hatte Tamara Anilowa über Dr. Herz ausgesagt. «Er ließ sich aus Deutschland Bücher kommen und erhielt ein Patent für die Erfindung des schwarzen Pulvers oder der schwarzen Flüssigkeit, die man auf die Lippen der Kinder strich.» Dr. Christmann war an den Experimenten sehr interessiert und ließ Dr. Herz dabei jede nur mögliche Unterstützung zuteil werden. Kinder benötigte Dr. Herz, weil bei Erwachsenen die Erfolgsquote zu gering war. Nur «in vier von zehn Fällen stellte sich der Tod augenblicklich ein: das Präparat war noch nicht vollkommen ...»

An dieser Stelle hatte Frau Messerschmidt, der sie die Rohübersetzung in die Maschine diktierte, zu weinen begonnen. Barbara hatte sie zu beruhigen versucht; das sei doch schon alles sehr lange her, weit zurückliegende Vergangenheit, Geschichte ...

«Warum muß er das jetzt ausgraben?» Frau Messerschmidt konnte es nicht fassen, daß sich Dr. Zadek mit diesen, wie sie meinte, «Gott sei Dank in Vergessenheit geratenen Dingen» abgab. «Er ist doch so ein netter, friedlicher Mensch ...»

Aber es kam noch schlimmer:

Von Dshankoi war das Sonderkommando 10a nach Mosyr in Weißrußland verlegt worden. Im Juli 1943 war Dr. Christmann mit seinen Leuten von Mosyr in ein 40 Kilometer entferntes Dorf gefahren, das Kostjuwitschi hieß. Dazu gab es eine Zeugenaussage, die nicht von Tamara Anilowa stammte, sondern von einem der russischen ‹Hilfswilligen› des Kommandos:

«Sie waren nachts mit ihren Wagen losgefahren aufgrund eines Alarms. Sie führten 45-mm-Panzerabwehrkanonen mit sich. Ein großer Einsatz war geplant. Am Morgen kamen sie an. Sie machten einen halben Kilometer vom Dorf entfernt halt und sahen, daß aus Kostjuwitschi viele Menschen zum Wald liefen ...»

Da es aussichtslos schien, sie zu verfolgen, hatte Christmann die Pak-Geschütze auf die Fliehenden feuern lassen. Fast alle, darunter zahlreiche Frauen und Kinder, waren getötet worden. Christmann selbst war dann mit einem Zug seiner SS-Leute in das umzingelte Dorf eingedrungen. Die Einwohner wurden zusammengetrieben, Schüsse fielen. Weithin hörte man das Schreien.

Einer der Teilnehmer an diesem Einsatz, der zunächst zu denen gehört hatte, die das Dorf umzingelt hielten, war später darüber verhört worden und hatte zu Protokoll gegeben:

«Nach einiger Zeit rief man uns... Als ich ins Dorf kam, sah ich, daß an einem Ort eine kleine Gruppe von Menschen ausgewählt worden war zum Abtransport nach Deutschland. Die übrigen wurden gruppenweise zu den Brunnen getrieben. Bei einem Brunnen standen ungefähr fünfzig Menschen: Frauen, Greise, Kinder, darunter auch solche, die noch Brustkinder waren und von ihren Müttern auf den Armen getragen wurden. Die Menschen waren unruhig, schrieen, weinten. Einige versuchten auszubrechen ..., aber die Soldaten trieben sie sofort zurück. Dann sah ich, wie Christmann zu einer Gruppe kam, einen Befehl gab ... Die Soldaten fingen an, die Menschen zu packen und in den Brunnen zu werfen. Als die Menge sich zur Wehr setzte, begannen die Soldaten auf Befehl Christmanns mit ihren Maschinenpistolen in die Menge zu schießen. Menschen fielen. Christmann wies mit der Hand zum Brunnen, und man begann die Toten, die Verwundeten hineinzuwerfen und selbst die, die überhaupt nicht verletzt waren, darunter auch Kinder. Die Strafaktion dauerte eine halbe Stunde. Dann wurde das Vieh aus dem Dorf zusammengetrieben und weggeführt, und das Dorf wurde angezündet ...»

Barbara und Frau Messerschmidt merkten erst jetzt, daß Dr. Zadek zurückgekommen war. Er stand in der Tür und mußte wohl schon einige Zeit dem Diktat zugehört haben, denn er sagte:

«Das ist ja furchtbar – mein Gott, was habe ich Ihnen da zugemutet!»

Dann holte er Cognac und Gläser. Während er einschenkte, fragte er besorgt:

«Haben Sie noch viel zu übersetzen?»

«Etwas mehr als ein Blatt – in einer Viertelstunde haben wir es geschafft. Ich bin froh, wenn ich's hinter mir habe, und Frau Messerschmidt wohl auch ...»

«Es tut mir sehr leid», entschuldigte sich Dr. Zadek. «Ich hatte keine Ahnung, daß es sich um so ausführliche Schilderungen handelt. Mir ging es nur darum, etwas mehr über diesen Dr. Kurt Christmann zu erfahren. Ich will ihn demnächst besuchen und ...»

«Was? Der lebt noch?!» Barbara sah ihn erschrocken an.

Frau Messerschmidt erkundigte sich besorgt: «Sie übernehmen doch nicht etwa seinen Fall? Er sitzt ja wohl noch seine Strafe ab.»

«Nein, nein», erwiderte Dr. Zadek ruhig. «Es gibt gar keinen Fall Christmann. Der Mann ist unbehelligt davongekommen. Er wohnt übrigens hier in München ...»

Der Speisewagen des Zuges, der um 18.22 Uhr München Hauptbahnhof erreichte, war freitags stets voll besetzt. Heute, wo in Bonn eine Sitzungswoche des Parlaments zu Ende ging, suchten viele Reisende vergeblich einen Platz. An zwei Tischen spielten Bundestagsabgeordnete aus bayerischen Wahlkreisen, die verschiedenen Parteien angehörten, einträchtig miteinander Skat und tranken dazu Flaschenbier. Sie hatten ihre Jacketts abgelegt; die meisten zeigten ungeniert ihre Hosenträger. Kurz hinter Würzburg erhob sich einer der Kartenspieler und sagte:

«Ich bin gleich wieder da ...»

Ein Kollege fragte ihn, sehr besorgt tuend: «Soll ich mitkommen, Maxl? Oder wird's allein gehen?»

Der Abgeordnete Dr. Max Josef Zirlgruber schüttelte etwas verlegen den Kopf und ging weiter. Der ihm das Angebot gemacht hatte, erklärte seinen Tischgenossen, die interessiert zuhörten und dann in lautes Gelächter ausbrachen:

«Er hat nämlich mitunter Bewußtseinsstörungen – dann weiß er rein gar nichts mehr. *Blackout* nennt man das, und es ist eine Folge von Arbeitsüberlastung. Das hat ihm der Professor Griebensteiner sogar schriftlich gegeben – zur Vorlage bei Gericht. Da kann ihm dann nix passieren, dem Maxl, wenn er unter Eid aussagen muß und irgendeine Kleinigkeit verwechselt oder vergißt ...»

«... oder sich allzu genau an etwas erinnert, das er nur geträumt haben kann», redete ein anderer dazwischen, «wie in dem Prozeß um das Grundstück vom Landwirt Gstettenbauer! Das wird übrigens noch ein Nachspiel haben, ganz gewiß sogar!»

«Aber ein ganz anderes, als du denkst», warf ein dritter Abgeordneter ein, «nicht dem Maxl wird's an den Kragen gehen, sondern ...»

«Pssst! Nicht so laut!» unterbrach ihn der erste. «Sie könnten uns sonst hören, die Herren Kollegen, die es angeht ...» Sie tuschelten miteinander. Ab und zu erscholl lautes Gelächter. Dann meinte einer:

«Wo der Zirlgruber nur so lange bleibt! Er hat doch am Ende nicht wirklich einen *Blackout* und findet nimmer zurück ...?» Nun lachten sie auch am Nebentisch.

Dr. Zirlgruber war unterdessen keineswegs, wie seine Kollegen annahmen, zur Toilette gegangen. Er telefonierte vielmehr vom Zugsekretariat aus, zunächst mit Carlotta Zirlgruber, seiner Ehefrau.

«Das Plenum tagt heute länger», teilte er ihr mit, und das war die reine Wahrheit. «Ich werde erst morgen heimkommen, so am frühen Nachmittag, muß dann allerdings schon sehr bald wieder weg, so daß wir erst ab Sonntag mittag richtig beisammen sein können. Aber dafür ist die nächste Woche sitzungsfrei, da hab ich dann ein bisserl mehr Zeit ...» Jedes Wort entsprach haargenau den Tatsachen. Rechtsanwalt Dr. Zirlgruber log nur ganz selten. Allerdings sagte er, wenn es sich vermeiden ließ, wie in diesem Fall, keineswegs alles.

Denn er führte gleich darauf noch ein zweites Gespräch, ebenfalls mit jemandem in München, den er bat, ihn mit dem Auto vom Bahnhof abzuholen.

«Am besten wartest du in der Schützenstraße, Schätzchen... Bis nachher! Ich freu mich – ja, ich hab Zeit bis morgen früh!»

Er legte auf und starrte nachdenklich vor sich hin. Ihm war etwas Wichtiges eingefallen, wahrscheinlich bei der Erwähnung des Treffpunkts. Er wollte Marlies, seiner Freundin, ein elegantes Appartement besorgen. Sie lag ihm deswegen schon seit geraumer Zeit in den Ohren, und ihre jetzige Wohnung war wirklich zu klein und zu schäbig. Er konnte sich die Ausgabe jetzt auch leisten, so fand er, wobei er selbstverständlich nicht daran dachte, Marlies das Appartement zu schenken. Er sah es als eine günstige Geldanlage an, und sie würde dort mietfrei wohnen können. Morgen vormittag würde er mit dem Makler telefonieren, dessen Büro in der Schützenstraße sein sollte, dicht am Karlsplatz, am Stachus. Eine erstklassige Firma sei das, hatte man ihm gesagt, sehr reell, auch der Partei und der Katastrophenhilfe enorm verpflichtet.

Nun, man würde sehen.

Er bedankte sich höflich bei der Zugsekretärin für die Vermittlung und mußte dann von ihr erst daran erinnert werden, seine Telefongespräche zu bezahlen. Im Bundeshaus konnte er umsonst telefonieren, so oft und so lange er wollte; auf der Bundesbahn hatte er freie Fahrt erster Klasse. Daß er jetzt die vollen Gebühren und sogar noch einen beträchtlichen Zuschlag für jedes Gespräch zu bezahlen hatte, ärgerte ihn. Er haßte solche überflüssigen Ausgaben.

Erst auf dem Weg zurück zum Speisewagen besserte sich seine Laune. Er erinnerte sich wieder, wer ihm diesen Makler in der Schützenstraße so warm empfohlen hatte und mit welchem interessanten Hinweis. Wenn er die Sache richtig anginge, würde ihn das Appartement, das er für Marlies suchte, so gut wie gar nichts kosten. Mit fröhlicher Miene kehrte er zu seinen skatspielenden Fraktionskollegen zurück.

Dr. Franz Xaver Hurlinger schaltete das Autoradio aus. Die öde Schlagermusik, die ‹Bayern 3› am laufenden Band sendete, war ihm zuwider, und die Verkehrsmeldungen zwischendurch interessierten ihn nicht. Die Landstraße, auf der er zügig gen Süden fuhr, war so gut wie leer. Ab und zu überholte er einen Traktor, die Anhänger voll mit frischem Heu. Nur einmal wurde er selbst überholt – von einem Motorradfahrer, der auf einer schweren Maschine mit irrwitzigem Tempo vorbeibrauste.

Er erinnerte sich, daß er mit 16, 17 Jahren auch davon geträumt hatte, mit einem Motorrad alle anderen zu überholen. Aber an eine solche kostspielige Anschaffung war damals für ihn gar nicht zu denken gewesen. Außerdem war Krieg, und ein ‹Krad›, wie man es damals nannte, gab es nur für einige Auserwählte gegen Sonder-Bezugschein. Aber ‹nach dem Endsieg›, so hatte er sich vorgenommen, da würde er sich sofort ein Motorrad kaufen ...

Das war jetzt mehr als zwanzig Jahre her. Inzwischen war er zu alt dafür, und vor allem konnte er sich als angehender A-Direktor und ordentliches Vorstandsmitglied der ‹Bayern-Credit› nicht auf einem Motorrad sehen lassen. Seine Seriosität würde ernstlich in Zweifel gezogen werden. Das könnte sich allenfalls ein Herr v. Hunger leisten, bei dem man in Anbetracht seiner Herkunft, die ein offenes Geheimnis war, von einer aristokratischen Marotte gesprochen hätte. Hungers richtiger Vater, eine Königliche Hoheit, war als Mittfünfziger mit einem Ballon über die Alpen geflogen.

Hurlingers Vater war Postamtmann gewesen und kurz vor seiner Pensionierung gestorben. Er hatte vom Vater nur die Statur geerbt, die ansehnliche Größe, die breiten Schultern, leider auch den bäuerlich wirkenden Rundschädel. Der Papa, ein sehr strenger Hausvater, hatte als jüngerer Bauernsohn ohne Aussicht, den Hof zu erben, zwölf Jahre beim Leibinfanterieregiment, den ‹Leibern›, gedient und war dann mit einem Zivilversorgungsschein im Postdienst untergekommen. Mit fünf Kindern, vier Töchtern und einem Sohn, die ihm seine Frau, Tochter eines kleinen Beamten, nach und nach geboren hatte, war der Vater nie in der Lage gewesen, mehr als einen Notgroschen beiseite zu legen. Sie hatten daheim sehr sparen müssen, und die ganze Hoffnung der Familie war *er* gewesen, der einzige Sohn. Er sollte es zu etwas bringen, und deshalb schickten ihn die Eltern unter großen Opfern aufs Gymnasium und dann zur Universität. Als er Anfang der fünfziger Jahre als Assessor Dr. jur. und mit einem Anstellungsvertrag der angesehenen Bayerischen Credit- und Giro-Casse in der Tasche nach Hause gekommen war, hatten die Eltern vor Freude geweint. Noch lieber hätten sie es allerdings gesehen, wenn er in den Staatsdienst eingetreten wäre, als höherer Verwaltungsbeamter, Staatsanwalt oder Richter Karriere gemacht hätte. Aber als er dann schon bald Bankdirektor wurde, waren sie vollends zufrieden. Sie wußten nicht, daß vom C-Direktor, der untersten Sprosse, bis zum ‹richtigen› B- oder gar A-Direktor, zum ordentlichen Vorstandsmitglied, noch ein sehr langer und beschwerlicher Weg war; daß es nur den wenigsten gelang, die oberste Sprosse zu erreichen.

Er selbst hatte sich vorgenommen, noch vor seinem 40. Geburtstag im ‹letzten Loch›, im Vorstand der Bank, zu sitzen. Dann erst würde er aller materiellen Sorgen für den Rest seines Lebens enthoben sein und wirklich sagen können, er habe es geschafft. Dann auch erst wollte er heiraten.

Da er nun seinem Ziel schon sehr nahe gekommen war, hatte er auch bereits damit begonnen, diesen zweiten, familiären Aspekt in seine taktischen Überlegungen einzubeziehen, noch sehr behutsam und ohne sich etwas anmerken zu lassen. Die junge Frau, der seine Aufmerksamkeit galt, ahnte noch gar nichts davon, daß er sich mit ihr in etwa einem Dreivierteljahr zu vermählen gedachte.

Von der Richtigkeit dieses bedeutsamen Schritts würde er sie erst noch überzeugen müssen. Aber er war zuversichtlich, ja sogar ziemlich sicher, daß sie am Ende einwilligen würde. Das Ganze bedurfte nur noch einiger Vorbereitungen. Es galt, eine Reihe von Hindernissen aus dem Wege zu räumen, eins nach dem andern. Der Plan dafür war von ihm genauestens überlegt, in mehreren Punkten noch verfeinert und schließlich für gut befunden worden. Noch heute wollte er den ersten Schritt tun.

Er begann leise vor sich hin zu pfeifen, eine Mozart-Sonate, wie er meinte. Er kannte sich in klassischer Musik nicht besonders aus.

«Bad Tölz 10 km» las er auf einem Wegweiser. Er sah auf die Uhr und fuhr dann langsamer. Er wollte auf keinen Fall zu früh eintreffen. Es war wichtig, daß er nicht als erster zu der Verabredung kam.

Im Saller-Supermarkt war die Ware vom Zentrallager eingetroffen. Damian Lohbichler war mit dem geliehenen Lastwagen in erstaunlich kurzer Zeit wieder zurück gewesen. Herr Lallinger konnte aufatmen. Der erhoffte Rekordumsatz war ihm sicher.

Anna Pichlmayr hatte gerade den letzten Korb mit Gurken und Sellerie gepackt und nach vorn geschickt, als Damian erschien. «Du, sag, was ist mit der Geli?! Ich hab eben erst davon gehört. Die Maria, die mit zum Zentrallager war, hat mir's auf der Rückfahrt erzählt...»

«Wenn du schon alles weißt, was soll ich dir dann noch erzählen? Ich hab mit dem Lallinger gesprochen, und er hat mir fest zugesagt, die Sache wieder in Ordnung zu bringen. Morgen früh, spätestens am Montagmorgen, sei die Geli wieder hier. Und er hat mir versprochen, es geschieht ihr gar nix...»

«Das wär auch noch schöner! Du, dem Schimanski, dem Lumpen, werd ich das heimzahlen – der kann was erleben!»

Anna schaute ihn überrascht an. Jetzt ging ihr ein Licht auf!

«Ich mach mir Sorgen, ob der Herr Lallinger noch jemanden beim Amt erreicht und ob er's nicht am End sogar vergessen hat, dort anzurufen, bei all dem Trubel heute nachmittag», sagte sie.

«Genau!» rief er. «Das fürcht ich nämlich auch... Du, ich mach mir große Sorgen um das Mädel – die Geli und ich, wir sind... wir haben nämlich... wir wollen im Herbst heiraten!»

«Ja mei, da kann man ja gratulieren – das ist ein braves Mädel, die Geli, ich mag sie gern... Daß ich gar nix gemerkt hab...! – Du, die Maria hat mir versprochen, nach der Arbeit bei der Geli vorbeizuschaun und mich sofort anzurufen, wenn...»

«Ich fahr selber nachschauen, sobald wir hier Feierabend haben», sagte Damian sehr bestimmt. «Ich hab ein Auto da. Wenn du magst, nehm ich dich mit zur Geli und bring dich dann gleich heim...»

Anna überlegte. Es reichte, wenn sie gegen 8 Uhr dem alten Herrn Hueber das Abendbrot richtete, und zur Not konnte sie Barbara Bescheid sagen, daß sie etwas später komme.

«In Ordnung», sagte sie und sah, daß Damian sich freute über ihre Bereitschaft, mit ihm nach Geli zu sehen.

Dr. Zadek saß allein in seinem Büro. Frau Messerschmidt war um 18 Uhr gegangen, Barbara v. Korff hatte noch etwa zwanzig Minuten mit der Korrektur der fertigen Rohübersetzung zu tun gehabt. Dann war sie ebenfalls gegangen.

«Bis morgen gegen Mittag habe ich die Reinschrift fertig», hatte sie gesagt. «Ich nehme den Durchschlag mit nach Hause und die Ablichtungen der Dokumente ebenfalls.»

Er war einverstanden gewesen. Sie hatte ihm die dreißig Blatt abgeheftet auf den Schreibtisch gelegt, obenauf einen Zettel mit Daten und Ortsnamen, und nun saß er bereits seit zehn Minuten davor und fand einfach nicht den Mut, die Papiere in die Hand zu nehmen und zu lesen.

Benny, sein kleiner Hund, der während der Bürostunden aus der Kanzlei verbannt war, lag zusammengerollt auf dem Besuchersessel und schien zu schlafen. Dr. Zadek beachtete ihn nicht, denn sonst hätte er Benny daran erinnern müssen, daß ihm dieser Sessel streng verboten war.

Dr. Zadek wollte weder den Hund sehen noch die Papiere, die vor ihm lagen. Dann gab er sich einen Ruck, sagte streng: «Runter da, Benny!», was der Hund sofort befolgte, und nahm mit einem leisen Seufzer das erste Blatt zur Hand. «CHRISTMANN, Kurt, Dr. jur., Oberregierungsrat, SS-Obersturmbannführer», lautete die Überschrift. Darunter stand:

«Geboren am 1. Juni 1907 in München.

NSDAP-Mitgliedsnummer: 3 203 599; SS-Nr. 103 057. Aufnahme in die Partei: 1. Mai 1933 ...»

‹Also, ein Münchner wie ich›, dachte Zadek, ‹etwa ebenso alt und auch Jurist. Wenn er in München studiert hat, was anzunehmen ist, bin ich ihm bestimmt des öfteren begegnet – im Seminar, in den Hörsälen oder auch in den Lokalen, die wir damals besucht haben ... Er ist erst ein Vierteljahr nach der Machtübernahme in die Nazipartei eingetreten, als er sich davon einen sicheren Vorteil versprechen konnte, und obwohl er offenbar kleiner ist als ich, hat er sich zur SS gemeldet, die eigentlich nur Leute von hohem Wuchs und «nordischem» Aussehen aufnehmen sollte und Christmann dennoch akzeptierte.›

Im April 1933, bei dem Überfall, als Zadek geschlagen und getreten, dann ins Polizeigefängnis geworfen worden war, hatte sein Kollege Christmann noch nicht mitgemacht, war auch noch nicht berechtigt gewesen, ein Hakenkreuzabzeichen oder gar eine Uniform zu tragen. Aber schon sehr bald danach, genau zwei Tage nach des Kommilitonen Zadek überstürzter Abreise mit noch nicht verheiltem Nasenbeinbruch, hatte Christmann die Mitgliedskarte der NSDAP und den SS-Ausweis erhalten ...

Knapp ein Jahr später, so war den nächsten Zeilen zu entnehmen, hatte Christmann das Große Juristische Staatsexamen bestanden, sogar mit Auszeichnung. Das war am 20. April 1934 gewesen, an Hitlers Geburtstag. Dr. Zadek versuchte sich vorzustellen, wie Christmann in SS-Paradeuniform vor der Prüfungskommission gestanden hatte und wie die Professoren jedesmal zusammengezuckt waren, wenn er ‹zackig› die Hacken zusammengeschlagen und ‹Heil Hitler!› gebrüllt hatte ...

Schon einen Tag später, am 21. April 1934, hatte der Assessor Dr. Christmann seine erste Stellung antreten können, und zwar in Berlin, als Referent im SD-Hauptamt, anfangs zuständig für das Pressewesen, später für Marxismus. Aus diesem Amt – die Abkürzung SD stand für ‹Sicherheitsdienst›, und dieser war ein Teil der SS – entwikkelte sich die berüchtigte Terrorzentrale des ‹Dritten Reiches›, das Reichssicherheitshauptamt (RSHA).

Im Frühjahr 1934 arbeiteten im SD-Hauptamt erst etwa anderthalb Dutzend Funktionäre, fast ausnahmslos Akademiker, darunter der Jurist und Volkswirt Otto Ohlendorf, der Staatswissenschaftler Dr. Franz Six, der Literaturhistoriker Dr. Helmut Knochen, der Rechtsanwalt Dr. Herbert Mehlhorn, der Jurist und Staatswissenschaftler Walter Schellenberg und der Staatsrechtler Professor Dr. Reinhard Höhn. Fast alle waren sie nach dem Untergang der Nazi-Diktatur zunächst untergetaucht, später wieder zum Vorschein gekommen und nahezu unbehelligt geblieben.

Professor Höhn leitete jetzt die ‹Akademie für Führungskräfte der Wirtschaft› in Bad Harzburg; Dr. Six, der 1948 von einem amerikanischen Militärgericht zu 20 Jahren Gefängnis verurteilt worden war, hatte nur einen Bruchteil seiner Strafe zu verbüßen brauchen und war nun Werbechef eines Unternehmens in Friedrichshafen am Bodensee; Walter Schellenberg war 1952 in Turin als freier Mann verstorben, nachdem man ihn 1949 zu einer langen Freiheitsstrafe verurteilt, aber bereits 1950 begnadigt hatte. Nur von dem Höhn-Schüler Otto Ohlendorf wußte Dr. Zadek, daß ihn die Amerikaner wegen seiner Verbrechen in Rußland zum Tode verurteilt und hingerichtet hatten ...

Er seufzte, rieb sich die Augen und las weiter, was über Dr. Kurt Christmann berichtet wurde: Am 15. Februar 1937 war er zum Hauptreferenten im SD-Hauptamt befördert worden – ein Zeichen für besondere Tüchtigkeit. Offenbar waren seine Vorgesetzten mit Christmann sehr zufrieden gewesen, speziell ‹C› ... ‹C› – das war der Chef, Reinhard Heydrich, dem das SD-Hauptamt in der Wilhelmstraße 102 ebenso unterstand wie die Gestapo, die gefürchtete Geheime Staatspolizei, in deren Hauptquartier in der nahen Prinz-Albrecht-Straße ‹C› residierte.

Am 17. Juni 1938 hatte man Dr. Christmann, wohl damit er nach so langer Stabstätigkeit am Schreibtisch auch die praktische Seite der Gegnerbekämpfung kennenlernte, in seine Heimatstadt München versetzt. Dort war er Untersuchungsleiter bei der Gestapo-Leitstelle geworden, und in dieser Eigenschaft hatte er wenige Tage später ein paar Minuten lang mit dem Bankier Leopold Zadek und dessen Frau zu tun gehabt. Wahrscheinlich erinnerte sich Christmann gar nicht mehr daran, ging es Zadek durch den Kopf. Aber immerhin hatten die wenigen Augenblicke ausgereicht, das Leben seiner Eltern auszulöschen.

Die Erinnerung daran bewog ihn, sich nunmehr zu konzentrieren und das Protokoll ohne Unterbrechung, Seite für Seite, sorgfältig zu Ende zu lesen.

Kurz vor 20 Uhr war er damit fertig, schenkte sich einen Cognac ein, den er entgegen sonstiger Gewohnheit auf einen Zug leerte. Was er gelesen hatte, würde für seine Zwecke völlig ausreichen.

«Jetzt machen wir unseren Abendspaziergang», sagte er laut und sah sich suchend um. Benny wartete bereits auf ihn an der Wohnungstür.

Freitag abend

«Jetzt kommt sie endlich», sagte Barbara zu Herrn Hueber. Sie hatten gemeinsam zu Abend gegessen und auf Anna gewartet, die längst hätte daheim sein müssen, denn es war schon kurz nach halb neun. Sie hatte auch nicht angerufen wie sonst, wenn sie sich verspätete. Und nun kam sie, zu Barbaras und auch Herrn Huebers Verwunderung in Begleitung eines jungen Mannes, den sie ihnen als Damian Lohbichler vorstellte, einen Kollegen aus dem Saller-Supermarkt.

«Setzen Sie sich nur hin, Herr Lohbichler», sagte der alte Hueber freundlich.

«Was ist denn los?» Barbara war besorgt. «Du bist ja ganz aufgeregt, Anna! Hat's im Geschäft Ärger gegeben?»

«Ja», sagte Damian düster, «und morgen früh wird's noch viel mehr geben ...»

«Es geht nicht um mich», schaltete sich Anna ein, «und auch nicht um ihn, jedenfalls nicht direkt ...» Sie hatte bereits Gläser und etwas zu trinken auf den Tisch gestellt und berichtete, was im Supermarkt vorgefallen war.

«Wir sind gleich nach der Arbeit zu ihr gefahren, auf die Schwanthalerhöhe. In der Tulbeckstraße, da hat die Geli ein Zimmer – aber sie war nicht da. Schließlich fanden wir eine Frau, die sie in der Mittagszeit aus dem Haus kommen sah, mit einem Koffer und zwei Taschen ... Neben ihr ging ein Mann, der wie ein Polizist in Zivil aussah, und es schien der Frau, daß die Geli weinte ... Wo können sie sie nur hingebracht haben? Und wie kriegen wir sie da wieder heraus?!»

«Sie braucht einen Rechtsanwalt», sagte Damian Lohbichler, «aber ich weiß keinen, den man einfach anrufen kann, noch dazu am Freitag abend ...»

Anna warf Barbara einen fragenden Blick zu. Barbara hatte auch sofort an Dr. Zadek gedacht, hielt es aber für unklug, ihn vorzuschlagen. Der hatte keinerlei Erfahrung im Verwaltungsrecht und war gegenwärtig sicherlich mit ganz anderen Dingen beschäftigt.

«Nein», sagte sie deshalb, «aber ich glaube, ich weiß, wie wir an einen geeigneten Anwalt kommen können.» Sie suchte in ihrer Handtasche nach dem Notizbuch und begann darin zu blättern.

Hueber war aufgestanden und ging zur Tür.

«Wollen Sie schon zu Bett, Herr Hueber?» fragte Anna erstaunt.

«Keineswegs. Schreib mir mal den Vor- und Zunamen von der Geli auf – aber bitte recht deutlich! Jetzt werde ich euch mal zeigen, was einer in meinem Alter noch alles kann, wenn er sich auskennt mit den Behörden ...»

Alle schauten ihn verwundert an.

«Ja, da staunt ihr, was?» fuhr der alte Herr fort. «Aber ihr werdet euch gleich noch viel mehr wundern! Junger Mann», er wandte sich an Damian, «helfen Sie mir doch bitte, ein paar Telefonnummern herauszusuchen ...»

Die beiden Männer gingen in die Diele, wo das Telefon stand. Nach kurzer Zeit hörten Anna und Barbara, wie der alte Hueber sagte:

«Hier Oberamtsrat Hueber. Guten Abend, Herr Kollege. Ist zufällig der Herr Dollinger noch im Hause? Nein? Hab ich mir fast gedacht ... Sagen Sie, bitt schön, ich habe da eine eilige Anfrage, eine Ausländerin betreffend ...»

Anna und Barbara schauten sich an.

«Toll, was?» sagte Anna leise.

Barbara nickte. Sie schien angestrengt nachzudenken.

«Was meinst du, Anna», fragte sie schließlich etwas zögernd, «ob ich ihn einfach anrufen und bitten kann, den Fall zu übernehmen ...»

«Den Dr. Zadek?»

«Nein, den Peter ...»

Anna war überrascht.

Peter Kraub war vor einigen Monaten, als er noch studierte, mit Barbara eng befreundet gewesen. Die beiden hatten sich fast ein Jahr lang täglich getroffen, viele Wochenenden miteinander verbracht. Dann war plötzlich Schluß gewesen, nach einem heftigen Zank, von dem sie später nicht mehr wußten, wie er eigentlich entstanden war. Peter Kraub arbeitete jetzt als Referendar in einer Kanzlei, die sich mehrere jüngere Anwälte teilten. Barbara hatte diese Neuigkeit vor ein paar Wochen erfahren und Anna davon erzählt.

«Natürlich kannst du den Peter anrufen», meinte Anna. «Das ist eine gute Idee! Es ist ja schließlich nur eine Anfrage, und sie betrifft jemanden, der in Not ist.»

Barbara schien diese Antwort zu gefallen.

«Klar, das mach ich. Du hast völlig recht ... Sobald der Apparat frei ist, versuch ich's einfach mal ...»

Dr. Franz Xaver Hurlinger saß um diese Zeit allein an einem Tisch in der «Alten Post» am Tölzer Marktplatz, hatte gut zu Abend gespeist, trank noch einen Schoppen und dachte über die beiden interessanten Gespräche nach, die er seit dem späten Nachmittag geführt hatte.

Unter den Gästen des Ausfluglokals in der Nähe von Bad Tölz war Rablaczek der einzige gewesen, der allein an einem Tisch saß. Obwohl er sich im Schatten hielt, hatte Hurlinger ihn sofort entdeckt. Sie waren dann sehr rasch zur Sache gekommen, wobei Hurlinger es vermieden hatte, dem anderen zu zeigen, wie wichtig ihm die Angelegenheit war.

«Vorläufig liegt die Akte noch bei mir», hatte Rablaczek, ein breitschultriger Mittfünfziger, ihm erklärt. «Aber seit gestern ist es ein SR2-Fall. Am Montag müßte ich den Vorstand davon verständigen, wenn sich keine vernünftige Lösung finden läßt ...»

Hurlinger hatte sofort begriffen, sich seine Überraschung aber nicht anmerken lassen. Einen SR-Fall der Stufe 2, ein Sicherheitsrisiko zweithöchsten Grades – das konnte sich die Elektronik-Union bei einem Chefingenieur nicht leisten, auch wenn es sich gar nicht um den Mann selbst, sondern nur um dessen Verlobte handelte. Schließlich leitete der Chefingenieur eine Forschungsabteilung, deren Arbeit streng geheim war. Da hörte der Spaß auf.

Dennoch war Hurlinger zunächst bemüht gewesen, die Sache herunterzuspielen: Objektiv möge Rablaczek ja recht haben, aber Dorothee Batz, die Verlobte, sei schließlich nicht irgendwer, sondern aus bestem Stall – der Vater war Vorstandsvorsitzender seiner Bank, die Mutter eine geborene Pallavincini, eine Principessa, verwandt und verschwägert mit der ganzen europäischen Hocharistokratie. Ein Onkel der Braut war Ministerialdirektor, ein anderer Universitätspräsident, ihr Bruder kommandierte ein Jagdgeschwader ... Dorothee selbst hatte die besten Schulen besucht, in Vevey ihr Dolmetscherexamen bestanden, studierte Jura und würde demnächst, sobald sie Referendarin war, bei ihm in der Rechtsabteilung als Assistentin arbeiten ... Die Vorfälle, die sich ja wohl erst in jüngster Zeit zu häufen begonnen hätten, seien nichts wirklich Ernstes, nur eine kleine Neurose, vielleicht die Folge von Streß und Examensängsten, möglicherweise auch lediglich eine spätpubertäre Phase ...

Rablaczek hatte nicht mal gelächelt.

«Sie wird 27», hatte er gesagt und hinzugefügt: «Es geht ja auch nicht um die Ladendiebstähle und andere Bagatelldelikte. Wenn wir jeden Fall von Wohlstandskriminalität als SR2 einstuften, könnten wir bald zumachen ... Nein, sie steckt tief in einer bestimmten Szene drin» – er sagte ‹Szene›, nicht *scene* – «und sie ist längst abhängig von den Burschen – Palästinensern und Libyern ...»

«Weiß ihr Verlobter etwas davon?» hatte Hurlinger gefragt, und nachdem Rablaczek genickt hatte, war er einen Schritt weiter gegangen: «Ist er denn gar nicht eifersüchtig?»

«Ich glaube nicht», hatte Rablaczek geantwortet. «Er hält die Beziehungen für ziemlich harmlos – Angeberei mit Exoten, ein bißchen Hasch, politische Schwärmerei und so. Er blickt bestimmt nicht durch ...»

«Läßt sich denn das nicht ändern?» hatte Hurlinger eingeworfen, und Rablaczek war sichtlich überrascht gewesen. Er hatte Widerstand erwartet und witterte nun einen Verbündeten.

Sie hatten sich dann rasch verständigt.

Rablaczek sollte dafür sorgen, daß die Verlobung in die Brüche ging – ohne Eklat und absolut diskret, auch dem Vorstand der Elektronik-Union gegenüber. Für alles übrige wollte Hurlinger sorgen. In spätestens zwei Monaten, so kamen sie überein, würde die Angelegenheit, soweit sie Rablaczeks SR2-Fall betraf, definitiv erledigt sein. Dorothee Batz sollte – als Belohnung für das bestandene Referendar– Examen – für sechs, acht Wochen nach Amerika reisen und anschließend Hurlingers Assistentin werden. Ihre Clique würde derweilen ausgewiesen worden sein.

«Dieses Gespräch», hatte Rablaczek gesagt, ehe Hurlinger ihn wieder verließ, «hat natürlich nie stattgefunden. Ich habe Sie nie gesehen und kenne Sie nur dem Namen nach.»

«So ist es», hatte Hurlinger geantwortet. «Übrigens, Sie nannten sich doch früher mal zeitweise Rabbe ...?»

Rablaczek hatte sich seine Überraschung nicht anmerken lassen.

«Das war im Krieg», sagte er nur, nach einer kleinen Pause, «ich kam damals als Polizeioffizier zu einer Einheit ...»

Hurlinger hatte ihm mit einer Handbewegung zu verstehen gegeben, daß ihn die Vergangenheit des Herrn Rabbe oder Rablaczek überhaupt nicht interessiere, solange alles so verlaufe wie verabredet.

Danach war er zu seiner Jagdhütte gefahren und hatte sich umgezogen. Kurz nach sieben Uhr war er dann im «Hirschen» erschienen und hatte von dort aus zunächst mit Herrn v. Hunger telefoniert.

Es war ein sehr merkwürdiges Gespräch gewesen – kurz, aber für Hurlinger sehr aufschlußreich. Er war sich nur noch nicht ganz im klaren darüber, welche Folgen sich für seine eigenen Pläne daraus ergeben konnten.

Jedenfalls waren sie übereingekommen, sich morgen vormittag in Tölz zu treffen. Hurlinger hatte den Eindruck gehabt, daß Herrn v. Hunger sehr daran gelegen war, sich bald mit ihm auszusprechen. Es ging um Volker, den einzigen Sohn des Ehepaars v. Hunger, der noch immer ohne Besinnung in der Klinik lag und gegen den die Polizei nicht nur wegen Widerstands, sondern auch wegen Landfriedensbruchs und Rädelsführerschaft ermittelte.

Hurlinger sah auf die Uhr, unterdrückte ein Gähnen und trank seinen Wein aus.

Sie saßen um den großen Tisch: der alte Hueber, Anna, Damian und Barbara, warteten auf Peter Kraub und besprachen, was sie inzwischen herausgefunden hatten. Nach sieben teils kurzen, teils längeren Telefongesprächen des Herrn Oberamtsrats mit diversen Hausmeistern, Polizeidienststellen und Wachhabenden stand nun fest: Angela Zivojinovic saß in Abschiebehaft, in einer Gemeinschaftszelle des Polizeigefängnisses an der Ettstraße. Sie war vorgesehen für den Transport, der am Montag vormittag zusammengestellt werden sollte: siebzehn türkische, elf griechische und drei jugoslawische Staatsangehörige sowie zwei Palästinenser.

«Wenn euer Personalbüro gleich am Montag in der Früh, kurz nach 8 Uhr, beim Ausländeramt vorstellig wird und das Mädel dringend reklamiert», meinte Hueber, «dann müßte es noch möglich sein, sie da wieder herauszubekommen.»

Damian, der bis dahin recht still gewesen war, sprang plötzlich auf.

«Und wenn sie sich vorher etwas antut? Ich kenn sie doch, die Geli! Sie muß doch glauben, alle hätten sie im Stich gelassen ... Einmal, als wir an dem Gefängnis in Stadelheim vorbeifuhren, da hat sie zu mir gesagt: eher bräcat sie sich um, als daß sie sich da einsperren ließe ...»

«Sie ist ja nicht allein», sagte Anna, aber es klang nicht sehr überzeugt.

«Wenn dem Mädel etwas zustößt», sagte Damian finster, «dann laß ich die Firma Saller hochgehen. Was da an Schweinereien passiert ist, allein in den letzten zwei Jahren – das gibt einen Riesenskandal! Und jetzt die Schiebung mit dem ‹Alpenglück› ...»

Anna wollte ihn fragen, was mit dem ‹Alpenglück› sei. Aber da klingelte es. Sie warf Barbara einen fragenden Blick zu und ging dann selbst zur Tür. Einen Augenblick später kam sie mit Peter Kraub zurück, einem breitschultrigen jungen Mann in Jeans und T-Shirt. Interessiert beobachtete Anna, wie Peter erst die anderen, dann Barbara begrüßte, deren Hand etwas länger als üblich hielt und sagte:

«Wir haben uns schon sehr lange nicht mehr gesehen ... Gut schaust du aus, Babs!»

Dann setzte er sich zu ihnen und ließ sich berichten, was geschehen war, hörte aufmerksam zu, notierte sich einiges, ließ sich Gelis genaue Personalien geben und meinte schließlich:

«Ehrlich gesagt, da wird juristisch nicht viel zu machen sein ... Hat das Mädchen vielleicht noch eine zweite Arbeitsstelle?»

«Ja», sagte Anna, «sie geht auch noch putzen, morgens von sechs bis halb acht, bei einer Firma am Stachus ...»

«Immobilien-Christmann», ergänzte Damian, «Schützenstr. 1 – aber zur Lohnsteuer und Krankenkasse ist sie nur beim Saller gemeldet.»

«Dann können wir das auch vergessen», meinte Peter Kraub. Er wollte noch etwas sagen, aber da mischte sich Barbara ein. «Christmann?» fragte sie, etwas zögernd. «Wie heißt der mit Vornamen?»
Damian wußte es nicht.
«Geli hat ihn nur einmal gesehen», sagte er. «Ein sehr kleiner Mann, so um die 60 Jahre alt, hat sie mir erzählt, mit abstehenden Ohren ...»
Barbara war schon aufgestanden. Sie suchte im Telefonbuch und hatte die Eintragung rasch gefunden: ‹Christmann, Dr. Kurt, Immobilien, Schützenstr. 1› ...
«Kein Zweifel, das muß er sein!» sagte sie halblaut und wirkte verstört. Als sie die fragenden Blicke der anderen bemerkte, setzte sie rasch hinzu:
«Es hat nichts weiter zu bedeuten – jedenfalls nicht für die Geli ... Ich bin nur zufällig diesem Namen heute schon in ganz anderem Zusammenhang begegnet.»
Der alte Hueber horchte auf, sagte aber nichts.
«Ich möchte die Geli besuchen. Meinen Sie, daß das gehen wird ...?» fragte ihn Damian.
Hueber schüttelte zweifelnd den Kopf.
«Ich werde das machen», erklärte Peter Kraub. «Ich muß sowieso morgen früh in die Stadt. Ich brauche nur eine Vollmacht des Verlobten ...»
Er zog ein Formular aus der Tasche, das Damian sofort unterschrieb.
«Mit würdigem Anzug, Anwaltsrobe über dem Arm, Aktenbündel und Vollmacht läßt sich viel machen», erklärte Peter.
Barbara lachte.
«Da wär mir ein Stein vom Herzen», sagte Damian. «Richten S', bitt schön, der Geli aus, daß wir sie ganz bestimmt bis Montag da herauskriegen und daß sie nur ja keine Dummheiten machen soll ...»
«Grüß sie auch von mir», bat Anna.
«Mach ich, ganz bestimmt – aber, wie gesagt, rechtlich wird da kaum etwas zu machen sein. Da zieht nur noch ein entschiedener Einspruch von der Firma, am besten von einem Direktor mit einem guten Draht zum Behördenchef oder zum Innenministerium ...»
‹Der Franzi›, ging es Anna durch den Kopf, ‹der könnte das im

Handumdrehen regeln! Was der schon alles ausgebügelt hat bei den Behörden, auch beim Ausländeramt ...› Er hatte es ihr selbst erzählt ...

Sie seufzte leise.

«Ich nehm mir morgen früh den Herrn Lallinger vor, unseren Filialleiter», sagte Damian.

«Nein», meinte Anna, «mit dem Lallinger, da red ich, gleich in der Früh! Ich bin die Gruppenleiterin von der Geli, und du red'st dich am End noch um deinen Kopf, machst alles noch schlimmer – mit der Wut, die du hast...»

Damian gab nach.

«Gut, versuch du's zuerst – und wenn das nichts nützt, dann komm ich an die Reihe...»

Der alte Hueber nickte und erhob sich.

«Lassen S' die Anna nur machen – auf die ist Verlaß!» sagte er. «Und wenn alle Stricke reißen, kann ich vielleicht auch noch etwas versuchen...»

Er wünschte eine gute Nacht und ging zu Bett.

Peter Kraub hatte sich schon verabschiedet und stand noch im Flur mit Barbara, die ihn zur Tür begleitet hatte.

«Ich hab dich sehr vermißt», hörte Anna ihn sagen.

Einen Augenblick später rief Barbara von draußen:

«Ich bring den Peter noch ein Stück, Anna. Den Schlüssel nehm ich mit...!»

Anna lächelte.

«... und weck mich, eh du gehst – ich hab morgen früh viel Arbeit!»

«Geht in Ordnung», rief Anna zurück, «ich werd dich schon aus dem Bett werfen!»

Damian wollte nun auch gehen. Er war schon aufgestanden.

«Hoffentlich kriegen wir die Geli da heraus», sagte er. «Jedenfalls dank ich dir, Anna... Auf den Herrn Kraub kann man sich wohl verlassen!?»

Anna nickte. «Hock dich noch einen Moment zu mir», und als sie Damians Zögern sah, sagte sie:

«Ich will jetzt wissen, was es mit dem ‹Alpenglück› auf sich hat... Ist der Lallinger da etwa...?»

Damian gab mit einer Geste zu verstehen, daß der Filialleiter ganz unbedeutend sei im Vergleich zu den Ausmaßen des Skandals, den er vermutete. Er setzte sich wieder zu Anna.

«Ich weiß zwar nicht sehr viel und auch nichts Genaues», begann er – doch es war dann schon fast Mitternacht, als er sich auf den Heimweg machte. Er hatte Anna alles berichtet, was er wußte. Sie war sehr nachdenklich, als sie zu Bett ging. Beim Stellen des Weckers fiel ihr ein, daß Barbara noch nicht zurück war.

‹So hat dieser Tag doch noch was Gutes gebracht›, dachte sie, ehe sie einschlief.

Samstag morgen

Es war 5.35 Uhr, als Hurlinger erwachte. Er hatte am Abend versäumt, die Fensterläden zu schließen, und die ersten Sonnenstrahlen hatten ihn geweckt.

Er überlegte, ob er schon aufstehen und einen Spaziergang durch den Wald machen sollte. Dann fiel ihm ein, daß er mit Herrn v. Hunger um elf Uhr in der ‹Alten Post› verabredet war und vorher noch etwas zu erledigen hatte. Allerdings, vor halb neun konnte er es kaum wagen... Der Anruf würde sie erreichen, wenn sie noch im Bett lag...

Hurlinger grinste bei diesem Gedanken. Er schloß die Augen und versuchte sich vorzustellen, wie verlegen er die Dame machen würde – schon allein dadurch, daß er wußte, wo sie zu finden war. Natürlich würde er so tun, als sei das selbstverständlich, und auch jede Anspielung unterlassen. Ganz freundlich und sachlich würde er mit ihr reden, allenfalls ein bißchen besorgt klingen... Und natürlich mußte sie den Eindruck gewinnen, daß man sich auf ihn und seine absolute Diskretion verlassen konnte.

Er beschloß, bis kurz vor 7 Uhr im Bett zu bleiben, dann gemütlich zu frühstücken und kurz nach 8 Uhr hinunter nach Tölz zu fahren und vom Postamt aus zu telefonieren.

Als Anna Pichlmayr kurz nach 7 Uhr in den Supermarkt kam, bot sich ihr ein ungewohntes Bild. Herr Lallinger stand bereits auf dem Hof, in einem frischen, blütenweißen Kittel, und dirigierte etliche Angestellte vom Verkauf, die beim Aufräumen waren.

«Die leeren Kartons kommen in den Keller», hörte sie ihn sagen. «Der Hof muß picobello sein – nicht ein Zigarettenstummel darf da noch liegen, wenn heute mittag der Herr Konsul Saller kommt...!»

Anna ging rasch in den Umkleideraum.

Sie hatte sich heute früh, ohne lange nachzudenken, ihr Sommerdirndl angezogen. Barbara, die schon aufgestanden war, weil sie für Dr. Zadek eine Arbeit bis gegen Mittag fertigzustellen hatte, war darüber erstaunt gewesen. Dann hatte sie gelacht und gesagt:

«Nun fährst du also doch ...!»

Aber das war noch keineswegs sicher.

Jetzt würde sie erst einmal mit Herrn Lallinger reden. Alles andere hatte noch Zeit.

Als sie, nun im Saller-Kittel, ins Lager ging und aus dem Fenster schaute, war Lallinger nicht mehr im Hof. Sie sah rasch ihre Bestände durch, prüfte die Anforderungszettel des Verkaufs und fand, daß sie jetzt getrost zu Mario gehen und frühstücken könnte. Doch vorher war die Sache mit Geli ins reine zu bringen.

Herr Lallinger empfing sie recht gnädig.

«Was gibt's, Frau Pichlmayr? Heute ist ein großer Tag ...»

«Gewiß, Herr Lallinger, aber mir geht's um die Geli. Sie hatten mir versprochen ...»

«Richtig», sagte Herr Lallinger, noch immer freundlich. «Ich finde es übrigens prima, wie Sie sich für Ihre Leute einsetzen! Das ist ganz im Sinne der Firma und gut fürs Betriebsklima. ‹Einer für alle, alle für einen›, hat Herr Konsul Saller erst kürzlich gesagt ... Was diese Jugoslawin, die Geli, betrifft – ich hab gestern niemanden mehr erreicht bei der Behörde ...»

«Die Geli sitzt im Polizeigefängnis, Herr Lallinger, in Abschiebehaft ...»

Herr Lallinger schien erschrocken, aber auch etwas peinlich berührt.

«Das ist ja furchtbar, im Gefängnis! Eine von meinen Mitarbeiterinnen ...! Und eine gute Kraft war sie doch auch, nicht wahr?»

«Sie müssen sie unbedingt da wieder herausholen», sagte Anna ruhig und bestimmt. «Wenn Sie am Montag gleich in der Früh beim Ausländeramt sehr energisch vorstellig werden und sagen, daß wir das Mädel nicht entbehren können ...»

Herr Lallinger sah sie verwundert an.

«Sie ist wirklich eine sehr gute Mitarbeiterin», fuhr Anna unbeirrt fort, «und es würde auch einen sehr schlechten Eindruck auf die anderen machen, wenn Sie die Geli einfach im Stich ließen. Die wissen ja alle, daß die Geli sich nichts hat zuschulden kommen lassen, und sie mögen sie gern. Es könnt leicht passieren, daß es dann Schwierigkeiten gibt, wenn sie nicht zurückkommt.»

«Wie meinen Sie das?» fragte Herr Lallinger, etwas weniger freundlich als zuvor.

«Bitte, das bleibt unter uns, nicht wahr? Sie wissen ja, ich kümmere mich hier nur um meine Arbeit. Alles andere geht mich nichts an. Aber ab und zu hört man ja doch etwas, Herr Lallinger, und daher weiß ich, daß hier einige – ich nenn keine Namen! – eine ganze Menge wissen. Es wird von allerlei Dingen geredet, die besser nicht herauskämen. Ich mein, wenn das bekannt würde und gar in der Zeitung stehen tät – das gäb einen Mordsskandal!»

«Ich versteh überhaupt nicht, wovon Sie reden, Frau Pichlmayr. Wer stößt solche albernen Drohungen aus? Und was hat das mit dem Mädchen zu tun, mit dieser Jugoslawin?»

«Eine ganze Menge, Herr Lallinger. Ich kann es Ihnen nicht genau erklären, aber Sie können mir glauben. Und es ist auch nix Albernes...»

Sie überlegte, ob sie ihm eine Andeutung machen sollte, um was es ging, zog es aber dann vor, ihrem Wunsch erst einmal auf andere Weise Nachdruck zu verleihen.

«Es läßt sich ja bestimmt noch vermeiden, Herr Lallinger», fuhr sie also fort, «daß irgend etwas herauskommt. Dafür sorg ich schon, das versprech ich Ihnen, und die Leute sind ja gutwillig. Sie müssen nur die Geli rasch herausholen, ehe etwas passiert. Am besten versuchen Sie's gleich mal bei der Polizei. Wenn Sie sagen, die Firma fordert das Mädel an und sorgt dafür, daß am Montag in der Früh die Papiere wieder in Ordnung sind, dann werden die sie gewiß...»

«Frau Pichlmayr», fiel ihr Lallinger ärgerlich ins Wort, «ich will jetzt wissen, welcher Unsinn da geredet wird! Bei uns gibt's nichts zu reden! Wir sind eine grundsolide Firma! Die Transparenz aller Geschäftsvorgänge gehört zu den obersten Geboten der Saller-Gruppe... Transparenz, das bedeutet, daß hier jeder alles sehen kann. Wir können nichts verbergen und...»

«Eben, das ist es ja! Jeder hier hat doch Augen im Kopf und auch Hirn genug, sich einen Reim auf das zu machen, was er da so mitkriegt, zum Beispiel beim ‹Alpenglück›...» Sie brach ab.

Etwas an Herrn Lallinger hatte sich plötzlich verändert. Er war jetzt etwas blaß und wirkte unsicher.

«Ich weiß wirklich nicht, wovon Sie da reden, Frau Pichlmayr.»
Er war aufgestanden, stand am Fenster und wandte ihr jetzt den Rücken zu, sich nervös die Hände reibend.

Anna überlegte noch, wie sie sich nun verhalten sollte, als Herr Lallinger sagte:

«Gehen Sie jetzt an Ihre Arbeit. Ich werde mir die Sache durch den Kopf gehen lassen, und Sie hören dann von mir.»

Es klang ganz sachlich und keineswegs unfreundlich.

«Danke, Herr Lallinger», sagte Anna.

Als sie die Tür des Büros hinter sich geschlossen hatte, war es erst halb acht. Sie zögerte einen Augenblick, lief dann aber, wie sonst, hinüber zu Mario. Schließlich begann ihr Dienst ja erst um 8 Uhr, und sie brauchte jetzt ihren Kaffee und zumindest ein Butterhörnchen.

Beim Italiener wartete Damian Lohbichler schon auf sie. Er sah aus, als hätte er schlecht geschlafen. Als Anna auftauchte, sah er ihr sofort an, daß sie noch nichts erreicht hatte.

«Er will es sich noch überlegen», sagte Anna.

Damian schwieg eine Weile.

Als Anna ihr Frühstück bekommen und den ersten Schluck Kaffee getrunken hatte, bat er sie:

«Erzähl mal genau!»

Und nachdem Anna ihm den Verlauf ihres Gesprächs mit Herrn Lallinger in allen Einzelheiten geschildert hatte, meinte er düster:

«Vielleicht wirkt's ja, aber sicher ist das keineswegs... Bis Mittag geb ich ihm Zeit – dann...»

«Sei nicht so ein Hitzkopf, so ein verdammter», sagte Anna und legte ihre Hand auf die seine. «Versprich mir, daß du den Mund hältst bis Montag früh. Ich bin sicher, daß er die Geli rausholt...»

Sie spürte, daß er noch zögerte.

«Du könntest alles verderben, wenn du zu weit gehst. Außerdem ist mir da noch etwas eingefallen. Ich kenn da jemanden, der hat den richtigen Draht zu den Behörden, und er tut mir den Gefallen, wenn ich ihn drum bitt – ich red heut noch mit ihm!»

Damian sah sie zweifelnd an.

«Also gut, ich versprech's dir... Wenn ich wenigstens wüßt, wie es der Geli geht, dann fiel es mir leichter...»

«Auf den Peter ist Verlaß, und er sagt uns Bescheid, sobald er mit der Geli gesprochen hat.»
Damian schwieg.
«Du», fuhr Anna fort, «es tät mich nicht wundern, wenn der Lallinger schon was unternimmt, so nervös, wie der war ...»

Lallinger hatte, kaum daß Anna aus der Tür war, zum Telefon gegriffen und bei sich zu Hause angerufen. Er war sehr erleichtert, als endlich abgenommen wurde. Eine Frauenstimme fragte:
«Ja, bitte?» und dann, etwas zögernd: «Hier bei Lallinger ...»
«Ich bin's, Schatzi, gut, daß ich dich noch erwischt habe! Du mußt etwas ganz Wichtiges für mich erledigen ...»
«Ich muß aber jetzt weg, sonst komm ich zu spät ins Geschäft, und ich muß vorher noch was besorgen – du weißt doch, mein Mann kommt heut mittag zurück ...»
«Hör zu, es ist furchtbar wichtig! Du brauchst dafür höchstens eine Viertelstunde, und du kannst doch Bescheid sagen, daß du ein paar Minuten später kommst – sag, du müßtest vorher noch unbedingt zur Apotheke ... Und nimm dir ein Taxi, meinetwegen, es ist mir egal, was es kostet!»
«Also gut – was soll ich machen?»
Lallingers Bereitschaft, ihr ein Taxi zu spendieren, hatte sie von der Wichtigkeit seines Anliegens überzeugt: Sie sollte sich den Kellerschlüssel nehmen, dazu aus seiner untersten Nachttischschublade den kleinen Sicherheitsschlüssel mit dem roten Anhänger. Der passe auf den großen Schrank hinten im Keller, aus dem sie alle Kartons – es handle sich um ein Dutzend – herausholen und mit dem vorher bestellten Taxi zur St.-Kassians-Apotheke bringen sollte.
«Das ist nur ein kleiner Umweg – höchstens fünf Minuten. Ich sorg dafür, daß jemand dich dort schon erwartet – ein kleiner Blonder mit einer Hornbrille. Der nimmt dir das Zeug ab, und damit ist die Sache für dich erledigt ...»
«Was ist denn das für Zeug?» fragte sie mißtrauisch.
Lallinger beruhigte sie.
«Eine Art Kräuterlikör, Marke ‹Alpenglück› – ich hab sie meinem Freund versprochen, er braucht sie dringend. Die Kartons sind nicht schwer ... Vier davon kannst du bequem tragen. Laß sie aber nicht fallen!»

Sie maulte noch ein wenig, sagte dann aber:

«Also, meinetwegen ...» Lallinger versicherte ihr, sie sei wirklich ein Schatz und daß er sich wahnsinnig freue auf ihr nächstes Beisammensein ... Sie sollte auch nicht vergessen, sich von dem Taxifahrer eine Quittung geben zu lassen.

«Mach ich. Und vielleicht komm ich am Sonntag nachmittag auf ein Stündchen – da schaut sich Karl-Heinz das Fußballspiel an ...»

Als Lallinger den Hörer wieder aufgelegt hatte, fühlte er sich schon viel wohler. Ehe er dann seinen Geschäftspartner anrief, prüfte er rasch noch einmal die Lagerlisten und Kontrollzettel. Nein, er hatte sich nicht geirrt: Das Zentrallager war wirklich so freundlich gewesen, ihm versehentlich 300 Kartons zu je 48 Fläschchen ‹Alpenglück›-Kräuterelixier gutzuschreiben – als «Verderb», wie der rote Stempel klar besagte. Es war bestimmt eine Verwechslung gewesen.

«Es ist eine reine Vorsichtsmaßnahme», beruhigte er den Apothekenprovisor. «Es ist völlig ausgeschlossen, daß man da etwas nachweisen kann ...» Er setzte sich an seinen Schreibtisch und dachte nach.

Er kam zu dem Schluß, daß die Pichlmayr geblufft hatte. Sie war dazu durchaus imstande. Wahrscheinlich hatte sie aufs Geratewohl einen Artikel genannt, und außerdem führten sie ja mehr als ein halbes Dutzend ‹Alpenglück›-Erzeugnisse ... Vom Elixier war gar nicht die Rede gewesen – vielleicht hatte sie die ‹Alpenglück›-Fertignahrung im Sinn gehabt, dieses schauderhafte Zeug, das jetzt aus dem Handel zurückgezogen wurde. Aber da hatte er ein völlig reines Gewissen ...

Je mehr Lallinger nachdachte, desto wütender wurde er auf Anna. Er würde, so beschloß er, sie bei nächster Gelegenheit entlassen, diese unverschämte Person, die ihm einen solchen Schrecken eingejagt hatte ... Aber er durfte ihr nicht sofort kündigen. Die Sache mußte gut vorbereitet werden. Am besten würde er heute schon, wenn sich eine Gelegenheit dazu bot, Herrn Konsul Saller andeuten, daß er personelle Einsparungen plane ...

«... und verzeihen Sie mir bitte die Störung, gnädige Frau.»

Dr. Hurlinger legte auf, bezahlte am Schalter die Gebühren und verließ das Postamt, leise vor sich hin pfeifend. Er schaute auf die

Uhr: zehn vor neun – es war ein langes Ferngespräch gewesen, aber es hatte sich gelohnt. Frau v. Hunger, die er persönlich kaum kannte, nur ein paarmal bei Empfängen gesehen und mit ihr nur ein einziges Mal ein paar Worte gewechselt hatte – über das große Gemälde von Lenbach, das in der Halle hing –, war zunächst noch schlaftrunken, dann unangenehm überrascht und entsprechend abweisend, aber auch, angesichts der Peinlichkeit der Situation, erstaunlich beherrscht gewesen. Die Männerstimme, die Hurlinger zu Beginn des Gesprächs mehrmals deutlich neben der ihren vernommen hatte – «Wer, zum Teufel ...? Es ist doch erst ... Woher weiß jemand ...?» –, war bald verstummt. Und nachdem er ihr ruhig und freundlich, ohne die geringste Anzüglichkeit, auseinandergesetzt hatte, daß es um ihren Sohn Volker gehe, der da in eine sehr dumme Sache geraten und leicht verletzt sei – nein, nichts Ernstes, ein paar Prellungen und eine leichte Gehirnerschütterung –, hatte sie sich erstaunlich rasch gefaßt und ganz sachlich gefragt, was er ihr zu tun rate.

«Hören Sie, gnädige Frau», hatte Hurlinger ihr erklärt, «mir geht es allein darum, eine Anklage und den dann unvermeidlichen Skandal zu vermeiden. Ich nehme an, er wird morgen früh transportfähig sein. Lassen Sie ihn mit einer Ambulanz aus der Münchner Klinik abholen und in ein Sanatorium irgendwo in der Schweiz bringen. Es ist Ihnen überlassen, ob Sie ihn dabei begleiten wollen. Jedenfalls sollte diese, sagen wir: Luftveränderung noch am morgigen Sonntag durchgeführt sein, und es ist wichtig, daß der Kontakt zu den Freunden definitiv beendet wird – diese Leute sollten auch nicht erfahren, wohin er gereist ist ...»

«Ich verstehe», hatte sie gesagt, sich die Adresse und Telefonnummer der Klinik geben lassen und gefragt:

«Wie lange, meinen Sie, wird Volker sich – ausruhen müssen ...?»

«Ein paar Wochen Sanatoriumsaufenthalt und dann eine Erholungsreise, vielleicht nach Ägypten oder Marokko – ich denke, ein Dreivierteljahr wird genügen ... Ich werde mich derweilen darum kümmern, daß das Verfahren endgültig eingestellt wird. Und vergessen Sie bitte nicht: Das Ganze bleibt strikt unter uns, nicht wahr? Sagen Sie später Ihrem Sohn, es sei Ihr eigener, spontaner Entschluß gewesen. Und so sollten Sie es wohl auch Ihrem Herrn Gemahl gegenüber halten. Von mir wird jedenfalls niemand etwas erfahren ...»

Sie hatte sich bei ihm bedankt, und er hatte den Eindruck gewonnen, daß sie ihm wirklich dankbar war.

In einem Geschäft am Markt kaufte Hurlinger die wichtigsten Tageszeitungen. Bei einem Kaffee wollte er sie in Ruhe lesen, und dann wäre es Zeit für die Verabredung mit Herrn v. Hunger, der er jetzt mit großer Gelassenheit entgegensah.

Als er das Geschäft verließ, fiel sein Blick auf ein Plakat, mit dem ein Waldfest für dieses Wochenende angekündigt wurde. Das erinnerte ihn an Anna, mit der er im vergangenen Jahr solch ein Fest besucht hatte. Bei Steckerlfisch, mit Kräutern gewürzten Brathendln und frischem Bier hatten sie sich damals richtig wohl gefühlt und viel Spaß gehabt. Vielleicht sollten sie diesmal wieder hingehen, vorausgesetzt, daß die Anna heute käme. Aber das schien ihm ziemlich sicher, denn sie hing sehr an ihm, die Anna.

Dr. Zadek hatte sich gerade entschlossen, in seine Kanzlei zurückzukehren und dort, obwohl es gerade erst 10 Uhr war, auf Barbara zu warten, als er den alten Hueber ins Café kommen sah. Er winkte ihm zu, erfreut über die unverhoffte Gesellschaft.

Die Schachpartie, die Zadek anbot, lehnte Hueber lächelnd ab. «Ich gewinne ja ohnehin», sagte er. «Wir spielen erst wieder, wenn Sie sich, wie früher, konzentrieren können.»

Dr. Zadek seufzte nur, und Hueber fuhr fort:

«Ich weiß ja nicht, was Sie sich von den neuen Dokumenten erwarten, Alfred. Aber machen Sie sich keine allzu großen Hoffnungen! Die Leute, mit denen Sie es zu tun haben, sind äußerst zähe Burschen, und sie halten die meisten Trümpfe in der Hand ...»

Zadek machte ein nachdenkliches Gesicht, sagte aber nichts. Hueber bestellte sich einen Kaffee.

«Die Bank Ihres Vaters –» Dr. Zadek horchte auf – «wie hieß sie doch gleich?»

«Leopold Zadek & Co – der Kompagnon war meine Tante Lissi, die ältere Schwester meines Vaters. Sie wurde 1942 nach Theresienstadt deportiert und ist dort umgekommen ... Warum fragen Sie danach?»

«Das Münchner Bankhaus L. Zadek & Co ist 1934 ‹arisiert› worden, nicht wahr? Und wer hat es übernommen? – Nein, sagen Sie es mir nicht, Alfred, lassen Sie es mich raten! Es kommen ohnehin nur zwei Herren dafür in Frage. Entweder der alte Mertz von Maywaldt, Mertz & Co oder ...»

«Sie haben richtig geraten, Sebastian», sagte Zadek und gab sich Mühe, seine Bitterkeit zu verbergen. «Es war Herr Mertz, ein sehr höflicher, korrekter Geschäftsmann. Er hat das Bankhaus, dessen Immobilienbesitz allein damals auf 2,8 Millionen Reichsmark taxiert wurde, für genau 100000 Reichsmark erworben und diesen Betrag auf ein Sperrkonto eingezahlt, das dann von der Staatskasse übernommen wurde.»

«Haben Sie nie einen Pfennig davon bekommen?» fragte Hueber.

Zadek schüttelte den Kopf.

«Wer ist denn der andere, der Ihrer Meinung nach für diesen Bankraub als Täter in Frage gekommen wäre?»

«Hüten Sie Ihre Zunge, Alfred.» Hueber lächelte spöttisch. «Sie könnten mit solchen Äußerungen einen würdigen Bankier kränken. Auch handelt es sich bei diesem Herrn um einen wahren Krösus, um den wohl reichsten Mann der Bundesrepublik! Ich dachte nämlich an August v. Finck vom Bankhaus Merck, Finck & Co ...»

«Nanu», rief Zadek, sehr überrascht, «das ist wirklich ein Witz! Ich habe dort mein Konto! Das Bankhaus ist mir in London warm empfohlen worden – eine grundsolide Firma, sagte man mir, und sie hat zahlreiche jüdische Kundschaft.»

«Sicher. An dem Bankhaus Merck, Finck & Co, gegründet, wenn ich nicht irre, 1870, ist absolut nichts auszusetzen. An seiner Bonität sind noch niemals Zweifel möglich gewesen. Sogar der verstorbene ‹Führer und Reichskanzler› Adolf Hitler hatte dort sein Privatkonto, und die diversen Vorsitzenden der Christlich-Sozialen Union in Bayern ...»

«Dann war vermutlich der Bankier ein prominenter Nazi?»

Der alte Hueber zögerte.

«Ja und nein», sagte er schließlich. «August v. Finck, der Hitler schon früh in den Salons der Münchner Großbourgeoisie kennengelernt hat, war von diesem Juden- und Sozialistenfresser sehr angetan. Er hielt in den Jahren der Weimarer Republik guten Kontakt zu ihm wie auch zu Hermann Göring und anderen führenden Nazis, und er forderte schon früh, etwa von 1929/30 an, also eher als die meisten anderen Bankiers und Großindustriellen, eine Kanzlerschaft Hitlers. Aber dessen Partei trat er erst im Mai 1933 bei, als die Nazis bereits die Macht im Reich übernommen hatten ...»

‹Wie Christmann›, dachte Zadek.

«... August v. Finck wurde dann schon im Juli 1933 von Hitler, zusammen mit Karl Friedrich v. Siemens, Gustav Krupp v. Bohlen und Halbach, einigen anderen Auserlesenen, meist Generaldirektoren, und dem ‹Arbeitsfront›-Führer Dr. Robert Ley, in den ‹Generalrat der Wirtschaft› berufen, eine damals neugeschaffene Einrichtung, die das Vertrauen der Industrie- und Bankwelt in die Nazidiktatur stärken sollte. Und im Jahr darauf berief Hitler Herrn v. Finck auch noch ins Präsidium der neugegründeten ‹Akademie für Deutsches Recht›, zusammen mit so prominenten Nazis wie Dr. Joseph Goebbels, seinem Reichspropagandaminister, und Dr. Wilhelm Frick, nun Reichsminister des Innern, der 1923 als Chef der Münchner Politischen Polizei den Hitler-Putsch gedeckt hatte ...»

«Also war er doch ein prominenter Nazi, dieser Bankier v. Finck! Wahrscheinlich hat er die Nazis mit Millionenbeträgen gefördert und großen Nutzen daraus gezogen, als sie dann an der Macht waren ...»

«Ich glaube nicht, daß er selbst ihnen viel Geld gespendet hat, das liegt nicht in seiner Natur, denn er ist ungemein sparsam. Aber er hat in den Jahren nach 1933 Millionenbeträge bei anderen, nicht ganz so reichen Leuten gesammelt. Er hat zum Beispiel die ‹Hermann-Göring-Geburtstagsspenden› alljährlich organisiert, mit denen die Herren der Wirtschaft dem korrupten Finck-Freund Göring die Taschen vollstopften. Und er verschaffte Hitler, ebenfalls durch beharrliches Sammeln bei ängstlichen Geschäftsleuten, das Geld für den Bau des ‹Hauses der Deutschen Kunst› – den ‹Weißwursttempel›, wie wir ihn heimlich nannten; er ist jetzt zum Glück von Efeu überrankt und heißt ‹Haus der Kunst› ... Was nun den Nutzen betrifft, den August v. Finck von der Hitler-Herrschaft hatte, so ist er schwer zu schätzen. Immerhin durfte er ein paar Bankhäuser ‹arisieren›, so J. Dreyfus & Co in Berlin und das Wiener Bankhaus Rothschild, das er unter dem Namen Eduard v. Nicolai & Co weiterführte ...»

Zadek hatte aufgehorcht.

«Ach so», meinte er dann, «jetzt verstehe ich, weshalb Sie ihn für einen der beiden möglichen ‹Arisierer› unserer Bank hielten. Was ist Herrn v. Finck 1945 geschehen? Hat man ihn bestraft und ihm die Beute wieder abgenommen?»

Hueber schüttelte den Kopf.

«Nein. Erstaunlicherweise wurde er im Entnazifzierungsverfahren lediglich als Mitläufer eingestuft. Er erhielt eine Geldstrafe von 1000 Mark, die er aber nicht bezahlte, sondern sich, unter Berufung auf eine Knieverletzung, vom bayerischen Fiskus auf dem Gnadenwege erlassen ließ . . .»

Jetzt war es Zadek, der den Kopf schüttelte.

«Es ist wirklich phantastisch», sagte er leise. «Was ist aus den ‹arisierten› Banken geworden?»

«Alles, was mit der Übernahme von S. M. Rothschild & Co in Wien zusammenhängt, ist bis heute ein Geheimnis geblieben. Baron Louis Rothschild, den die Gestapo damals verhaftet hat und mit dem erst der Finck-Freund Hermann Göring, dann der SS-Chef Heinrich Himmler über ein Lösegeld verhandelten, durfte gegen Abtretung seines gesamten riesigen Vermögens ausreisen. Nach dem Krieg schenkte er alle seine Ansprüche dem österreichischen Staat und zog sich nach Amerika zurück. Das Bankhaus Merck, Finck & Co wurde meines Wissens mit keinen Forderungen behelligt. Und was die Klagen angeht, die die Vorbesitzer der Dreyfus-Bank nach 1945 gegen August v. Finck anstrengten, so wurden sie von den bayerischen Gerichten abgewiesen.»

Zadek sah nach einer Weile auf.

«Ist er wirklich so immens reich, dieser August v. Finck?»

Der alte Hueber nickte.

«Man schätzt sein Vermögen auf etliche Milliarden DM. Er hat Brauereien und Kühlhäuser, Beteiligungen am Allianz-Versicherungskonzern und an der Münchner Rückversicherungs-Gruppe, an Stahlwerken, Banken und großen Bauunternehmen. Sein Bankhaus beherrscht die Isar-Amper-Werke, den größten Stromerzeuger Süddeutschlands, und auch die Tegernsee-Bahn AG. Besonders wertvoll ist der Immobilienbesitz des Herrn v. Finck in und um München. Dessen gegenwärtiger Marktwert liegt sicherlich schon bei etwa zwei Milliarden, und er steigt von Tag zu Tag weiter an, denn die Stadt wächst ja ständig und Baugrund wird immer knapper.»

«Ja, gewiß.» Zadek war in Gedanken. Sie waren von dem Thema abgekommen, das ihn interessierte.

«Jetzt bauen sie wieder eine neue Trabantenstadt, gewiß noch steriler, noch weniger menschenfreundlich als die anderen ... Übrigens, Alfred, wissen Sie, welche Maklerfirma damit beauftragt werden soll, die Trabantenstadt zu bevölkern, sobald die ersten Hochhäuser im Rohbau fertig sind?»

«Nein», sagte Zadek, «ich habe keine Ahnung. Ich wüßte auch nicht, warum ich mich dafür interessieren sollte. Ich habe eine schöne Wohnung und nicht die Absicht, in ein Hochhaus außerhalb der Stadt zu ziehen.»

«Ich hörte es ganz zufällig von einem Bekannten.» Der alte Hueber ließ sich nicht beirren. «Ich dachte mir, es könnte vielleicht für Sie wichtig sein. Die Alleinvergabe der Wohnungen soll nämlich der Firma Immobilien-Christmann übertragen werden. Der Inhaber ist Dr. Kurt Christmann, und seine Büros sind am Karlsplatz, Schützenstr. 1 ...»

Zadek starrte ihn entgeistert an.

«Im Aufsichtsrat der Treubau AG, die das Trabantenstadt-Projekt ausgeheckt hat und mit eigenen Mitteln durchführt, sitzt übrigens auch der ‹Arisierer› des Bankhauses Ihres Vaters, der alte Bankier Mertz. Er will Christmann die Alleinvergabe zuschanzen. Die beiden kennen sich anscheinend seit langer Zeit und hatten wohl schon öfter mal miteinander geschäftlich zu tun ...»

«Ich bin Ihnen wirklich sehr verbunden, Herr Dr. Hurlinger», sagte Herr v. Hunger, «daß Sie Ihren guten Draht zum Präsidium dazu benutzen wollen, für Volker ein gutes Wort einzulegen ... Ich begreife überhaupt nicht, wie sich mein Sohn dazu hinreißen lassen konnte – Widerstand gegen die Staatsgewalt! Unglaublich! Es muß am schlechten Umgang liegen, den er in letzter Zeit gehabt hat ...»

Sie saßen sich an einem ruhigen Ecktisch eines Tölzer Wirtshauses gegenüber. Hurlinger hatte Herrn v. Hungers sorgenvolle Miene aufmerksam registriert.

«Sie haben mein volles Mitgefühl, Herr v. Hunger! Aber ich bin sicher, Ihr Herr Sohn wird sich jetzt, nach diesem Schock, wieder auf seine Pflichten besinnen, die er Ihnen und Ihrer Familie, aber schließlich auch unserer Bank gegenüber hat ...» Er machte eine kleine Pause.

Hungers erschrockener Blick zeigte, daß er endlich begriffen hatte: Es ging nicht allein um den auf Abwege geratenen Sohn Volker und um den guten Ruf der vornehmen Familie v. Hunger, sondern auch um das Renommee der Bayerischen Credit- und Giro-Casse. Herr Maximilian v. Hunger war ja nicht nur Familienvater, sondern das nach dem alten Batz ranghöchste Vorstandsmitglied der ‹Bayern-Credit›.

Daß er bis fast an die Spitze dieser bedeutenden Bank hatte aufsteigen können, war allein, wie jeder in der Chefetage wußte, seiner Herkunft zuzuschreiben: Sein richtiger Vater, die königliche Hoheit, hatte eine ungewöhnlich hübsche Hofdame aus heimischem Adel heiß geliebt und sie, als sie schwanger wurde, mit einem Oberstallmeister, Attila v. Hunger, verheiratet. Die Beziehungen zu Frau v. Hunger waren auch nach der Vermählung von der königlichen Hoheit fortgesetzt worden. Als der hohe Herr dann das Zeitliche gesegnet hatte, war dem illegitimen Sohn ein beträchtliches Vermögen zugefallen. Das Ende der Monarchie, die totale Geldentwertung, der Zweite Weltkrieg und die Währungsreform hatten dieses Erbe ebensowenig geschmälert wie das des ehemaligen Herrscherhauses, dessen Wohlwollen und Protektion Herr v. Hunger noch heute genoß. Daher verdankte er seine Bankkarriere auch weniger der monarchistischen Gesinnung des jetzigen Vorstandsvorsitzers, Kommerzienrat Batz, und anderer, inzwischen verstorbener oder pensionierter Bankchefs. Vielmehr war die Familie seines richtigen Vaters an der ‹Bayern-Credit› beteiligt und hatte sich für den ‹Neffen zur Linken›, wie sie ihn nannte, immer wieder eingesetzt.

«Ich habe mir überlegt», sagte v. Hunger, «daß es vielleicht das beste wäre, Volker würde bald heiraten. Er hat früher sehr für Dorothee, die Tochter unseres Kommerzienrats, geschwärmt, und Frau Batz machte mir erst kürzlich eine Andeutung, daß sie und ihr Mann eine solche Verbindung ...»

Hurlingers bedenkliche Miene ließ ihn abbrechen.

«Sie scheinen das keine so gute Idee zu finden, Herr Dr. Hurlinger – oder doch?»

Hurlinger entschloß sich zu einem kühnen Vorstoß.

«Nein», sagte er entschieden. «Davon möchte ich dringend abraten! Erstens ist Fräulein Batz ja noch anderweitig verlobt, und außerdem gibt es weitere Gründe ... Bitte, fragen Sie mich nicht danach! Strengste Diskretion gehört nun einmal zu meinen Pflichten. Haben Sie bitte Verständnis dafür, daß ich dazu weiter nichts sagen kann ... Wenn es mir gelingt, Ihren Herrn Sohn aus seiner gegenwärtigen mißlichen Lage zu befreien, wird es das beste sein, wenn er eine Zeitlang gänzlich von der Bildfläche verschwindet – ein Jahr Auslandsaufenthalt, möglichst nicht in Europa, wäre sehr angebracht, immer vorausgesetzt, daß ich mit meinen Bemühungen Erfolg habe. Aber ich denke schon, daß ich es schaffe ...»

«Ich bin Ihnen wirklich ganz außerordentlich dankbar, Herr Dr. Hurlinger», erklärte Herr v. Hunger nun schon zum drittenmal. «Ich will auch Ihre Zeit nicht über Gebühr in Anspruch nehmen ...»

Hurlinger hatte ihn noch zu seinem Wagen begleitet, wo ein livrierter Fahrer, natürlich ein Angestellter der Bank, sofort herbeigeeilt war, um Herrn v. Hunger die hintere Tür zu öffnen und ihm beim Einsteigen behilflich zu sein.

«Machen Sie sich nicht viele Sorgen», sagte Hurlinger, als sie sich voneinander verabschiedeten. «Ich hoffe, daß ich bis Montag früh gute Nachrichten für Sie habe ...»

Während er dem Wagen nachschaute, genoß er das Gefühl, diesen hochnäsigen Herrn, der ihn früher so herablassend behandelt hatte, in die Ecke gedrängt zu haben.

Samstag mittag

Es war kurz nach 12 Uhr mittags, als eine große schwarze Limousine vor dem Saller-Supermarkt hielt. Der Wagen war durch ein CC-Schild und den Stander eines kleinen afrikanischen Staates gekennzeichnet.

Konsul Gustl Saller ließ sich von seinem Fahrer die hintere Wagentür öffnen und begrüßte den herbeigeeilten Filialleiter Lallinger freundlich. Dann gingen sie zusammen in Lallingers Büro.

Konsul Saller war bester Laune. Er hatte eine sehr erfolgreiche Woche und einen angenehmen Samstag vormittag hinter sich. Er war mit sich und dem Gang seiner Geschäfte ungemein zufrieden, und er freute sich auf die Verleihung der Goldenen Saller-Nadel, die damit verbundene Gelegenheit zu einer Ansprache vor einem Publikum, auf dessen Beifall er zählen konnte, und auf das Posieren vor den Fotografen, die seine Presseabteilung herbeizitiert hatte. Die Zeitungsleute warteten bereits und waren von Lallinger mit Getränken versorgt worden. Eine knappe Dreiviertelstunde durfte die ganze Angelegenheit, die in der Hauszeitschrift des Saller-Konzerns, aber auch in der Boulevardpresse ausführlich beschrieben werden würde, allerhöchstens dauern: Zuerst ein paar Minuten Plauderei mit dem Filialleiter, dann die übliche Rede vor den auf dem Hof vollzählig angetretenen Mitarbeitern, zwischen zwei von der Zentrale gelieferten, sehr prächtigen Blumenarrangements auf einem kleinen Podest. Spätestens während der Ansprache mußte er sich entscheiden, wer von den Mitarbeitern die Nadel bekommen sollte, denn zum Schluß kam natürlich die eigentliche Auszeichnung – um 12.45 Uhr wollte er die Filiale wieder verlassen, denn ab 13 Uhr war Prominenten-Stammtisch beim ‹Kanisl›, und da durfte er keinesfalls fehlen.

«Sehr ordentlich, mein Lieber», lobte er Lallinger, der ihm über die Umsätze berichtet hatte. Er schaute dabei aus dem Fenster und sah, daß sich das Personal bereits aufgestellt hatte. «Ich glaube, es wird Zeit, hinauszugehen ... Wer ist denn das fesche Madl da im Dirndl?»

Lallinger, etwas verwirrt, sah hinaus auf den Hof.

«Das ist die Pichlmayr, Herr Konsul, Gruppenleiterin im Lager, eine tüchtige Kraft ... Ich möchte sie allerdings ...»

«Pichlmayr?» unterbrach ihn Saller. «Ist sie vielleicht aus Reichersbeuern? Da ist meine Heimat, der Quell meiner Kraft, sozusagen, und da warn auch Pichlmayrs ...»

Leider konnte Lallinger keine Auskunft über Annas Geburtsort geben. Er war jetzt noch verwirrter, denn er hatte Konsul Saller sagen wollen, daß die Pichlmayr gegen eine jüngere, billigere Kraft ausgewechselt werden sollte.

«Ich werd sie halt selber fragen», sagte Saller und wandte sich zum Gehen. «Jedenfalls freut's mich, daß eine echte Bayerin heut die Saller-Nadel kriegt ...»

Lallinger schluckte ein paarmal, wagte aber keinen Widerspruch. Er eilte, noch ganz benommen, hinter Konsul Saller her, der von der großen Enttäuschung seines Filialleiters nichts bemerkt hatte. Dann pflanzte er sich in gebührendem Abstand vom Konzernchef auf, der schon auf dem Podest stand und sich räusperte. Es fiel Lallinger nicht leicht, ergriffen der Rede des Konzernchefs zuzuhören, der seinen «lieben Mitarbeiterinnen und Mitarbeitern» von der «großen Saller-Familie», von Treue und Opferbereitschaft «auf Gegenseitigkeit» vorschwärmte, sie daran erinnerte, daß sie doch «alle in einem Boot» säßen, und ihnen die «großartigen Sozialleistungen» seines Konzerns in Erinnerung rief.

Dann kam Konsul Saller rasch, denn es war schon kurz vor halb eins, zum eigentlichen Höhepunkt:

«Fräulein Pichlmayr, würden Sie bitte vortreten! In Anerkennung Ihrer besonderen Leistungen verleihe ich Ihnen hiermit die Goldene Saller-Nadel ...!»

Alle waren überrascht, klatschten um so heftiger Beifall; Lallinger bekam rote Ohren. Anna, die erst ganz verwirrt gewesen war, hatte sich rasch gefaßt, war zu Konsul Saller gegangen, der ihr die Nadel angesteckt und sie für die Fotografen mit großer Herzlichkeit umarmt hatte.

Dabei hatte Saller sie mit strahlendem Lächeln und in breitem

Dialekt gefragt, ob sie aus Reichersbeuren gebürtig sei, worauf sie erwidert hatte, sie sei aus Gaißach, ganz nahebei, und habe einen Onkel in Reichersbeuren, den Pichlmayr Sepp, einen Stiefbruder ihres Vaters.

Es stellte sich dann heraus, daß der Herr Konsul mit diesem Pichlmayr einst zusammen die Schulbank gedrückt hatte.

«Ja, da schau her!» rief Saller vergnügt. «Ich spendier dir noch eine Brotzeit und eine Maß im feinsten Marquart-Restaurant der Stadt, im ‹Kanisl› ...! Und ihr da –» er winkte den Pressefotografen – «kommt gefälligst mit ...!»

Den Ankauf des ‹Kanisl›, eines altrenommierten Lokals, durch die Marquart-Gruppe hatte er erst in dieser Woche zum Abschluß gebracht. Eine Zeitungsmeldung darüber und dazu ein Bild, das ihn mit einer hübschen Frau aus dem Volk, einer echten Bayerin, zeigte – das konnte gewiß nicht schaden ... Gut, daß sie ein Dirndl trug und darin etwas zum Vorzeigen hatte ...!

Ganz begeistert von seiner Idee reichte er Lallinger zerstreut die Hand zum Abschied. Dann winkte er den anderen Mitarbeitern noch einmal freundlich zu und hieß Anna, neben ihm auf dem Rücksitz der Limousine Platz zu nehmen.

Anna sah sich rasch noch nach Damian Lohbichler um.

«Um zwei Uhr bei mir!» rief sie ihm zu und machte ihm durch eine Geste klar, daß er bis dahin nichts unternehmen dürfe.

Damian zögerte erst, dann nickte er, und Anna stieg zu Konsul Saller in den Wagen, der sofort losfuhr, gefolgt von den Autos der Zeitungsleute.

«Gut schaust du aus, Madl.» Saller gab sich sehr jovial, wobei er dachte, daß die Herren vom Prominenten-Stammtisch ihm anerkennend zuzwinkern würden, wenn sie ihn mit der Anna sähen.

Dann merkte er, daß sie sein breites Lächeln nicht erwiderte, und erkundigte sich freundlich:

«Warum bist denn so ernst?»

«Ich hätt eine große Bitte, Herr Konsul», erklärte Anna, ihren ganzen Mut zusammennehmend, «aber ich trau mich halt nicht so recht ...»

Gustl Saller legte ihr begütigend seine beringte Hand auf die bloße Schulter und forderte sie auf, ihm unbesorgt ihr Herz auszuschütten; mit ihm könne man reden.

«Also, es ist nämlich», begann Anna zögernd, «wegen der Geli, der Angela ...»

Ein paar Minuten später hatte sie Konsul Saller alles erzählt, auch daß sie bereits mit Herrn Lallinger darüber gesprochen und daß dies nichts genützt habe.

Woher sie das denn wisse, hatte sich Konsul Saller erkundigt, noch immer sehr freundlich, und Anna hatte ihm daraufhin von Peter erzählt, der erst vor einer Dreiviertelstunde angerufen habe und dem bei der Polizei gesagt worden war, daß niemand vom Saller-Supermarkt darum gebeten habe, die Geli freizulassen.

«Und dabei», fügte Anna hinzu, «hab ich dem Herrn Lallinger sogar gesagt, wie gefährlich es für die Firma werden könnt und was da so alles geredet wird ... Hoffentlich hat das der Herr Lallinger nicht mißverstanden ...»

«Was soll für die Firma gefährlich sein? Was wird da geredet? Und was hat der Lallinger in die falsche Kehle gekriegt?» Konsul Saller war ganz sachlich, keineswegs unfreundlich.

«Also», gab Anna etwas zögernd zur Antwort, «ich hab ihm nämlich gesagt, daß es großen Ärger geben könnt – und das stimmt ja auch! –, daß einer vielleicht einen Skandal machen könnt und daß ...»

«Einen Skandal? Weswegen?»

«Zwegen dem ‹Alpenglück›, das nach Riem zur Luftfracht gefahrn wird ...»

Einen Augenblick lang glaubte Anna, daß nun ein Donnerwetter losbrechen würde. Konsul Saller hatte die Hand von ihrer Schulter genommen und die Augen ganz schmal zusammengekniffen.

Der Wagen hielt gerade vor dem ‹Kanisl›, und der Fahrer schickte sich schon an, ihnen die Tür zu öffnen. Konsul Saller faßte sich überraschend schnell.

Mit einem breiten Lächeln sagte er:

«Da reden wir noch drüber, gell? Jetzt trinken wir erst amal a Bier und stoßen an auf dei Nadl ...»

Während er aus dem Wagen kletterte, fiel ihm noch etwas ein. «Also, wegen dem Madl, dem jugoslawischen – da mach dir mal keine Sorgen! Da ruf ich Montag früh an und sorg dafür, daß sie wieder bei uns arbeiten darf!»

Anna war sehr erleichtert. Als sie gemeinsam ins ‹Kanisl› eintraten, machte sie schon wieder ein fröhliches Gesicht.

Damian Lohbichler war, nachdem der Supermarkt geschlossen hatte, zu Mario hinübergegangen, hatte sich dort einen Kaffee bestellt und nachgedacht.

Er hatte zwar der Anna versprochen, heute nicht mehr mit Lallinger zu reden. Aber er konnte doch nicht einfach nur herumsitzen. Er mußte etwas unternehmen ...

Plötzlich kam ihm ein Einfall.

Er ging zum Münzapparat, suchte sich aus dem Telefonbuch eine Nummer heraus und rief dann in Riem bei der Luftfracht an. Ob noch Platz sei für weitere Fuhren ‹Alpenglück›, erkundigte er sich dann beim Frachtmeister, der ihn kannte. Der war sehr erstaunt.

«Ihr könnt jetzt wieder ankarren, soviel ihr wollt», sagte er und lachte. «Der Schuppen ist leer. Heut nacht ist alles verladen worden ...»

«Ach was, wohin denn?»

Aber das wußte der Meister nicht. Er hatte keinen Dienst gehabt und sich auch nicht darum gekümmert. Der Hüttinger Franz hatte die Verladung besorgt, aber der war jetzt natürlich nicht da, hatte frei nach dem Nachtdienst bis Montag früh.

Damian gab sich damit zufrieden. Vor Montag, sagte er, arbeite er auch nicht mehr. Dann sagte er Servus und legte auf. Der Hüttinger Franz, überlegte er, würde jetzt wohl ausgeschlafen haben. Er kannte ihn flüchtig. Es war ein noch junger Bursche, der irgendwo in oder bei Trudering bei seinen Eltern wohnte.

Er blätterte noch einmal im Telefonbuch, stellte fest, daß es viele Dutzend Hüttingers in München gab, suchte sich unter diesen einen heraus, der in Straßtrudering, an der Wasserburger Landstraße wohnte, und hatte Glück.

«Der Franzi», gab ihm die Mutter bereitwillig Auskunft, «ist gleich nach dem Essen wieder fort – er fährt Taxi bis auf die Nacht, und morgen, am Sonntag, auch ...» Sie lobte noch Franzis Fleiß und daß er auf ein Motorrad spare, gab Damian dann auch die Nummer der Taxizentrale an, über die der Franzi notfalls erreichbar sei, wenn es gar so pressiere.

Zwei Minuten später wußte Damian, daß der Hüttinger Franz mit dem Wagen 3788 am Halteplatz Hohenzollernstraße stand, ganz in der Nähe.

«Grüß dich, Hüttinger», sagte Damian, kaum daß er ihn am Taxistand als Fahrer des vierten Wagens entdeckt hatte, und beugte sich freundlich lächelnd an das heruntergekurbelte Fenster. «Ich wußt gar nicht, daß du auch Taxi fährst ...»

Hüttinger erschrak zuerst, erkannte ihn dann als einen der Saller-Fahrer und sagte:

«Kein Wort davon in Riem, hörst du!»

Damian versicherte ihm, daß er nie über Dinge redete, die ihn nichts angingen.

«Du, Hüttinger, gut, daß ich dich treff», sagte Damian dann. «Ich wollt dich nämlich fragen, wohin du unsere Kisten heut nacht verladen hast. Der Schorschi und ich, wir haben nämlich gewettet. Er behauptet, die ‹Alpenglück›-Fertignahrung ist irgendwo nach Afrika geflogen worden ...»

«Da hat er recht, und du hast deine Wette verloren», erklärte der Hüttinger Franzi und grinste. «Der Empfänger ist das Bayern-Hilfswerk, Außenstelle Fort Lamy. Das ist im Tschad ...»

«Verflixt», sagte Damian, «ich hätt geschworen, daß das Zeug nach Südamerika gehen sollte ...»

Konsul Gustl Saller hatte sich im ‹Kanisl› nicht gleich an den Prominenten-Stammtisch gesetzt, sondern war mit Anna an den Herren vorbei zu einem entfernten Tisch gegangen. Im Vorübergehen hatte er Dr. Zirlgruber, dem Minister und dem alten Baron Pirkl freundlich zugewinkt und gesagt, daß er bald zu ihnen käme. Wie er erwartet hatte, waren sie überrascht, ihn in Begleitung zu sehen, und hatten ihm anerkennend zugewinkt.

Während er dann mit Anna in scheinbar herzlichstem Einvernehmen geplaudert, sie für die Pressefotografen umarmt und mit ihr angestoßen hatte, war er zu einem Entschluß gekommen. Er hatte sich für einen Augenblick entschuldigt und vom Telefonautomaten im Keller aus mit seiner Zentrale gesprochen.

«Hören Sie gut zu, Jellinek, es steckt möglicherweise gar nix dahinter, aber ich will ganz sicher sein. Lassen Sie die Frau beobachten. Ich will wissen, was sie tut, mit wem sie befreundet ist, was sie über mich und die Firma so alles erzählt. Ich wünsche Montag früh einen genauen Bericht, und lassen Sie sie bis dahin nicht aus den Augen ... Ich werde mich zwischendurch mal erkundigen, was Ihre Leute herausgefunden haben, und umgekehrt wünsche ich sofort

Nachricht, wenn etwas Wichtiges festgestellt wird, irgend etwas, das nicht zum normalen Verhalten gehört ...»

Er gab Herrn Jellinek, der über Personalmangel, gerade am Wochenende, klagte, Erlaubnis, ‹Kräfte von außen› zu engagieren, beschrieb ihm dann Anna genau und sagte abschließend:

«Es ist jetzt 13.10 Uhr – kurz nach halb zwei wird sie das Lokal verlassen. Reicht Ihnen das? Also gut, sagen wir: 13.45 Uhr. Ich werde Sie bis auf die Straße begleiten. Servus!»

Auf dem Weg zurück zum Tisch, wo Anna mit der von ihm spendierten Brotzeit gerade fertig war, blieb Saller für einen Augenblick bei seinen Freunden stehen. Sie begannen sogleich, ihn mit seiner neuen ‹Eroberung› zu necken. Ob er sich schon für heut auf d'Nacht fest verabredet hätte, wollte der Minister wissen, und Zirlgruber wurde noch deutlicher.

Saller genoß solche Verdächtigungen, sagte dann lachend:

«Das möcht mancher wissen, wie in Kalabrien die Hühner pissen!» und meinte, schon im Weitergehen, ob sie nichts Besseres zu bereden hätten als seine Privatangelegenheiten.

«Doch», sagte Dr. Zirlgruber, «wir sprechen gerad über den Autobahnanschluß ... Da wirst du noch ein wenig zulegen müssen, Gustl!»

Konsul Saller blieb stehen und wandte sich Zirlgruber zu. Er lächelte zwar noch immer, hatte aber die Augen wieder zugekniffen.

«Mein lieber Eidgenosse», sagte er dann, «du wirst mir zu übermütig ...»

«Nicht ‹Genosse›, wenn ich bitten darf, Gustl.» Dr. Zirlgrubers Lachen klang etwas unsicher.

«Übermut tut selten gut», bemerkte der Minister und warf seinem Spezi Zirlgruber einen Blick zu, der zu besagen schien: ‹Du Trottel! Du weißt doch, daß man mit dem Saller anders reden muß! Du hättest das mir überlassen sollen ...›

Saller war schon weitergegangen.

Als er sich, der Herr Konsul, dann wieder zu Anna setzte, war er so jovial und freundlich wie zu Beginn ihrer Bekanntschaft.

«Hör zu, Madl», sagte er, «eh daß ich's vergeß: Am Montag in der Früh, da gehst du gleich zu eurem Filialleiter, dem Lallinger, und sagst ihm einen schönen Gruß von mir. Er soll dafür sorgen, daß die G'schicht mit deiner Freundin, der Jugoslawin, sofort wieder in Ordnung kommt – er soll mich anrufen, wenn er's dir nicht glaubt – verstanden?»

Anna bedankte sich überschwenglich. Ein Stein sei ihr vom Herzen gefallen, sagte sie.

Konsul Saller meinte dazu nur:

«Das ist doch selbstverständlich – wir sind doch sozial! Und das Betriebsklima, das ist mir mindestens so wichtig wie der Umsatz!» Und in sehr vertraulichem Ton setzte er halblaut hinzu: «Und wenn wieder mal Gerede ist, dann sagst du's mir, gell?»

Anna versicherte, daß er sich auf sie verlassen könne. Dann sah sie auf die Uhr und rief entsetzt: «Mei, es ist ja schon nach halb zwei! Ich muß gehn!»

Aber Saller bestand darauf, daß sie rasch noch ein Kirschwasser mit ihm trinken sollte – auf das schöne Tölzer Land, ihre gemeinsame Heimat.

Es war 13.46 Uhr, als Anna das Lokal verließ. Saller begleitete sie sogar noch galant bis vor die Tür. Dann ging er nachdenklich zum Stammtisch, wo inzwischen ein halbes Dutzend Prominente aus Politik und Wirtschaft eingetroffen waren.

«Mögen Sie noch ein Stück Apfelstrudel?» fragte Barbara den alten Hueber. Er hatte ihr Angebot, ihm ein Mittagessen zu bereiten, dankend abgelehnt, wollte nur eine Tasse Kaffee, die sie ihm schon eingeschenkt hatte, und war, nachdem er sich zu ihr gesetzt hatte, zunächst recht schweigsam gewesen.

«Ja, bitte, aber nur ein kleines Stück», sagte er nun, etwas zerstreut. Dann stand er zu Barbaras Verwunderung plötzlich auf, eilte zu seinem Bücherschrank, zog erst einen, dann einen anderen Band heraus, blätterte darin, steckte schließlich die Bücher wieder zurück, schüttelte den Kopf und sagte:

«Alles Blödsinn! Die haben keine Ahnung ...!»

«Darf man fragen, um was es eigentlich geht?» erkundigte sich Barbara. «Handelt es sich vielleicht um ein besseres Rezept für Apfelstrudel?»

Der alte Hueber lachte.

«Ach was, der könnt gar nicht besser sein ...! Nein, es handelt sich um etwas gänzlich anderes. Ich wollte wissen, ob im Lexikon etwas über die Thule-Gesellschaft steht – aber alles, was ich dazu fand, ist uninteressant...»

«Die Thule-Gesellschaft? Was ist das? Es hört sich nordisch an...»

Barbara war eingefallen, daß es irgendwo in Grönland einen Ort namens Thule gab, und sie erinnerte sich auch, von *ultima Thule*, einer sagenumwobenen Insel im äußersten Norden Europas, gelesen zu haben. Man wußte nicht, ob damit Island, Norwegen oder die Shetland-Inseln gemeint waren.

«Die Thule-Gesellschaft», erklärte der alte Hueber, «wurde 1918 in München gegründet – von einem Abenteurer, der aus der Türkei kam und sich Freiherr von Sebottendorff nannte. Sie war ein Teil des geheimen ‹Germanen-Ordens›, dessen bayerische Ordensprovinz damals etwa 1500 Mitglieder zählte – alles ultrarechte, nationalistisch und antisemitisch eingestellte Adlige und wohlhabende Bürger, dazu zahlreiche Offiziere und Beamte...»

«Und was war das Ziel dieser Geheimorganisation?»

«Sie war die treibende Kraft der Gegenrevolution. Sie wollte alle sozialistischen Bestrebungen bekämpfen, die Gewerkschaften zerschlagen, den Kommunismus mit Stumpf und Stiel ausrotten, aber auch alle Juden entweder totschlagen oder vertreiben. Das ganze okkulte Brimborium und auch der Germanenkult waren nur Verzierungen. Die Thule-Gesellschaft steuerte und finanzierte alle ultrarechten, völkisch-nationalistischen Gruppen, um die alte Gesellschaftsordnung zu retten.»

«Dann förderte sie wohl auch die Nazis?» fragte Barbara.

«Die ganz besonders. Der ‹Völkische Beobachter›, später das Zentralorgan der Hitler-Partei, wurde ursprünglich von der Thule-Gesellschaft herausgegeben, und sie hatte auch wesentlichen Anteil am Hitler-Putsch vom November 1923, mit dem zum Sturz der Republik der ‹Marsch auf Berlin› beginnen sollte...»

«... der dann an der Feldherrnhalle endete, nicht wahr?»

Barbara dachte an die Bemerkung des Norddeutschen bei ihrer gestrigen Acht-Uhr-Stadtrundfahrt und fügte hinzu: «Es gibt immer noch Leute, die diese Niederlage der Nazis bedauern...»

«... und es gibt möglicherweise noch immer diese Thule-Gesellschaft», ergänzte der alte Hueber.

Barbara machte eine Handbewegung, die sagen sollte: «Na, und wenn schon? Wem kann man heute noch mit Germanenkult und ‹arischem› Herrenmenschentum imponieren?» aber Herr Hueber schien die Sache sehr ernst zu nehmen.

«Vernünftige Leute haben damals auch darüber gelacht», sagte er. «Als die Thule-Leute im Winter 1918/19 erstmals von sich reden machten – sie hielten ihre geheimen abendlichen Treffen bei ihrem ‹Bruder› Waltherspiel ab, dem das Hotel Vier Jahreszeiten in der Maximilianstraße gehörte –, da spottete man über ihre germanische ‹Blut-und-Boden›-Mystik. Aber schon ein paar Wochen später wurde daraus blutiger Ernst. Da marschierten die von der Thule-Gesellschaft organisierten und finanzierten Freikorps – ‹Oberland›, ‹Regensburg›, und wie sie alle hießen – gegen das ‹rote› München. In Puchheim, wo noch russische Kriegsgefangene waren, veranstalteten die Freikorpsleute ein Massaker, dem 52 dieser halbverhungerten, am politischen Geschehen überhaupt nicht beteiligten Russen zum Opfer fielen ... Bei Starnberg trafen sie auf Sanitäter des ‹Arbeiter-Samariterbundes›, die dort eine Übung abhielten. Sie machten alle nieder, bis auf einen ... Man hatte ihnen eingetrichtert: ‹Alle Arbeiter sind Rote, alle Roten sind bolschewistische Verbrecher und müssen ausgerottet werden!› ... Sie brachten auch Frauen und Mädchen um, die Sanitätsdienst machten. Wie die wilden Tiere hausten sie! Als die Schreckensnachrichten in München bekannt wurden, herrschte natürlich große Erregung. Zehn Mitglieder der Thule-Gesellschaft wurden als Geiseln festgenommen und in den Keller des Luitpold-Gymnasiums gesperrt. Die Stadt lag da schon unter Artilleriebeschuß, und in den Vorstädten hausten die eingedrungenen Freikorpsleute wie die Vandalen. Da wurden dann acht der Geiseln, unter ihnen ein Prinz von Thurn und Taxis, ein Baron Teuchert und auch eine Frau, die Gräfin Hella Westarp, an die Wand gestellt und erschossen.»

«Scheußlich», sagte Barbara leise.

«Gewiß.» Nach einer kleinen Pause fuhr Hueber fort: «Es war das einzige Blutvergießen der Roten, doch dieser Geiselmord wurde von den Freikorps tausendfach vergolten ... Nachdem sie München erobert hatten, wurden Hunderte in den Straßen niedergemacht, zu Tode getrampelt oder an die Wand gestellt. Die sogenannten standrechtlichen Erschießungen im Schlachthof, auf der Theresienwiese und im Straßenbahndepot forderten annähernd zweitausend Menschenleben, und im Gefängnis Stadelheim kam es zu entsetzlichen

Mißhandlungen und viehischen Morden. Die genaue Anzahl der Opfer wird man vielleicht später einmal erfahren. Die Listen werden nämlich – es ist kaum zu glauben! – noch heute von der bayerischen Staatsregierung geheimgehalten ...»

Barbara wollte etwas fragen, aber Hueber fuhr fort:

«Erst als die Freikorpsleute auch einundzwanzig Mitglieder eines katholischen Gesellenvereins, die sie – es waren ja Arbeiter! – irrtümlich für ‹Rote› hielten, auf der Stelle niedermachten, beendete das Oberkommando dieses Treiben.»

Er hielt inne.

«Unter den Ermordeten war auch Hubert, mein Sohn», sagte er leise. «Vielleicht verstehen Sie jetzt, Barbara, warum ich an diesen Dingen Anteil nehme, warum ich mir Sorgen mache ... Ich fürchte, es gibt sie noch immer, diese Thule-Leute, und sie könnten jederzeit wieder Burschen finden, die sich aufhetzen und zu Mord und Totschlag verführen lassen ...»

«Haben Sie denn dafür Anhaltspunkte?»

«Ja», sagte Hueber, «und zwar seit heute sogar ganz konkrete. Ich habe vorhin einen Brief geöffnet, der mit der Post kam. Er war, wie ich dann merkte, gar nicht für mich bestimmt, sondern mal wieder für den Regierungsdirektor a. D., meinen Namensvetter, der in der Tengstraße wohnt ...»

Er brach ab, denn es hatte geläutet.

Barbara öffnete und kam mit Damian zurück, der sich wunderte, daß Anna noch nicht da war.

«Sie wird jeden Augenblick hiersein», meinte Barbara, «setz dich derweilen!»

Hurlinger hatte sich mit dem Mittagessen viel Zeit gelassen. Das Wirtshaus war an diesem Samstagmittag gut besucht, alle Tische waren besetzt, bis auf einen, der etwas abseits stand. Nur ein Gedeck war aufgelegt, obwohl Platz für vier gewesen wäre.

Ab und zu warf Hurlinger einen Blick hinüber zu diesem leeren Platz. Dann sah er den alten Herrn, der trotz der Hitze einen abgewetzten Lodenmantel und einen speckigen Hut trug, hereinkommen. Von da an widmete er sich nur noch seinem Essen, ohne noch einmal in die Richtung zu schauen, wo der Alte inzwischen Platz genommen hatte und allein zu Mittag aß.

Erst etwa eine Stunde später – Hurlinger hatte schon sein Dessert beendet und einen Kaffee bestellt – nahm der alte Herr endlich Notiz von ihm.

«Grüß Gott, Herr Direktor!» hörte Hurlinger ihn sagen, so laut, daß sich die Gäste an den anderen Tischen umwandten und ihre Gespräche einen Augenblick lang unterbrachen. Hurlinger wandte ebenfalls den Kopf, tat so, als sähe er den Alten erst jetzt, schien eine Sekunde lang im Zweifel, wer dieser sei und ob er tatsächlich ihn gemeint habe, heuchelte dann plötzliches Erkennen, verbeugte sich respektvoll und sagte:

«Grüß Gott, Durchlaucht! Wünsche wohl zu speisen!»

Der Alte bedeutete ihm, er möge sich zu ihm setzen, und Hurlinger folgte der Aufforderung ohne Hast, erkundigte sich, nachdem er Platz genommen hatte, höflich nach der Gesundheit seines Gegenübers, erhielt die knappe Auskunft, daß sie besser sein könnte, und begnügte sich seinerseits mit der Bemerkung, daß man sich einen schönen Sommer erhoffen dürfe.

‹Ich hab Zeit›, dachte er. ‹Mal sehen, wie lange der alte Fuchs es aushält, nicht von dem zu reden, was er mir sagen will ... ›

Laut sagte er: «Gestern auf d'Nacht sah's nach einem Gewitter aus, aber heut in der Früh ... »

«Sagen Sie, Hurlinger», unterbrach ihn Seine Durchlaucht ungeduldig, «Sie sitzen ja jetzt bei uns im Aufsichtsrat ... »

Hurlinger tat, als müsse er, bei der Fülle seiner Mandate, erst überlegen, welches Gremium der Fürst meinte. Dann sagte er:

«Richtig – bei der Treubau, da sind Durchlaucht ja maßgebend beteiligt ... Ich vertrete dort neuerdings unser Haus. Eine interessante Aufgabe ... »

Der Alte warf ihm einen mißtrauischen Blick zu.

«Der Sandbichler», sagte er dann, «hat mir erzählt, Sie hätten da einige Bedenken geäußert, die die Person des Herrn Abgeordneten Zirlgruber ... »

Hurlinger machte eine abwehrende Handbewegung.

«Aber, ich bitt doch sehr, Durchlaucht! Es käme mir nie in den Sinn, das Verhalten des Herrn Abgeordneten zu kritisieren. Das Generalvikariat scheint hingegen besorgt zu sein, weil der Zirlgruber angefragt hat, ob seine Ehe annulliert werden könnte ... »

Der Fürst schüttelte ärgerlich den Kopf.

«Ach was», sagte er, «das ist doch Firlefanz! – Hören Sie, Hurlinger, wir *brauchen* den Zirlgruber! Er hat den besten Draht zum Ministerium, wird womöglich demnächst selbst Minister, und er hat genug Rückendeckung vom Vorsitzenden, um alle Widerstände innerhalb der Fraktion auszuräumen!»

«Gibt es denn Widerstand?» erkundigte sich Hurlinger, und der Fürst sah ihn erstaunt an.

«Geh'n S'», sagte er, etwas unwirsch. «Sie wollen mir doch nicht weismachen, Sie wüßten nix davon! Der Pirkl und seine Bauernbündler wollen doch den Autobahnanschluß verhindern. Aber wir brauchen ihn! Er verkürzt die Fahrt in die Stadt um mindestens zwölf bis vierzehn Minuten. Das macht doch die Wohnungen in der Trabantenstadt erst attraktiv – die Leut wolln doch heutzutage abends noch in die Stadt, und sie scheuen lange Wege ... Wenn wir den Autobahnanschluß haben, kriegen wir bestimmt um die Hälfte mehr für jeden Quadratmeter Wohnfläche! Das macht doch die Sache erst attraktiv – das müssen Sie doch einsehen, Hurlinger!»

«Ich habe gar nichts gegen den Autobahnanschluß», bemerkte Hurlinger bescheiden, und der Fürst horchte auf. «Allerdings», fügte er rasch hinzu, «müßten die Beteiligungsverhältnisse bei der Treubau neu geregelt werden. Wir sind nicht daran interessiert, wenn allzu viele dabei mitmischen.»

«Sie wollen den alten Mertz ausbooten?»

Hurlinger wich der Frage aus.

«Wissen Sie, Durchlaucht», sagte er, «im Prinzip hat unsere Bank gar nichts dagegen, wenn auch die Konkurrenz sich engagiert. Das mindert das Risiko. Aber Mertz beherrscht die Zentrale Versicherungs-Union und hat die Brauerei-Gruppe praktisch in der Hand, so daß er im Aufsichtsrat im Grunde dreifach vertreten ist. Wo soll das hinführen?»

Der Fürst seufzte.

Er wußte jetzt, was Hurlinger wollte. Es ging ihm gar nicht um den alten Mertz, sondern um Saller. Mertz allein, auch wenn die Vertreter der Brauereien und der Zentralen Versicherungs-Union mit ihm stimmten, hatte keine Mehrheit. Aber wenn sich Konsul Saller auch noch mit ihm verbündete und in dessen Gefolge der Zirlgruber mit seinen Beziehungen und den anderthalb Prozent am Kapital, dann konnte der alte Mertz schalten und walten, wie er wollte

... Aber, Seine Durchlaucht wußte es nur zu gut, gegen den Saller war schwer etwas zu machen ... Der war ein ‹Hund›, ein ganz ein geriebener ...! Und er stand sich gut nicht nur mit dem Abgeordneten Zirlgruber, sondern auch mit dessen Vorsitzendem. Saller und Mertz konnten, wenn sie sich verbündeten, die ‹Bayern-Credit›-Bank an die Wand drücken, und ihn, den Fürsten, ebenfalls ...

Da war es, so befand der Alte, wohl das beste, dem Rat Sandbichlers zu folgen und sich den stärkeren Bataillonen anzuschließen ... Hurlinger und seine Bank sollten sehen, wo sie blieben! Die Trümpfe hielten zweifellos der Saller und der alte Mertz ...

Laut sagte er:

«Herr Konsul Saller ist ein ausgezeichneter Geschäftsmann ...»

Hurlinger konnte dem nur beipflichten.

Er wußte auch, daß sich der Fürst mit seinen «Alpenglück»-Erzeugnissen in eine starke Abhängigkeit von der Saller-Gruppe, seinem Hauptabnehmer, begeben hatte und daß die Lieferverträge demnächst ausliefen. Wenn Saller sie nicht verlängerte, würde das für Seine Durchlaucht äußerst peinlich ...

‹Zum Teufel!› dachte Hurlinger. ‹Wenn es doch nur eine Möglichkeit gäbe, Saller unter Druck zu setzen!› Damit ließe sich das Gleichgewicht bei der Treubau wiederherstellen, und zugleich würde man etwas für den Fürsten tun und ihn sich damit verpflichten können. Nur gab es leider kein Druckmittel gegen den Supermarkt-Konzernchef, der immer größer und mächtiger wurde ... Er konnte es allenfalls mit einem Bluff versuchen.

«Sehen Sie ihn demnächst, Durchlaucht, den Herrn Konsul?» erkundigte er sich freundlich.

Der Fürst nickte.

‹Was soll diese Frage?› dachte er und beschloß, sehr auf der Hut zu sein.

«Auf Sie wird er ja vielleicht hören», fuhr Hurlinger fort, «wenn Sie ihm den Rat geben, sich nicht allzusehr mit dem Herrn Abgeordneten Zirlgruber einzulassen. Man hört da ein paar Dinge, die zum Teil auch den Herrn Konsul Saller betreffen ...»

Er beendete den Satz nicht, aber nach einer kleinen Pause setzte er bedeutungsvoll hinzu:

«Ich würde ihm den Rat geben, äußerst vorsichtig zu sein! Das ist sehr dünnes Eis, auf dem er sich bewegt ...»

Seine Durchlaucht war konsterniert.

«Was meinen Sie denn damit, Hurlinger?» fragte er besorgt.

Aber Hurlinger erklärte, er hätte eigentlich bereits zuviel gesagt, machte dazu ein ernstes Gesicht und verabschiedete sich schon bald.

Als er das Gasthaus verließ, hatte Hurlinger das Gefühl, daß der Pfeil, den er da aufs Geratewohl abgeschossen hatte, vielleicht sogar ins Schwarze treffen könnte. Die nächsten Tage würden es zeigen.

Dann überlegte er, ob er hinüber an den Tegernsee fahren oder einen Spaziergang durch den Wald machen solle. Er beschloß, zu seiner Hütte zurückzukehren, dort ein wenig spazierenzugehen und anschließend ein Stündchen zu schlafen. Gegen halb sechs würde er dann nochmals nach Tölz fahren und nach der Anna Ausschau halten.

Samstag nachmittag

Anna war kurz nach 14 Uhr heimgekommen, noch ziemlich aufgeregt von den Ereignissen. Natürlich hatte sie nicht bemerkt, daß sie bis an die Haustür beschattet worden war. Nachdem sie Barbara und Damian alles erzählt hatte – «Denkt euch, der Konsul Saller selbst will dafür sorgen, daß der Lallinger spurt und die Geli wieder einstellt!» –, war sie etwas enttäuscht, als sie merkte, daß ihre Freunde weit weniger begeistert waren als sie selbst. Besonders Damian wirkte noch immer bedrückt.

«Wenn der Saller es ernst meinte», sagte er, «brauchte die Geli nicht bis zum Montag im Knast zu sitzen. Er müßt dazu nicht mal selber telefonieren...»

«Die Geli», erklärte Barbara, «hat nämlich geschrieben. An dich auch...»

Sie reichte Anna einen Zettel.

Anna las, was darauf mit Bleistift geschrieben stand: *Bitte, Anna – hilfe mir! Holt mich raus!*

Barbara sah, daß Anna Tränen in den Augen standen. Sie sagte rasch: «Peter hat das mitgebracht. Es ist scheußlich dort, sagte er. Vierzehn Frauen in einer Zelle...»

Anna dachte nach.

Dann sagte sie: «Ich fahr nach Tölz! Doppelt genäht hält besser, und er muß ihr helfen, wenn ich ihn darum bitt...»

Und nach einer kleinen Pause setzte sie hinzu:

«In all den Jahren hab ich ihn noch nie um einen Gefallen gebeten ... Und für ihn ist das wirklich nur eine Kleinigkeit, das weiß ich genau ... Es ist nur ...» Sie brach ab und sah Barbara an, die zu erkennen gab, daß sie verstand, was Anna meinte, und fragte dann: «Bleibst du zu Hause? Ich bin spätestens Sonntag auf d'Nacht wieder heim.»

Barbara nickte. Sie hatte zwar andere Pläne gehabt, aber das ging nun vor. Der alte Herr Hueber, der jetzt sein Nachmittagsschläfchen hielt, brauchte zwar wenig Hilfe, aber es war ausgemacht zwischen ihnen, daß man ihn nachts nicht allein ließ und ihm tagsüber zumindest die Mahlzeiten richtete, das Bett machte und sein Zimmer ein wenig aufräumte.

«Kurz nach vier geht ein Zug», sagte Anna, «ich werd rasch die Tasche packen...»

«Laß dir Zeit», sagte Damian. «Ich fahr dich zum Bahnhof – wenn du willst, bring ich dich auch nach Tölz. Es macht mir nix aus – im Gegenteil... Ich bin froh, wenn ich mit dir reden kann. Zu Hause fällt mir die Decke auf den Kopf...»

Anna überlegte.

«Lieber nicht», sagte sie dann. «Sei nicht bös, aber ich möcht doch lieber mit dem Zug fahren... Du kannst mich gern zum Holzkirchner Bahnhof bringen und mir Gesellschaft leisten, bis der Zug abfährt. Da haben wir noch reichlich Zeit, alles zu bereden.»

Als sie zwanzig Minuten später in Damians kleines Auto stiegen, folgte ihnen, kaum daß sie abgefahren waren, ein dunkelgrüner Volkswagen, der auf der gegenüberliegenden Straßenseite gestanden hatte. Aber natürlich achteten sie nicht darauf.

Am Holzkirchner Bahnhof waren alle Parkplätze besetzt.

«Mach dir nix draus», meinte Anna. «Der Zug fährt eh gleich ab – es lohnt nicht, daß du aussteigst!»

«Na gut», sagte Damian und ließ sie aussteigen. «Ich drück dir die Daumen! Und ruf mich gleich an, wenn du etwas erreichst!»

Anna versprach es ihm.

Sie hatte ihm unterwegs angedeutet, was sie zu unternehmen gedachte, und Damian hatte gemeint, darauf setze er mehr Hoffnung als auf den Konsul Saller.

Es gab dann noch eine Verzögerung, weil Damian darauf bestand, ihr zwei Telefonnummern aufzuschreiben, unter denen er, wenn er nicht zu Hause sei, erreichbar sein würde. Als Anna die Treppe zum Flügelbahnhof hinaufgeeilt war, hatte sie keine Zeit mehr, eine Fahrkarte zu kaufen.

‹Ich werd sie beim Schaffner lösen›, beschloß sie, denn es war eine Minute vor Abfahrt. Sie stieg in den Zug ein, gleich in das der Bahnhofshalle am nächsten liegende Abteil des letzten Wagens. Sofort danach fuhr der Zug ab. Ein Mann, der atemlos vom Rennen kurz zuvor auf dem Bahnsteig eingetroffen war, warf nur einen Blick in ihr Abteil, dann auf die Tafel am Wagen, die die Aufschrift *Holzkirchen-Schaftlach-Gmund-TEGERNSEE* trug. Offenbar hatte er sich geirrt, denn er stieg nicht ein, sondern ließ den Zug abfahren. Tatsächlich hatte dieser Mann ebenfalls keinen Parkplatz gefunden, seinen Wagen schließlich, als er Anna eilig die Treppe hinaufsteigen sah, ins Halteverbot gestellt und so gerade noch feststellen können, wohin die Reise gehen konnte.

Einen Augenblick später telefonierte er mit seiner Zentrale: «Hier Knabl – sie ist eben vom Holzkirchner Bahnhof in Richtung Tegernsee abgefahren! Der kommt in 37 Minuten in Holzkirchen an. Wenn Sie Köhler von Ottobrunn aus sofort losschicken, kann er vorher in Holzkirchen sein und dort an jeder weiteren Station bis Tegernsee aufpassen, ob sie aussteigt. Dieser Zug fährt so langsam, daß man ihn immer wieder überholen kann. Wie bitte? Nein, bis Holzkirchen hält er nur einmal am Harras, und da steigt sie bestimmt nicht aus, denn da wäre sie mit dem Auto schneller hingekommen als zum Holzkirchner Bahnhof ... Ja, ich melde mich jetzt ab! Morgen früh um 9 Uhr melde ich mich wieder bei der Zentrale. Ende.»

Seine Voraussage, daß Anna frühestens in Holzkirchen aussteigen würde, bewahrheitete sich indessen nicht. Denn eine freundliche Bauersfrau, die schon in dem Abteil saß, hatte sogleich ein Gespräch mit Anna begonnen, sie gefragt, ob sie auch bis Tegernsee fahre und ihr dann beim Aussteigen helfen würde; sie hatte in München eingekauft und sehr viel zu tragen. Und als Anna bedauerte und erklärte, sie wolle nach Tölz, hatte die Frau sie aufgeregt darauf hingewiesen, daß sie dann ja im falschen Zugteil sei; nur die vorderen Wagen führen nach Tölz und Lenggries und würden in Schaftlach abgehängt. Anna bedankte sich sehr, und da der Zug gerade am Harras hielt, stieg sie rasch aus und lief nach vorn, wo sie den richtigen Wagen und ein leeres Abteil fand, denn ihr war nicht nach einem Schwatz mit Fremden zumute. Sie wollte in Ruhe darüber nachdenken, wie sie es am geschicktesten anfinge, den Franzi zu sofortigem Handeln zu bewegen.

So kam es, daß Herr Köhler aus Ottobrunn fünfmal vergeblich die Reisenden beobachtete, die den aus München kommenden Zug verließen. Die ersten Male – in Holzkirchen, in Schaftlach, in

Moosrain und in Gmund – war Herr Köhler keineswegs verwundert oder gar in Sorge. Aber als an der Endstation, dem Bahnhof Tegernsee, wiederum niemand ausstieg, der der Beschreibung entsprach, geriet er in Aufregung.

Ehe er die Zentrale von dem Mißgeschick verständigte, überlegte er noch einmal rasch, wo der Fehler liegen könnte. Er war ein pedantischer Mensch und hatte ein fotografisches Gedächtnis. Er war fast sicher, daß die Panne nicht von ihm verschuldet sein konnte: In Holzkirchen waren 17 Reisende ausgestiegen, 13 davon Männer, zwei Schulmädchen, ein kleiner Bub und nur eine Frau, die aber ganz gewiß nicht die zu beobachtende Pichlmayr war. In Schaftlach waren nur sechs Leute ausgestiegen, darunter zwei Frauen um die 65, alle übrigen junge Burschen, ältere Männer oder Mädel um die 20. In Moosrain war überhaupt niemand ein- oder ausgestiegen, in Gmund hingegen mehr als dreißig Personen, vornehmlich Kurgäste aus Nord- und Westdeutschland; die Pichlmayr war mit absoluter Sicherheit nicht dabeigewesen und an der Endstation Tegernsee ebenfalls nicht. Er hatte sich jeden, der den Zug verließ, genauestens angesehen, als sie einzeln durch die schmale Sperre drängten, als letzte die Bauersfrau mit den vielen Paketen.

Es blieben also nur zwei Möglichkeiten: Entweder hatte die Pichlmayr den Zug bereits am Harras wieder verlassen, oder sie war noch in einem der Abteile des angekommenen Zuges, der in Bälde wieder nach München zurückfahren würde. Aber fünf Minuten später, nachdem er die wenigen Wagen durchsucht hatte, wußte Herr Köhler, daß die zweite Möglichkeit ausschied. Also, sagte er sich, kann mir nichts passieren.

Die Zentrale, die er nun anrief, sah es zunächst anders: Jellinek tobte und beruhigte sich erst allmählich, nachdem ihm Köhler genau auseinandergesetzt hatte, wie er die Dinge sah.

«Ein Irrtum meinerseits ist völlig ausgeschlossen», schloß Köhler, «dafür lege ich meine ...»

Jellinek fiel ihm ärgerlich ins Wort:

«Denken Sie lieber nach, wo sie geblieben sein kann! Sie wird sich ja nicht in Luft aufgelöst haben!»

«Es ist immerhin möglich», erklärte Köhler bedächtig, «daß sich der Kollege Knabl geirrt hat; daß die Frau zwar in diesen Zug eingestiegen ist, aber nicht in einen der Wagen nach Tegernsee, sondern in den anderen Zugteil mit den Wagen für Tölz und Lenggries. Der Zug wird nämlich in Schaftlach geteilt und ...»

«Mensch, Köhler! Das könnte es sein! Haben Sie darauf geachtet, wer in Schaftlach aus dem einen Teil des Zuges in den anderen umgestiegen ist?»

Jellinek war ganz aufgeregt.

«Selbstverständlich», sagte Köhler, «darauf habe ich auch in Holzkirchen ein Auge gehabt. Aber sie ist weder dort noch in Schaftlach umgestiegen. Sie kann eigentlich nur vorher, das heißt am Harras ...»

«Klar», rief Jellinek, «so muß es gewesen sein! Da sie keine Ahnung davon hat, daß sie beschattet wird, scheiden alle anderen Möglichkeiten aus! Also, fahren Sie ihr sofort nach, Köhler! Suchen Sie ganz Tölz und Lenggries nach ihr ab! Sie kann ja keinen großen Vorsprung haben ... Ich schicke alle verfügbaren Kräfte zu Ihrer Unterstützung. Sie werden in etwa einer Stunde in Tölz sein. Treffpunkt: Oberer Markt – verstanden?»

Dr. Zadek öffnete die Wohnungstür und sagte erfreut: «Nanu, Sie? Was verschafft mir die Ehre?»

Es war der alte Hueber. Er hatte bisher Dr. Zadek noch nie unaufgefordert besucht, und er war deshalb etwas verlegen. Erst nachdem Zadek ihm einen Sessel angeboten und eine Tasse Kaffee eingeschenkt hatte, war Hueber wieder beruhigt.

«Ich habe eine interessante Entdeckung gemacht», berichtete er dann, «und ich wollte Sie Ihnen nicht vorenthalten ... Es betrifft in gewisser Weise auch Sie, Alfred.»

Dann erzählte er Zadek von dem Brief, der ihm irrtümlich zugestellt worden war und den er geöffnet hatte.

«Am besten lesen Sie ihn erst einmal», sagte er und reichte Zadek den Brief.

Zadek nahm ihn, zögerte aber noch, ihn zu lesen.

Als er Huebers fragenden Blick sah, lächelte er und erklärte: «Ich dachte an das Briefgeheimnis – § 299 StGB –, aber der betrifft nur vorsätzliches Öffnen von verschlossenen Briefen. Da haben wir beide nichts zu befürchten.»

Hueber lachte. «Ich habe ihn nicht vorsätzlich an mich genommen und geöffnet. Wenn ich allerdings gewußt hätte ...» Er beendete den Satz nicht, sondern drängte nun: «Lesen Sie ihn doch endlich, Alfred!»

Dr. Zadek schob sich seine Brille zurecht.

«Ach du liebe Güte ...!» hörte Hueber ihn flüstern, nachdem er die ersten Zeilen gelesen hatte. Dann fragte er erstaunt:

«Totenkopf? Was hat das denn zu bedeuten ...?»

Im ersten Teil des Briefs war von einem ‹Totenkopf-Treffen› in Arolsen die Rede, das dem Absender des Briefs, wie er dem ‹lieben Kameraden Hueber› schrieb, ‹enorme Freude› bereitet hatte.

«Die SS-Division ‹Totenkopf›», erklärte Hueber, «hervorgegangen aus den sogenannten ‹Totenkopf-Verbänden› unter dem Kommando des berüchtigten Elsässers Theodor Eicke, hält alljährlich ein ‹Kameradschaftstreffen› in Arolsen ab ...»

«Eicke?» Zadek überlegte. «War das nicht damals der ...?»

«Der erste Kommandeur des Konzentrationslagers Dachau», ergänzte Hueber, «einer der übelsten Menschenschinder, auch der Mann, der den SA-Stabschef Ernst Röhm auf Hitlers Befehl hin umbrachte. Später unterstanden ihm auch die Wachmannschaften aller anderen KZ, und diese Henker und Folterknechte bildeten im Krieg den Kern der 3. SS-Panzerdivision mit dem Namen ‹Totenkopf› ...»

«Ich verstehe», sagte Dr. Zadek. «Und diese Totenkopf-Division war vermutlich in Polen und Rußland eingesetzt ...?»

Hueber nickte.

«Zuerst in Polen, dann in Frankreich, wo die Ermordung von hundert britischen Kriegsgefangenen auf ihr Konto geht. Danach war die Division wieder im Osten. Im Raum Charkow brachten die ‹Totenkopf›-Regimenter etwa 20000 Zivilisten und Kriegsgefangene um. Auch an der Vernichtung des Warschauer Gettos waren sie beteiligt. Einer der ‹Totenkopf›-Führer, Jürgen Stroop, rühmte sich, daß es ihm gelungen sei, ‹insgesamt 56065 Juden zu erfassen und nachweislich zu vernichten›. Ich habe mir diesen Satz gemerkt. Er schien mir exemplarisch zu sein für das bürokratisierte Verbrechen ...»

Zadek wandte sich wieder dem Brief zu.

«‹Wir werden ein Leben lang darauf stolz sein, die Sigrunen getragen zu haben› ...!» las er halblaut vor. Dann fragte er:

«Wieso treffen sich diese Leute ausgerechnet in Arolsen? Ich kenne die Stadt zwar nur dem Namen nach, aber ich habe öfter mit dem ‹Internationalen Suchdienst› des Roten Kreuzes zu tun, der die Schicksale der im Zweiten Weltkrieg Verschleppten, Ermordeten, Verschollenen und in Lagern Inhaftierten aufzuklären bemüht ist. Dieser Suchdienst hat seine Zentrale in Arolsen bei Kassel. Ist das nicht ein reichlich makabrer Hintergrund zu den vergnügten ‹Kameradschaftstreffen› der SS?»

Hueber gab ihm recht.

«Mit Arolsen hat es aber noch eine andere Bewandtnis», sagte er dann. «Es ist die Residenz der Fürsten zu Waldeck und Pyrmont, die noch bis 1918 ihr Ländchen regierten. Der Erbprinz Josias zu Waldeck schloß sich schon vor 1933 den Nazis an, avancierte bis zum SS-Obergruppenführer und General der Polizei und wurde ‹Oberster Gerichtsherr› des Konzentrationslagers Buchenwald. Er wurde später als Verantwortlicher für zahlreiche Verbrechen zu zwanzig Jahren Freiheitsstrafe verurteilt, aber bald darauf wieder begnadigt – wie die meisten anderen Kriegsverbrecher ... Während der Nazizeit verschaffte der Erbprinz seiner Residenz eine Garnison, nämlich die SS-Standarte ‹Germania›, sowie eine SS-Führerschule. Außerdem wurde das Waldecker Ländchen der Bereitstellungsraum der SS-Division ‹Totenkopf› vor dem Frankreich-Feldzug ...»

«Aha», sagte Zadek nur. «Das nehmen sie also zum Vorwand, um in Arolsen ihre Treffen abzuhalten.»

«Es gibt noch weitere Gründe. Waldeck ist eine Hochburg der Neonazis. Sie kommen dort dicht an 15 Prozent der Wählerstimmen, und der führende Mann der CDU ist der Kriegsblinde Hans Wissebach, ehemaliger SS-Untersturmführer bei der SS-Division ‹Leibstandarte Adolf Hitler› ...»

«Der ‹Kamerad Wissebach›», bemerkte Zadek, «wird in dem Brief ja auch lobend erwähnt, ebenso der ‹Kamerad› Horst Hicke von der HIAG Arolsen, von dem es heißt, er habe in bezug auf Proteste von jüdischer Seite erklärt: ‹Wir sind mit sämtlichen Völkerstämmen der Welt fertig geworden, da werden wir die auch noch schaffen ...› – Was bedeutet denn ‹HIAG›?»

«Hilfsorganisation auf Gegenseitigkeit, eine Vereinigung ehemaliger SS-Angehöriger, die im ganzen Bundesgebiet Ortsgruppen gebildet hat und sich kaum noch tarnt – im Gegensatz zu ‹Odessa› ...»

«Was heißt ‹Odessa›?»

«Organisation der ehemaligen SS-Angehörigen», sagte Hueber. «Mit Hilfe von ‹Odessa› sind nach 1945 jahrelang zahlreiche schwer belastete SS-Führer über Österreich und Italien nach Südamerika geschleust worden, ausgestattet mit einer neuen Identität, echten Pässen und reichlich Geld ... Aber lesen Sie den Brief doch erst zu Ende. Es wird Ihnen dann schon klar, was ‹Odessa› bedeutet!»

Zadek las den Brief aufmerksam zu Ende.

Dann gab er ihn Hueber zurück, nahm seine Brille ab, rieb sich die Augen und sagte:

«Mein Gott, Sebastian, das hätte ich nicht für möglich gehalten ... ‹Verräter verfallen der Feme› – diese Worte erinnern mich an die Jahre vor 1933 ...»

«Es war eine Parole der ultrarechten Geheimbünde, der Thule-Gesellschaft und vor allem der ‹Organisation Consul› – davon haben Sie doch sicherlich schon gehört?»

Als Zadek dies verneinte, nahm Hueber einen Zettel aus seiner Brieftasche.

«Ich war in der Staatsbibliothek und habe mir dort aus dem ‹Lexikon zur Geschichte und Politik im 20. Jahrhundert› ein paar Feststellungen über die ‹Organisation Consul› notiert:

‹Organisation Consul (OC), Geheimorganisation, 1920 in München von Korvettenkapitän a. D. Ehrhardt gegründet. Sein Freikorps, die Marinebrigade Ehrhardt, war am Kapp-Putsch beteiligt gewesen und nach dessen Scheitern aufgelöst worden ... Die OC trat für den ‹nationalen Gedanken› ein, bekämpfte SPD, Linksradikalismus, Judentum und Weimarer Verfassung. Anhänger der OC, über das ganze Reichsgebiet verteilt, waren an der Ermordung Erzbergers, Rathenaus und am Mordanschlag auf Scheidemann beteiligt ... Bereits im September 1921 hatte die Staatsanwaltschaft Offenburg Ermittlungen aufgenommen, die aber durch den Widerstand der bayerischen Behörden erschwert wurden ...»

«Jetzt verstehe ich», sagte Zadek, «was der Briefschreiber gemeint hat! ‹Daß wir uns nicht auf reine Odessa- und HIAG-Arbeit beschränken, sondern nach OC-Vorbild aktiv werden müssen ...›, heißt es doch im vorletzten Absatz. Aber wenn es dem Briefschreiber nach Fememorden gelüstet», fügte er nachdenklich hinzu, «so stellt sich die Frage, wen sie als Mörder dingen wollen. Sie selbst dürften doch schon recht betagt sein ...»

«Das stimmt», meinte Hueber, «aber junge Leute, die sich aufhetzen lassen, finden sich immer ... Ich habe mir eine ganz andere Frage gestellt, Alfred: *Wen* betrachtet der Briefschreiber als Verräter, der der Feme verfallen und umgebracht werden soll?»

«Wenn es sich um Verräter handeln soll, muß damit jemand aus ihren eigenen Reihen, ein ehemaliger SS-Führer, gemeint sein», sagte Zadek, «das ist doch logisch ...»

«Logik», meinte der Alte, «ist nicht gerade die Stärke dieser Leute. – Nein, ich fürchte, sie meinen damit andere ... Und in diesem Zusammenhang erscheint mir der Satz, hier im dritten Absatz ...» Er zeigte auf eine Stelle des Briefs und las den Satz vor: «Kameraden, die als Sicherheitsbeauftragte tätig sind, haben in letzter Zeit verstärkte Schnüffelei von interessierter Seite bemerkt, gerade bei Euch in M.› – das M. kann ja nur München bedeuten ...»

Er sah Zadek an.

«Sie meinen, Sebastian, daß sich das auf mich beziehen könnte ...?»

Der alte Hueber schwieg, etwas verlegen.

Schließlich sagte er: «Ich wollte Sie schon gestern darauf aufmerksam machen, daß Sie sich auf ein gefährliches Terrain begeben haben ... Und nun bekam ich heute zufällig diesen Brief in die Hände ... Also, geradeheraus gesagt: Ich will nicht, daß Sie sich auf ein Gespräch mit diesem Christmann einlassen. Das ist zu riskant!»

Zadek schaute den Alten an und lächelte.

«Es muß aber sein, Sebastian – ich habe lange genug darauf gewartet!»

«Ich möchte Ihnen einen Vorschlag machen, Alfred. Lassen Sie *mich* die Unterredung mit Christmann führen – ich bin so alt, daß ...»

Zadek war gerührt.

Er holte die Cognacflasche und zwei Gläser, schenkte ein und sagte: «Ich wünschte, es gäbe mehr Menschen wie Sie, Sebastian – und was die Unterredung mit Christmann betrifft, da machen Sie sich, bitte, keine Sorgen. Ich will Ihnen mal genau erzählen, was ich vorhabe ...»

Annas Zug hatte in Schaftlach länger Aufenthalt, als im Fahrplan vorgesehen war. Mit fast zwanzig Minuten Verspätung kam sie in

Tölz an. Als sie aus dem Bahnhof kam, sah sie schon von weitem Hurlingers Wagen, der etwas abseits parkte. Franzi saß hinter dem Steuer und hob die Hand zum Zeichen, daß er sie gesehen hatte. Anna ging rasch hinüber zu ihm. In diesem Augenblick traf Herr Köhler mit seinem Volkswagen am Bahnhofsvorplatz ein. Er entdeckte die Frau im Dirndl, auf die die Beschreibung paßte, nur einen Moment bevor sie eilig in die dunkelblaue Limousine stieg.

Der Wagen, der von einem Herrn um die 40 gesteuert wurde, fuhr ab, kaum daß die Tür ins Schloß gefallen war, und Herr Köhler nahm die Verfolgung auf, nachdem er sich hastig die Autonommer notiert hatte. Erst mit ziemlich kurzem, dann, nachdem sie die Stadt verlassen hatten, mit größerem Abstand folgte er der Limousine. Nach kaum zehnminütiger Fahrt sah er sie von der Landstraße in einen schmalen Waldweg abbiegen. Er fuhr langsamer und überlegte, ob er es wagen könnte, ebenfalls abzubiegen.

Er entschied sich dagegen. Der Weg war mit einem Verbotsschild gesperrt für Fahrzeuge aller Art. Ein kleines Schild darunter besagte, daß «nur mit Erlaubnisschein der Forstverwaltung» Ausnahmen gestattet seien.

Köhler hielt kurz hinter dem Waldweg an, stellte den Motor ab und stieg aus. Als er den Waldweg erreicht hatte, war von der dunkelblauen Limousine nichts mehr zu sehen. Sich dicht an den Bäumen haltend und bereit, jederzeit im Wald zu verschwinden, ging Köhler etwa 500 Schritt weit dem verschwundenen Wagen nach, bis er auf eine kleine Anhöhe kam, wo er Ausschau hielt. Ungefähr tausend Meter entfernt entdeckte er ein Holzhaus. Mit dem Fernglas, das er immer bei sich hatte, konnte er neben dem Haus die Kühlerhaube der dunkelblauen Limousine ausmachen. Dann bemerkte er, daß von dem Dach des Holzhauses, das wie eine komfortable Jagdhütte aussah, eine dünne Rauchwolke aufstieg.

«Ich muß es riskieren», entschied er und ging eilig zu seinem Wagen zurück. Immerhin hatte er ja die Autonummer, und die Wahrscheinlichkeit war groß, daß die beiden nicht sofort wieder weiterfahren würden. Also fuhr er nach Tölz zurück, um Verstärkung zu holen.

Er parkte seinen Wagen in einer Seitenstraße und ging zu Fuß zum Oberen Markt, wo er aber noch keinen der von der Zentrale avisierten Kollegen entdecken konnte. Daraufhin entschloß er sich, von einer Telefonzelle aus Jellinek anzurufen.

«Da haben wir ja noch mal Glück gehabt», war dessen einziger Kommentar, was Köhler, der sich überschwengliches Lob erwartet hatte, sehr kränkte. Aber er sagte nur:

«Ich rufe in etwa 20 Minuten nochmals an. Vielleicht wissen Sie dann schon, wem der Wagen gehört. Ende.»

Verärgert legte er auf und setzte sich dann in ein kleines Café an einen Tisch am Fenster, von wo aus er den Oberen Marktplatz gut im Auge halten konnte.

«Du, Franzi, ich glaub, heute ist Waldfest...» sagte Anna.

Sie stand vor dem Spiegel und kämmte sich.

Hurlinger kam gerade vom Duschen, sehr erfrischt, mit noch wirren Haaren, die ersten Takte von Mozarts ‹Kleiner Nachtmusik› pfeifend, was auf allerbeste Laune schließen ließ.

«Wenn du magst, mein Schatz», sagte er, «dann fahren wir hin – am besten gleich, denn später ist dort kaum noch ein freier Tisch zu finden...»

Anna, die nicht erwartet hatte, daß er auf ihren Vorschlag sofort eingehen würde, freute sich sehr. Es war, so fand sie, ein gutes Zeichen, daß Franzi sich nicht scheute, mit ihr unter so viele Leute zu gehen.

Zehn Minuten später waren sie abfahrbereit.

«Laß uns lieber noch die Fensterläden schließen», sagte er.

Anna hielt seine Vorsicht für übertrieben, sagte aber nichts. Als sie dann im Wagen saßen, gab sie ihm einen Kuß und meinte:

«Wir bleiben besser nicht gar so lang – spät am Abend, da trifft man dort nur noch Besoffene, gell? Da machen wir es uns dann lieber daheim gemütlich...»

Sie wußte, daß dies genau seinen Wünschen entsprach, und er stimmte auch sofort zu. Allerdings bot er ihr an, hinterher, wenn sie genug vom Waldfest hätten, noch mit ihr hinüberzufahren nach Wiessee oder Rottach. In einem der Nightclubs gäb's ein sehr gutes Programm...

Anna war sich nicht sicher, ob dieser Vorschlag ihren Plänen förderlich sein könnte oder nicht.

«Nur, wenn du magst», sagte sie deshalb. «Laß uns erst amal zum Waldfest fahrn – du, ich freu mich schon auf so a Hendl, so a knuspriges...»

Als sie vom Waldweg auf die Landstraße einbogen, war es fast 19 Uhr. Am westlichen Horizont sahen sie fernes Wetterleuchten.

«Wenn's nur kein Gewitter gibt...!» sagte Anna.

«Alles klar?» fragte Köhler seine drei Kollegen, die sich endlich eingefunden hatten. Sie waren von ihm über den bisherigen Verlauf der Beobachtungen unterrichtet worden. Dann hatten sie sich über das weitere Vorgehen und über die Verteilung der Aufgaben verständigt.

«Uhrenvergleich?» erkundigte sich Kleibus, ein kleiner drahtiger Mann mit roten Haaren, der immer sehr eifrig war.

Köhler nickte nur.

«Es ist jetzt genau – 19.03 Uhr», sagte er. «Auf gehts, meine Herren! Und sowenig Funksprechverkehr wie möglich!»

Sie hatten aus München nicht nur Funksprechgeräte, ein Auto mit Telefon und nützliche Werkzeuge mitgebracht, sondern auch etliche Vergrößerungen der Fotos, die am Mittag bei der Verleihung der Goldenen Saller-Nadel von Anna Pichlmayr gemacht worden waren.

Einen ihrer Wagen ließen sie in Tölz auf einem Parkplatz stehen. Mit den beiden anderen, darunter dem mit Telefon, fuhren sie über die Landstraße bis an den Waldweg, ohne daß ihnen unterwegs ein Fahrzeug begegnete.

Dort stellten sie den Wagen, der mit Telefon ausgestattet war, am Straßenrand ab. Kleibus blieb bei dem Auto zurück, öffnete die Motorhaube, stellte ein Warndreieck auf und täuschte eine Panne vor. Köhler fuhr mit den beiden anderen, Honolka und Mannichkeit, in seinem dunkelgrünen VW den verbotenen Forstweg entlang bis zu der kleinen Anhöhe. Dort parkten sie den Wagen neben dem Weg.

Mannichkeit, ein schweigsamer Koloß mit Glatze, postierte sich in der Nähe des Autos, wo er den Waldweg nach beiden Seiten hin gut im Auge behalten konnte. Köhler und Honolka machten sich auf den Weg zu dem Holzhaus. Als sie dort nach etwa zehn Minuten ankamen, sahen sie, daß die dunkelblaue Limousine nicht mehr da war. Die Fensterläden waren geschlossen und von innen verriegelt; die Jagdhütte machte einen verlassenen Eindruck. Vom Kamin stieg auch kein Rauch mehr auf.

«Verdammt, die Vögel sind auf und davon!» sagte Honolka. Er wischte sich den Schweiß von der Stirn. Er hatte erhebliches Übergewicht, und der kurze Marsch hatte ihn sehr angestrengt. Köhler warf ihm einen geringschätzigen Blick zu.

«Sehen Sie mal nach, ob der Weg noch weiter führt und ob Sie Reifenspuren entdecken können», sagte er. «Ich schau mir inzwischen mal die Hütte etwas genauer an ...»

Er ging einmal ums Haus, untersuchte die Fensterläden, das Türschloß, auch die Abfallgrube, in die, wie es schien, erst kürzlich ein Mülleimer entleert worden war, und nach fünf Minuten war er mit der Besichtigung fertig.

Er wirkte recht zufrieden.

Honolka kam zurück.

«Ein schwerer Wagen», sagte er, «vier fast neue Gürtelreifen. Hat hier gewendet und ist in die Richtung zurückgefahren, aus der wir gekommen sind. Der Weg endet hier. Zwei Pfade führen noch weiter, zu schmal für ein Auto, beide seit längerer Zeit kaum begangen, ausgenommen von einem Spaziergänger, der heute hier war – ist vom Haus aus den einen Pfad direkt in den Wald gegangen und kam im großen Bogen über die Lichtung dort zurück. Neben einem Baumstumpf am Rand der Lichtung liegt der Sportteil einer Zeitung von heute.»

Köhler nickte beifällig. Offenbar hatte er Honolkas Fähigkeiten unterschätzt.

«Wir werden uns mal drinnen umsehen», sagte er dann. «Die Tür läßt sich öffnen ...»

Tatsächlich dauerte es nur anderthalb Minuten, bis Honolkas geschickte Finger das Schloß geöffnet hatten. Sie brauchten nur sehr wenig Zeit, um sich Gewißheit darüber zu beschaffen, daß Anna Pichlmayr hiergewesen war. Auf dem Nachttisch neben dem breiten Bett lag die goldene Saller-Nadel, und in einer Reisetasche fanden sie im Seitenfach Annas Ausweis.

«Sie ist hier aus der Gegend», bemerkte Köhler. «Geboren in Gaißach – das ist ganz in der Nähe ...»

Schwieriger war es, die Identität des Mannes festzustellen, mit dem Anna hiergewesen war und mit dem sie aller Wahrscheinlichkeit nach bald zurückkommen würde. Die Zentrale hatte bislang nur herausbekommen können, daß die blaue Limousine ein Direktionswagen der ‹Bayerischen Credit- und Giro-Casse› war. Wem das Auto zur Verfügung stand, hatte man noch nicht ermittelt. Auch die wenigen persönlichen Dinge, die Köhler und Honolka in der Jagdhütte fanden, sagten nichts aus über den Namen ihres Besitzers. Dann entdeckten sie den dunkelgrauen Anzug, den Hurlinger bei seiner Ankunft getragen und in den Schrank gehängt hatte.

Die Taschen waren zwar leer, aber der Münchner Herrenschneider, der den Anzug nach Maß angefertigt hatte, war so aufmerksam gewesen, nicht nur Monat und Jahr der Herstellung auf einem Leinenstreifen, der an das Futter einer Gesäßtasche angenäht war, zu vermerken, sondern auch den Namen des Kunden: *Dir. Dr. F. X. Hurlinger.*

«Na also», meinte Köhler dazu nur.

Wenige Minuten später verließen sie die Hütte wieder, verschlossen sie sorgfältig und machten sich auf den Rückweg. Sie hatten im Haus nicht das geringste verändert, abgesehen davon, daß sie einen winzigen Gegenstand, kaum größer als ein Knopf, an einer versteckten Stelle angebracht hatten. In einiger Entfernung vom Haus deponierten sie dann noch einen zweiten, etwas größeren Gegenstand, bedeckten ihn mit Laub und Zweigen und markierten die Stelle mit einem schwarzen Klebestreifen, den sie an dem danebenstehenden Baum befestigten.

«Das wird genügen», sagte Köhler. «Merken Sie sich den Platz, Honolka – Sie müssen morgen in aller Frühe das Band wechseln, das besprochene abhören und sofort Meldung an die Zentrale machen...»

Honolka seufzte nur.

Samstag abend

Sie hatten Steckerlfisch gegessen, Anna auch noch ein halbes Brathendl, Hurlinger Rostbratwürstl. Sie waren beim dritten Maßkrug, den sie sich teilten, und Anna hatte ihm bereits alles erzählt, was mit Geli geschehen war. Auch von der Unterhaltung mit Konsul Saller hatte sie ihm berichtet und daß er ihr versprochen habe, Geli wieder einzustellen.

«Na, dann ist doch alles in bester Ordnung», meinte Hurlinger. Anna hatte diese Antwort erwartet.

«Nein, ich möcht's zwar gern glauben, daß er sein Versprechen hält, aber er hat einen Augenblick lang so merkwürdig geschaut, richtig böse! Du, schau, so...!»

Sie machte Saller nach, wie er sie mit zugekniffenen Augen argwöhnisch lauernd und geradezu feindselig angestarrt hatte. Hurlinger lachte. Sie imitierte ihn wirklich eindrucksvoll!

Aber dann fragte er, mit plötzlich sehr wachem Interesse:

«Was hast du ihm denn gesagt, daß er plötzlich so bös worden ist?»

Anna erzählte es ihm.

«Das war wirklich alles», versicherte sie, «nur, daß es Ärger geben könnte wegen dem ‹Alpenglück›, das sie nach Riem zur Luftfracht gefahren haben.»

Jetzt war es Hurlinger, dessen Augen sich verengten. Er dachte, wie Anna merkte, angestrengt nach. ‹Endlich hat er angebissen...›, dachte sie befriedigt, und seine weiteren Fragen zeigten es deutlich: Was das sei, diese ‹Alpenglück›-Fertignahrung; warum man sie aus dem Verkauf genommen habe und ob sie verdorben gewesen sei? Anna erklärte es. «Der ganze Bestand war schon ausgebucht als Verderb, aber das wurde dann wieder rückgängig gemacht. Wir erhielten eine Gutschrift, und dann mußte es weggeschafft werden...»

«Zum Flughafen Riem, zur Luftfracht?»

«Ja, und der Damian, der Verlobte von der Geli, hat herausgefunden, wohin das ganze ‹Alpenglück› verladen worden ist – nach Schatt oder so, in Zentralafrika, in irgendein Fort, wo die Katastrophenhilfe ein Lager hat ...»

«Schatt? Ach so, im Tschad meinst du? War es Fort Lamy?»

«Genau!»

«Das muß doch eine ganze Menge gewesen sein, was da zusammengekommen ist – hast du eine Ahnung, wieviel?»

Anna dachte kurz nach.

«Von unserer Filiale haben sie knapp zweitausend Büchsen bekommen, und die Moni, meine Kollegin, hat mir erzählt, von der Filiale in Pasing sind fast fünftausend Büchsen zurückgegeben worden. Aus dem Zentrallager müssen es an die hunderttausend gewesen sein, meint der Damian – du, sag einmal, ist das denn sehr wichtig?»

Hurlinger legte seine Hand auf die ihre.

«Außerordentlich wichtig sogar!» Er lächelte sie an. «Du hast mir einen großen Dienst erwiesen mit diesen Informationen!» Und nach einer kleinen Pause sagte er halblaut: «Das ist wirklich ein Geschenk des Himmels ...»

«Wirst du mir denn jetzt auch den Gefallen tun ...?»

Er stutzte. Den eigentlichen Anlaß für Annas Bericht hatte er schon vergessen, aber er faßte sich rasch.

«Aber selbstverständlich, mein Schatz!» Er tätschelte Annas Hand. «Eine Hand wäscht die andere! Wir müssen nur dafür sorgen, daß niemand ein Sterbenswort davon verrät! Wenn das bekannt wird, gibt es einen Mordsskandal – dann ist nicht nur der Saller ruiniert ... Wer weiß denn davon – außer dir und Damian?»

Anna überlegte.

«Meine Freundin, die Barbara, hat natürlich mitgekriegt, daß der Damian vom ‹Alpenglück› geredet hat, und ihr Freund, der Peter, wohl auch. Aber Genaues hat ja der Damian erst später erfahren und niemandem erzählt außer mir. Die Barabara sagt bestimmt nix, die ist sehr diskret. Und der Peter hat gar nicht recht zugehört – der hat nur seine Babs im Kopf gehabt. Sie haben sich nämlich an diesem Abend wieder versöhnt ...»

«Also, außer diesem Damian und dir ...?»

Anna schüttelte den Kopf.

«Nein», sagte sie sehr bestimmt. «Natürlich weiß ich nicht, ob sonst wer im Saller-Konzern die Sache durchschaut hat ... Aber nach dem, was der Damian mir sagt, ist er der einzige, der Lunte gerochen hat.»

«Wie kann man ihn am Schwatzen hindern?»

«Das ist ganz einfach», sagte Anna vergnügt, denn sie war jetzt sicher, daß Franzi der Geli helfen würde. «Du mußt nur dafür sorgen, daß sein Madl, das im Polizeigefängnis sitzt, sofort freigelassen wird. Das kannst du doch, nicht wahr?»

Hurlinger überlegte.

Wie sollte er an einem Samstag abend, kurz vor 22 Uhr, eine Entlassung aus der Abschiebehaft erwirken? Das war so gut wie unmöglich, sogar für ihn, zumal er selbst dabei nicht in Erscheinung treten durfte...

«Was hast du mit dem Damian verabredet?»

«Ich hab ihm versprochen, ihn anzurufen, sobald ich weiß, ob du der Geli helfen kannst...»

«Ruf ihn an», sagte Hurlinger, dem plötzlich ein Einfall gekommen war. «Jetzt gleich! Auf dem Weg hierher hab ich eine Telefonzelle gesehen. Ich fahr dich hin – und unterwegs erklär ich dir genau, was du ihm sagen mußt. Hält der Damian sein Wort, wenn er dir etwas verspricht?»

Anna versicherte eilig, daß auf Damian Verlaß sei. Der hielte ganz bestimmt den Mund, wenn nur die Geli freikäme.

Als sie neben der Telefonzelle hielten, erklärte Hurlinger, daß zuerst er telefonieren müsse; Anna solle solange im Wagen bleiben – es würde nicht lange dauern.

Anna sah ihn in seinem Notizbuch blättern, dann eine Nummer wählen. Offenbar bekam er den gewünschten Anschluß, denn er sprach mit jemandem. Jetzt holte er den Zettel aus der Tasche, auf dem er sich vorhin Gelis Namen, Geburtsdatum und Adresse notiert hatte. Sie konnte erkennen, daß er den jugoslawischen Nachnamen buchstabierte. Vorsichtig öffnete sie das Seitenfenster eine Handbreit, stellte Radio und Klimaanlage ab und horchte angestrengt hinaus. Jetzt konnte sie immerhin einige Wortfetzen verstehen.

«Tun Sie mir den Gefallen, Rablaczek», hörte sie ihn sagen. Dann sprach er von einem «blöden Versehen ..., könnte aber sehr ärgerliche Folgen haben ... ja, auch in unserer Sache – Selbstmordgefahr ... Strafrechtliche Bedenken wegen § 347 StGB? ... Also, gut – dann eben so, und mit Besuch ...? ... spätestens Montag früh – geht in Ordnung ... Klar – also ...!»

Anna schloß das Fenster wieder, schaltete Radio und Klimaanlage ein und lehnte sich mit geschlossenen Augen zurück, bis die Tür geöffnet wurde.

«Deine Freundin Geli», sagte er, «kann erst Montag früh entlassen werden. Aber sie kommt noch heute abend aus der Gemeinschaftszelle heraus, kriegt ein richtiges Bett, anständige Verpflegung und so weiter. Man wird ihr auch sagen, daß alles ein Irrtum war und daß sie Montag früh frei ist. Sie darf morgen vormittag Besuch empfangen von ihrem Verlobten, und bei ihrer Entlassung kriegt sie Aufenthalts- und Arbeitserlaubnis, mindestens für ein Jahr – mehr kann ich nicht tun!»

Anna gab ihm einen Kuß.

«Mei, ich freu mich! Ich muß sofort den Damian anrufen ...»

«Wart noch einen Augenblick, ich muß dir erst noch erklären, wie du ihm das beibringst. Erklär ihm, ich hätte nur dir zuliebe – und das stimmt ja auch – mit einem ganz hohen Tier gesprochen und mit großer Mühe das alles für die Geli erreicht. Ich möchte aber nicht, daß jemand etwas davon erfährt! Und er muß dir auch fest versprechen, nie mehr auch nur eine Andeutung zu machen, was diese ‹Alpenglück›-Sache betrifft – sonst kann ich für nichts garantieren ...!»

Als sie eine Stunde später zu Bett gingen, sagte Hurlinger zu Anna:

«Mei, das Gesicht vom Saller möcht ich sehn, wenn er das g'steckt kriegt, das mit dem vielen ‹Alpenglück› für Afrika ... Geh, mach's noch amal vor, wie er dann ausschaut, der Schlawiner, der windige ...»

Es war das einzige Mal, daß sie in dieser Nacht noch von der Angelegenheit sprachen.

Honolka hatte die beiden beobachtet, als sich die dunkelblaue Limousine mit dem Münchner Kennzeichen in gemächlichem Tempo seinem Standort näherte und dann in den Waldweg abbog. Er war sehr erleichtert, daß sie lange vor Mitternacht heimkamen, denn nun konnte er hoffen, in anderthalb bis zwei Stunden auch im Bett zu liegen.

Kurz nach Mitternacht würde er die Kassette wechseln. Er vermutete, daß die beiden, wenn überhaupt, beim Nachhausekommen über die Dinge reden würden, über die man Aufschluß erlangen wollte – es ging ja nicht um Material für eine Ehescheidung! Und mit größter Wahrscheinlichkeit würden sie bis Sonntag morgen in der Hütte bleiben, so daß er getrost seinen Posten verlassen, ein Bier trinken, duschen und sich ausschlafen konnte. Vorsichtshalber hatte er sich in Tölz ein Zimmer in einem Gasthof gemietet und sich ein paar Flaschen kalt stellen lassen, für den Fall, daß er nach Polizeistunde einträfe. Honolka litt sehr unter der drückenden Schwüle.

Ein Gewitter war im Anzug. Wenn es gleich losbrach, konnte er es sogar wagen, mit dem Auto zu dem versteckten Bandgerät zu fahren, überlegte er und fand das sehr ermutigend.

Ganz gegen seine Gewohnheit war Herr Hueber noch nicht zu Bett gegangen. Er hatte sich eine Flasche von seinem besten Wein geholt und Barbara, die sich erboten hatte, ihm Gesellschaft zu leisten, davon angeboten, ihr aber schon bald darauf geraten, ihn allein zu lassen; er sei heute nicht sehr gesprächig, und sie hätte sicherlich Besseres zu tun, als stumm neben einem alten Mann zu sitzen. Da war sie lachend zu ihrem Peter gegangen, hatte aber gesagt, gegen Mitternacht sei sie wieder zurück.

Hueber ließ den späten Nachmittag und frühen Abend dieses Tages noch einmal Revue passieren. Nach dem Gespräch mit Alfred Zadek war er, einem spontanen Entschluß folgend, zum Postamt gegangen und hatte dort ein Telegramm aufgegeben: *In dringender Angelegenheit betr. Bankhaus Zadek muß ich Sie sprechen. Erwarte Sie Hotelhalle Vier Jahreszeiten 19 Uhr. Portier führt Sie zu mir. Oberamtsrat a. D. Hueber.*

Das Telegramm richtete er an die Mertz-Bank, zu Händen von Herrn Bankier Mertz, streng persönlich, und er vergewisserte sich zuvor, daß es dem Empfänger durch Boten und nicht über Fernschreiber zugestellt werden würde. Die einzige Frage war, ob der Hausmeister der Bank die Nachricht dann auch gleich an den alten Mertz weiterleitete ...

Es war das längste Telegramm, das Sebastian Hueber in seinem

Leben aufgegeben hatte, und es war auch das erste Mal, daß er das Hotel ‹Vier Jahreszeiten› betrat, wenige Minuten vor 19 Uhr, in seinem besten Sommeranzug und mit einem schwarzen Schirm am Arm.

Kaum hatte er sich an den Portier gewandt, da trat schon ein junger Mann auf ihn zu, blickte ihn durch seine dunkelrandige Hornbrille streng an und sagte:

«Herr Hüber? Ich bin der Beauftragte des Herrn Bankiers. Um was handelt es sich?»

«Ich heiße nicht Hüber, sondern Hu-eber – ein mittelbayerischer Diphtong, wissen Sie –, und um was es sich handelt, das kann ich nur Herrn Mertz selbst sagen...»

«Wieviel verlangen Sie?» fragte der junge Mann, nachdem er sein Gegenüber kritisch gemustert hatte.

Der alte Hueber richtete sich zu seiner vollen Größe auf. «Werden Sie nicht unverschämt – ich könnte Ihr Großvater sein, vielleicht sogar Ihr Urgroßvater...! Sagen Sie Herrn Mertz, ich wolle ein Unglück verhindern, das ich deutlich kommen sehe, eine späte Folge gewisser Ereignisse des Jahres 1934. Selbstverständlich will ich keinen Pfennig Geld von ihm – ich würde es nicht einmal anrühren, wenn er es mir auf den Tisch legte ... Und ich will auch gar nicht Herrn Mertz einen Gefallen erweisen – es ergibt sich nur so, daß er der einzige ist...»

«Entschuldigen Sie bitte», sagte der junge Mann. Er sprach ganz sachlich, ohne eine Spur von Bedauern. «Wenn Sie mir bitte folgen wollen...»

Um genau 19 Uhr saß Herr Hueber dem Bankier Mertz im Grünen Salon gegenüber. Die beiden alten Herren waren völlig allein. Der Sekretär hatte sich, nachdem es ihm von Herrn Mertz mit einer knappen Kopfbewegung bedeutet worden war, zurückgezogen.

«Sie wollen mit mir über bestimmte Ereignisse des Jahres 1934 sprechen», sagte der Bankier. Es war eine Feststellung, keine Frage.

Hueber sagte deshalb zunächst nichts und musterte seinen Gesprächspartner. Mertz, nur ein paar Jahre jünger als er selbst, sah mehr wie ein bayerischer Gutsbesitzer aus als wie ein Bankier, war auch so angezogen und sehr bemüht, aristokratisch-lässig zu wirken.

«Wenn ich richtig informiert bin», fuhr Mertz fort, «sind Sie an den damaligen Ereignissen persönlich nicht interessiert, auch nicht an den, sagen wir: möglichen Folgen. Was wollen Sie also?»

«Der alte Herr Zadek», sagte Hueber, «hat damals nicht nur sein Vermögen verloren, sondern auch seine Ehre. Er gilt als rechtens verurteilter Zuchthäusler, und nur Sie könnten ihn rehabilitieren.»

Mertz strich sich etwas nervös über sein silbergraues Haar.

«Mein Gott, was hätte er davon...? Er ist schon lange tot...»

«Richtig, und dafür wiederum ist Herr Dr. Christmann unmittelbar verantwortlich...»

«Sie scheinen ja sehr gut unterrichtet zu sein.» Mertz hatte sich jetzt wieder in der Hand. «Sehen Sie, Herr Oberamtsrat, wenn ich wüßte, was Sie wollen, könnten wir ganz offen miteinander reden...»

«Ich sagte es schon. Ich möchte, daß Sie den verstorbenen Bankier Zadek rehabilitieren – weiter nichts. Es hört sich vielleicht merkwürdig an, aber es liegt mir ungeheuer viel daran, obwohl ich Herrn Leopold Zadek persönlich gar nicht gekannt habe. Und es müßte auch Ihnen daran liegen, denn ich glaube nicht, daß Herr Dr. Christmann Sie schonen wird, wenn es ihm an den Kragen geht...»

Mertz schien davon nicht beeindruckt zu sein.

«Wissen Sie, was er im Osten gemacht hat – beim SS-Sonderkommando 10a...?» fuhr Hueber fort.

Mertz gab zu verstehen, daß er zwar nichts Genaues darüber wisse, sich aber durchaus denken könne, wie sich ein SS-Sonderkommando in Polen und Rußland aufgeführt habe.

«Die Protokolle sind jetzt in München eingetroffen, und es ist anzunehmen, daß ein Strafprozeß wegen vielfachen Mordes nicht mehr länger verhindert werden kann», erklärte Hueber, aber auch damit konnte er den Bankier nicht aus der Ruhe bringen.

«Ich glaube nicht, daß sich Dr. Christmann große Sorgen zu machen braucht. – Warum reden Sie um den heißen Brei herum? Wir sind doch hier unter vier Augen, Herr Hueber! Sagen Sie mir endlich, warum Ihnen soviel an der Ehre des alten Zadek liegt – vielleicht finden wir dann gemeinsam eine Lösung des Problems...»

Er hielt seine wäßrigblauen Augen starr auf Hueber gerichtet.

«Also gut», sagte Hueber. «Kennen Sie das Urteil des Obersten Rückerstattungsgerichts in Nürnberg im Fall des jüdischen Kaufmanns Arnold Rosenthal?»

Da Mertz verneinte, setzte ihn Hueber ins Bild.

«Ach so – ich beginne zu begreifen», sagte der Bankier, als Hueber mit seinem Bericht zu Ende war. «Es gibt also einen Erben des Bankiers Zadek, der wegen dieses Grundsatzurteils mit seinen Wiedergutmachungsforderungen abgeblitzt ist, weil sein Vater als legal bestraft und rechtmäßig enteignet gelten muß ... Das ist wirklich eine interessante Entscheidung!»

Mertz hielt einen Moment inne und fuhr dann fort:

«Aber da läßt sich doch etwas machen – mit, sagen wir, einer runden Million, da müßte die Sache doch aus der Welt zu schaffen sein – oder?»

«Eben nicht», sagte Hueber. «Er will kein Geld, jedenfalls nicht von Ihnen ... Es geht ihm wirklich vor allem um das Andenken seines Vaters!»

Bankier Mertz betrachtete seine Fingernägel.

«Hören Sie, Herr Oberamtsrat, ich glaube, ich habe eine Lösung! Passen Sie auf, es ist ganz einfach! Herr Zadek junior, der Erbe, tritt seine gesamten Forderungen an mein Bankhaus ab. Wir prozessieren dann gegen den Fiskus, wobei ich als Zeuge dafür auftreten werde, daß der alte Zadek für etwas verurteilt worden ist, das er gar nicht verbrochen hatte, und daß er zum Sündenbock gemacht wurde, nur weil er Jude war. Ich kann das hieb- und stichfest beweisen – sogar mit Dokumenten und einer notariell beglaubigten Versicherung an Eides Statt seines damaligen Prokuristen. Wir gewinnen den Prozeß, der alte Zadek ist voll rehabilitiert, der Fiskus muß zahlen, und die eine Million, die ich vorzustrecken bereit bin, kommt aus der Staatskasse wieder herein. Sollte wider Erwarten etwas mehr herauszuholen sein, bekommt das ebenfalls Herr Zadek junior ... Einverstanden?»

Der alte Hueber schwieg eine Weile.

«Ein wirklich bemerkenswerter Vorschlag ... Woher sind Sie so sicher, daß Sie die Unschuld von Leopold Zadek beweisen können?»

«Ich sagte es doch schon.» Mertz war jetzt ungeduldig. «Leopold Zadek hat überhaupt kein Geld ins Ausland transferiert, auch keinen Transfer veranlaßt oder auch nur davon gewußt. Er war ein viel zu korrekter Mann, als daß er gegen die Gesetze verstoßen hätte. Das hat alles sein Prokurist gemacht, ohne Wissen seines Chefs und mit Hilfe einer anderen Bank, die über beträchtliche Auslandsguthaben verfügte. Als die Sache dann durch eine anonyme Anzeige bei der Gestapo aufflog, hat Zadek den Kopf hinhalten müssen, weil es so aussah, als hätte er die Überweisung an seinen Sohn ...»

«Lebt dieser Prokurist noch?»

Mertz schüttelte den Kopf.

«Er ist 1941 verstorben. Zuvor war er bei mir angestellt, und ich habe dafür gesorgt, daß sein Geständnis schriftlich festgehalten, vor Zeugen unterschrieben und notariell beglaubigt wurde ... Sind Sie nun zufrieden?»

«Ja», sagte Hueber und stand auf. «Haben Sie besten Dank, Herr Mertz. Ich werde Ihren Vorschlag weiterleiten. Möglicherweise wird nicht der Erbe selbst mit Ihnen die Vereinbarungen treffen, sondern ich werde als sein Bevollmächtigter auftreten. Wie lange, glauben Sie, wird die Sache dauern?»

Der Bankier dachte nach. «Normalerweise könnte es ein paar Jahre dauern. Aber wenn ich mit dem Minister spreche ... in drei, vier Monaten hätten wir die endgültige Entscheidung!»

Es war kurz nach Mitternacht, als Barbara zurückkam. Sie war überrascht, daß Hueber noch auf war.

«Kommen Sie, Barbara, lassen Sie uns den Wein austrinken – es ist gerade noch ein Schluck für jeden ...»

Und nachdem sie sich zu ihm gesetzt hatte, fragte er:

«Glauben Sie, daß Alfred – ich meine: Herr Dr. Zadek mir volles Vertrauen entgegenbringt?»

Barabara war erstaunt.

«Absolut! Sie sind sein einziger Freund, und er mag Sie sehr gern! Aber das wissen Sie doch!»

«Ja», sagte Hueber, «ich zweifle eigentlich auch gar nicht daran. Die Sache ist nur so: Ich will eine wichtige Sache für ihn durchführen, und dazu brauche ich Ihre Hilfe ... Und nun hören Sie mal gut zu!»

Um diese Zeit war Honolka schon auf dem Rückweg. Kurz nach Mitternacht, als das erwartete Gewitter heftig eingesetzt hatte, war er losgefahren, hatte die Kassette gewechselt und unbemerkt die Landstraße erreicht.

Am Stadtrand von Bad Tölz hielt er an und hörte die Kassette ab. An einer Stelle horchte er auf, ließ das Band zurücklaufen und hörte sich diesen Teil mehrmals an. Dann rief er über das Autotelefon seine Zentrale an.

Konsul Saller, im Frack und mit mehreren Orden geschmückt, verließ gerade die Oper, als ein Mann, der auf der Straße gewartet hatte, zu ihm trat und ihm etwas zuflüsterte. Saller entschuldigte sich bei den Damen und Herren, die mit ihm die Loge geteilt hatten, versprach, sie in Kürze in einem Lokal zu treffen, und folgte dem Mann in dessen Auto, das gegenüber im Halteverbot stand.

Es hatte stark geregnet, und das Pflaster glänzte noch, aber der Himmel war wieder sternklar. Saller hatte Angst, weil er ahnte, daß sich seine schlimmsten Befürchtungen jetzt bestätigen würden.

So war es auch. Das erfuhr er von Jellinek über das Autotelefon. Saller hatte den Hörer aufgelegt und saß nun, ein wenig benommen noch von der Nachricht, regungslos auf dem Beifahrersitz.

‹Ausgerechnet zu Hurlinger ist sie gefahren ...! Und alles hat sie ihm erzählt ... Mein Gesicht möcht er sehen, der Hurlinger, dieser Hund, dieser verfluchte, wenn ich's g'steckt krieg, das mit dem vielen ‹Alpenglück› für Afrika ... Und einen Schlawiner, einen windigen, wagt er mich zu nennen ...›

«Kann ich Ihnen noch behilflich sein?»

Der Mann, der ihn zum Auto geführt hatte und während des Telefonats draußen geblieben war, hatte die Wagentür einen Spaltbreit geöffnet und sah ihn fragend an.

Saller riß sich zusammen.

Er bemühte sich, vital und dynamisch wie immer zu erscheinen. «Verbinden Sie mich mal mit dieser Nummer ... Aber sobald es klingelt, geben Sie mir das Gespräch und verschwinden so lange ...!»

Es dauerte eine ganze Weile, bis sich jemand meldete. «... Ja ...?»

Es war eine verschlafene Frauenstimme.

«Geben S' mir den Zirlgruber, aber rasch!» forderte Saller barsch.

Er hörte aufgeregtes Getuschel, dann Zirlgrubers Bariton:

«Ja, wo brennt's denn? Wer ...?»

«Ich bin's, Max. Ich muß sofort mit dir reden – eine böse Panne ... Nein, nicht am Telefon! Komm sofort ...» Er nannte ihm ein

Lokal an der Maximilianstraße. «Beeil dich! Ich wart dort schon auf dich – wir müssen sofort handeln!»

Keine Viertelstunde später saßen sie sich an einem Marmortischchen gegenüber. Sie waren die einzigen Gäste, denn das Lokal hatte gerade schließen wollen. Im Hintergrund rechnete die Bedienung bereits ab. Der Geschäftsführer stand mit den Schlüsseln in der Hand unschlüssig neben der Tür. Sallers Frack und Orden beeindruckten ihn sichtlich, und dann erkannte er auch, trotz der wirren Frisur, in dem zweiten Herrn den Abgeordneten Dr. Zirlgruber.

Er trat einen Schritt näher und sagte höflich:

«Verzeihen Sie bitte, wenn ich das Licht ausmache – ich lasse eine Lampe für Sie brennen. Darf ich Ihnen vielleicht einen Cognac anbieten? Ich mach Ihnen aber auch gern noch einen Kaffee...»

«Zwei Cognac», sagte Konsul Saller, und nachdem die Gläser vor ihnen standen und der Geschäftsführer sich diskret zurückgezogen hatte, weihte er Zirlgruber in groben Zügen in die jüngsten Geschehnisse ein und kam rasch zur Sache.

«Der Hurlinger von der ‹Bayern-Credit› hat vor ein, zwei Stunden Informationen über unsere letzte Tschad-Transaktion erhalten – die ‹Alpenglück›-Geschichte...»

«Ja, von wem denn? Und woher weißt du das?» Zirlgruber war erstaunt.

Saller winkte ab. «Der Hurlinger», fuhr er düster fort, «ist ein ganz ein Ausgefuchster – wenn der erst mal Lunte gerochen hat, läßt er nicht locker – der gräbt am End auch noch die alten G'schichten aus... Er hat gestern mittag schon dem Fürsten gegenüber so merkwürdige Andeutungen gemacht – ich hab's nicht ernst genommen...»

«Dem Fürsten? Den hast du doch fest in der Hand, Gustl – der bangt doch um die Verlängerung seiner Lieferverträge – oder?»

Saller nickte nur.

«Seit der Hurlinger seine Finger im Trabantenstadt-Projekt mit drin hat», sagte er, «macht er nix als Schwierigkeiten und stänkert gegen dich!»

Zirlgruber nahm das gleichmütig zur Kenntnis. Er war es gewöhnt, angefeindet zu werden. Und er mußte scharf überlegen.

Er war schließlich Aufsichtsratsvorsitzender der ‹Katastrophenhilfe GmbH› und *ihm* verantwortlich dafür, daß nichts schiefging.

Die Sache war äußerst heikel: Unter dem Deckmantel der Katastrophenhilfe gingen seit vielen Jahren Transporte in alle Welt – alle möglichen Transporte ... Geschäft und Politik waren da ganz eng miteinander verbunden, und die paar hunderttausend Büchsen verdorbener ‹Alpenglück›-Fertignahrung waren vergleichsweise kleine Fische – aber das wußte der Gustl Saller nicht ...

Er sah auf die Uhr: 0.45 Uhr. Das war noch nicht zu spät ...

Zirlgruber stand auf. «Ich erkundige mich mal, was *er* meint – es dauert nicht lange!»

Als er zurückkam, machte er den Eindruck eines Mannes, der seine Pflicht erfüllt hatte und nun aller Verantwortung ledig war. Er hatte sich inzwischen auch gekämmt und die zuvor schief sitzende silbergraue Krawatte zurechtgezogen. Lächelnd sagte er zu Saller:

«Ich hab's mir schon gedacht ...»

«Was hat er gesagt?» fragte Saller gespannt. «Was sollen wir unternehmen?»

«Gar nichts – Hurlinger kommen lassen, auf seine Vorschläge eingehen, nur hinhaltenden Widerstand leisten, ihn möglichst rasch zu unserem Verbündeten machen! Dann haben wir nichts verloren und viel gewonnen ...»

«Zum Verbündeten – ausgerechnet den Hurlinger!» sagte Saller mißmutig. Eine andere Lösung hätte ihm besser gefallen.

«Mit Hilfstruppen, sagt er immer, darf man nicht zimperlich sein!» Zirlgruber lachte. Er malte sich die Konsequenzen des kommenden Bündnisses aus. «Mei, der alte Mertz wird sauer sein», sagte er und grinste.

Bis nach 1 Uhr beratschlagten sie, wie im einzelnen vorzugehen sei.

Sonntag morgen

Gegen 6 Uhr früh wurde Anna wach. Sie war daran gewöhnt, um diese Zeit aufzustehen, und mußte sich erst darauf besinnen, daß sie ja heute nicht ins Geschäft zu gehen brauchte. In ein paar Stunden würde der Damian bei der Geli sein – mei, hatte der sich gefreut, als sie ihm gestern abend am Telefon die guten Nachrichten übermitteln konnte...!

Auch sie freute sich schon auf Gelis Rückkehr. Sie würde aufpassen müssen, daß sie sich nicht verplapperte – sie durfte den anderen ja nicht sagen, daß die Geli nur dem Franzi ihre rasche Freilassung zu verdanken hätte, und auch die Papiere, mit denen sie vor ähnlichen Vorfällen künftig sicher sein würde.

Hurlinger schlief noch fest, das Gesicht zu ihr gekehrt. Zufrieden schaute er aus, der Franzi – wie einer, der keine Sorgen hat und sicher ist, sein Ziel zu erreichen...

Dann schaute sie ihn aufmerksamer an: Ein bisserl aufgedunsen war er schon, der Franzi. Im Nacken eine Speckfalte, die er früher nicht gehabt hatte, und um seinen Mund ein Zug, der ihr nicht so recht gefiel. ‹Energisch sieht er halt aus›, dachte sie. ‹Nein, wenn man's genau nimmt, dann schaut er schon ein wenig brutal aus...›

Sie wischte diesen Gedanken als ungehörig weg – wo der Franzi doch der Geli geholfen, ihr vielleicht sogar das Leben gerettet hatte...!

Aber im Grunde war sie sich längst im klaren darüber, daß der Franzi nicht ihr zuliebe und schon gar nicht aus Mitleid mit der armen Geli so rasch und energisch eingegriffen hatte; daß es ihm nur um seine Geschäfte, seine Karriere ging; daß es ihm zufällig glänzend in den Kram gepaßt hatte, dem Konsul Saller eins auszuwischen.

Sie seufzte leise.

Es war töricht von ihr, noch immer so zu tun, als ob ihm an ihr und ihr an ihm noch wirlich gelegen wäre ...!

Sie faßte spontan einen Entschluß: So wie bisher durfte es nicht weitergehen! Das war heute das letzte Mal, daß sie ihn in seiner Jagdhütte besucht hatte. Sie würde ihm das heut noch nicht sagen, schon wegen der Geli. Aber es mußte jetzt Schluß sein, und sie durfte sich nichts mehr vormachen wie bisher. Vielleicht, nein, bestimmt würde sie ihm nächste Woche einen Brief schreiben – freundlich, dankbar sogar, ohne den geringsten Groll, aber ein Abschiedsbrief wär's halt doch ...

Sie war sich ganz sicher, daß sie bei diesem Vorsatz bleiben würde, und sie fühlte sich auf einmal sehr erleichtert. Leise stand sie auf und schlich zur Tür, öffnete sie ganz vorsichtig, um ja den Franzi nicht zu wecken, und trat ins Freie, barfuß und im dünnen Nachthemd.

Es war herrlich draußen! Die Sonne schien, das nächtliche Gewitter und der heftige Regen hatten Abkühlung gebracht. Die Luft war frisch und das Grün wieder saftig. Anna atmete tief ein und fühlte sich so froh wie seit langem nicht mehr.

Gegen dreiviertel acht, als Hurlinger wach wurde, hatte Anna schon den Frühstückstisch gedeckt. Auf der Fensterbank stand ein großer Strauß bunter Wiesenblumen.

Hurlinger war erst ein bißchen enttäuscht, als er sah, daß Anna bereits angezogen war. Er sah ihr eine Weile zu, wie sie in der Kochnische hantierte. Dann stieg ihm der Kaffeeduft in die Nase, und er stand auf.

Unter der Dusche fiel ihm ein, daß er heute zur Kirche fahren wollte – zum Hochamt um 10 Uhr, da würde er Seine Durchlaucht bestimmt treffen. Die Aussicht auf die baldige Begegnung mit dem Fürsten, in dessen Betrieben die ‹Alpenglück›-Produkte hergestellt wurden, stimmte ihn heiter.

Herr Hueber hatte wieder seinen besten Sommeranzug angezogen. Schon kurz nach 8 Uhr war er fertig zum Ausgehen. Barbara hatte ihm das Frühstück gemacht, war aber dann wieder verschwunden. Wahrscheinlich schlief sie noch ein Stündchen. Sie hatte ihm gesagt, vor 9 Uhr dürfe er keinesfalls Dr. Zadek besuchen und er solle ihn vorher anrufen.

‹Wahrscheinlich führt Alfred jetzt seinen Hund spazieren und denkt dabei über Christmann nach›, dachte Hueber. Er war sehr ungeduldig. Gestern in den Spätnachrichten, kurz bevor Barbara nach Hause kam, war von einem Anschlag auf das jüdische Altersheim die Rede gewesen. Ein alter Mann war dabei schwer verletzt worden. Es wurde vermutet, daß es sich um einen Racheakt rechtsextremistischer Kreise handelte. Der Verletzte hatte vor einigen Wochen Strafanzeige gegen einen ehemaligen, an Kriegsverbrechen beteiligten SS-Führer erstattet.

Um halb neun hielt es Hueber nicht länger aus und verließ das Haus. Er würde unterwegs, von einer Telefonzelle aus, Alfred anrufen und seinen Besuch ankündigen. Aber schon auf halbem Weg, in der fast menschenleeren Theresienstraße, sah er Benny, Zadeks kleinen Hund. Einen Augenblick später tauchte auch Dr. Zadek auf, war verblüfft, als er Hueber erkannte, und rief erfreut:

«Hallo, Sebastian! Schon so früh unterwegs? Begleiten Sie mich, und trinken Sie bei mir eine Tasse Kaffee? Fein! Und wenn Sie nichts Besseres zu tun haben, könnten wir vielleicht nachher eine Partie Schach spielen ...»

Hueber war sehr erleichtert, daß er das Gespräch mit Alfred Zadek auf so undramatische Weise beginnen konnte.

«Hören Sie, Alfred – es ist sehr gut, daß ich Sie treffe, und ich komme gern mit zu Ihnen ... Ich hätte Sie ohnehin bald angerufen, denn ich habe einige wichtige Dinge herausbekommen, die Sie bestimmt interessieren werden ...»

Er fiel nicht gleich mit der Tür ins Haus, weil er befürchtete, daß Alfred Zadek jede Abmachung mit dem Bankier Mertz brüsk ablehnen würde. Statt dessen berichtete er, daß er sich ein wenig umgehört und herausgefunden hatte, wie Christmann vor dem Galgen bewahrt worden war:

«Von 1943 bis Anfang 1944 war er Leiter der Gestapo in Klagenfurt, dann bis Kriegsende Gestapo-Chef von Koblenz gewesen. Noch fünf Tage vor der Kapitulation terrorisierte er dort die Bevölkerung, ging gegen sogenannte Defätisten vor und verlangte Kampf für den ‹Führer› bis zur letzten Patrone. Aber er selbst hatte sich seit den Tagen des Rückzugs in Südrußland auf den Untergang der Nazidiktatur vorbereitet. Schon im Februar 1943 hatte er Koffer voll Gold, Wertsachen und Devisen aus der Sowjetunion nach Deutschland geschafft ...»

«Woher wissen Sie denn das alles?» Dr. Zadek war erstaunt.
Hueber antwortete ausweichend:
«Ein früherer Kollege von mir hat mir einiges erzählt. Er beschäftigt sich mit der Erforschung der Methoden und Wege der ‹Odessa› ... Und natürlich haben die ‹Odessa›-Leute auch Christmann zur Flucht verholfen. Bis 1955 war er in Argentinien ...»
«Wie Adolf Eichmann. Aber von Eichmann weiß man doch inzwischen, daß ihm eine kirchliche Stelle in Rom Fluchthilfe geleistet hat ...»
«Die Organisation ehemaliger SS-Angehöriger, kurz ‹Odessa› genannt», erklärte Hueber, «verfügte über glänzende Beziehungen zum Vatikan, insbesondere zu dem seit 1923 in Rom lebenden deutschen Bischof Dr. Alois Hudal aus Graz, einem wilden Judenhasser. Hudal leitete ein kirchliches Hilfswerk und versorgte daneben Flüchtlinge, die ihm seine Vertrauensleute empfahlen, mit neuen Ausweispapieren, Geld und Anweisungen für sichere Reiserouten, meist nach Südamerika.»
«Weiß man, wie viele Kriegsverbrecher sich auf diese Weise ihrer gerechten Strafe entziehen konnten?» fragte Zadek.
Hueber schüttelte den Kopf.
«Genau weiß man es nicht. Schätzungsweise einige tausend ... Aber außer diesen, die unter dem Zeichen karitativer Katastrophenhilfe in Sicherheit gebracht wurden, sind zahlreiche frühere SS-Führer, vor allem aus dem Bereich des SD, des Sicherheitsdienstes, von Geheimdiensten übernommen worden, speziell von der ‹Organisation Gehlen›, der ehemaligen Abteilung Fremde Heere-Ost des Oberkommandos der Wehrmacht, die erst für die Amerikaner und dann für das Bundeskanzleramt als ‹Bundesnachrichtendienst› arbeiten durfte. Der Bundesnachrichtendienst untersteht dem Staatssekretär im Kanzleramt, Dr. Hand Globke ...»
«Ich weiß», sagte Zadek und seufzte. «Dieser Globke war der für die judenfeindliche Gesetzgebung der Nazis zuständige Referent im Reichsinnenministerium unter Minister Dr. Wilhelm Frick ...»
«... und anschließend auch unter Fricks Nachfolger, dem Reichsführer SS Heinrich Himmler. Globke, der ja ursprünglich auch auf der Kriegsverbrecherliste stand, konnte sich 1945 ebenfalls mit kirchlicher Hilfe vor der Verhaftung retten – im Kloster Walberberg bei Köln ...»

«Tatsächlich? Das habe ich nicht gewußt ... Aber sagen Sie mir, Sebastian, Sie wollen doch auf etwas ganz Bestimmtes hinaus, und ich habe den Eindruck, Sie halten mit dem Wichtigsten noch hinter dem Berg, vielleicht, um mich zu schonen ...?»

Sie waren an Zadeks Haustür angelangt.

Der alte Hueber faßte sich ein Herz und sagte:

«Ja, Alfred, das stimmt. Lassen Sie uns beim Kaffee darüber reden. Ich habe mit dem Bankier Mertz gesprochen, und was ich Ihnen darüber zu berichten habe, läßt sich nicht zwischen Tür und Angel ...»

«Kommen Sie», unterbrach ihn Zadek, «nun bin ich aber wirklich gespannt ...»

«Herr Lohbichler?» fragte der Beamte.

Damian nickte.

Er war so aufgeregt, daß er erst schlucken mußte, bevor er sprechen konnte.

«Ja, bitte?»

«Wenn Sie mir bitte folgen würden, Herr Lohbichler», sagte der Beamte höflich und musterte Damian verstohlen. Dann ging er, eine Tür nach der anderen mit einem Hauptschlüssel öffnend und, sobald Damian sie passiert hatte, wieder verschließend, mit dem Besucher durch etliche lange Korridore, bis sie ein Gitter erreichten.

«Das ist die Krankenstation», erklärte er, während er aufschloß.

«Um Himmels willen!» rief Damian erschrocken. «Was fehlt ihr?»

«Keine Sorge, es fehlt ihr doch nichts! Mein Kollege vom Nachtdienst hat Ihre Verlobte hier untergebracht, weil sie hier ein sauberes Bett und ein Zimmer für sich allein hat ...»

«Ach so.» Damian war sehr erleichtert. «Ich dacht schon ...»

Der Beamte musterte ihn noch einmal.

«Es ist alles in Ordnung. Ich lasse Sie dann mit Ihrer Verlobten allein. Sie können läuten, wenn Sie mich brauchen sollten. Sonst komme ich kurz vor 12 Uhr und lasse Sie wieder heraus. Haben Sie noch einen Wunsch?»

«Darf man rauchen?» fragte Damian.

«An sich natürlich nicht», sagte der Beamte und lächelte. «Es ist aber niemand auf der Krankenstation, der sich daran stören könnte.» Er schwieg einen Augenblick, dann siegte seine Neugier: «Wie haben Sie das bloß fertiggebracht, Herr Lohbichler? Noch dazu nachts und am Wochenende, und ohne richterliche Anordnung!?»

Damian kniff ein Auge zu und sagte: «Beziehungen muß man eben haben!»

Der Beamte nickte und öffnete eine weißlackierte Tür: «Ihr Besuch ist da, Fräulein ...!»

Das Hochamt war beendet. Zahlreiche Besucher des Gottesdienstes gingen noch nicht gleich nach Hause, sondern standen in kleinen und größeren Gruppen vor der Kirche beisammen.

Hurlinger wartete geduldig in der Nähe des Portals. Anna, der er gesagt hatte, daß er noch etwas Geschäftliches zu besprechen hätte, war zum «Hirschen» gegangen, um der Resl, einer früheren Kollegin, guten Tag zu sagen.

Seine Durchlaucht hatte, wie von Hurlinger vermutet, an dem Hochamt teilgenommen, war aber noch nicht aus der Kirche gekommen. Der Pfarrer hatte den Fürsten wohl noch aufgehalten; wahrscheinlich lag er ihm in den Ohren wegen einer dringenden Reparatur, für die das Geld fehlte.

‹Hochwürden wird sich schwertun›, dachte Hurlinger und mußte grinsen. Plötzlich stand der alte Herr neben ihm und sagte:

«Na, Sie sind ja recht vergnügt, Herr Direktor!»

Hurlinger zog höflich den Hut und machte eine kleine Verbeugung.

«Gewiß, Durchlaucht, kein Wunder bei diesem schönen Wetter!»

Zu Hurlingers Überraschung nahm der Fürst ihn am Arm wie einen alten Freund.

«Sie kommen jetzt mit mir, mein Lieber, auf a Weißwurscht und a Bier! Ich lad Sie ein ...!»

Als sie im nahen Wirtshaus Platz genommen hatten, flüsterte der Fürst ihm vertraulich zu: «Ich hab mit dem Saller gesprochen! Er ist einverstanden mit Ihren Vorschlägen, und meine Lieferverträge verlängert er mir auch!»

Hurlinger war verblüfft.

Ehe er etwas fragen konnte, fuhr der Fürst fort:

«Er war wirklich sehr verständnisvoll, der Herr Konsul – und er hält große Stücke auf Sie, Hurlinger! Als ich ihm auseinandergesetzt habe, daß Sie befürchten, ohne eine Neuordnung der Beteiligungsverhältnisse bei der Treubau AG hätte am Ende der alte Mertz das alleinige Sagen, da hat er gemeint, genauso sehe er das auch, und es müßte ein Gleichgewicht der Kräfte hergestellt werden ...»

«Tatsächlich?» Hurlinger hatte Mühe, seine Verwunderung und Freude nicht allzusehr zu zeigen. Aber Seine Durchlaucht war viel zu beschäftigt, um darauf zu achten.

«Gegenwärtig hält die Mertz-Bank 15 Prozent des Treubau-Kapitals, die Brauereigruppe und die Zentrale Versicherungs-Union ebenfalls je 15 Prozent», sagte er und schrieb die Zahlen auf einen Bierdeckel. «Macht zusammen 45 Prozent. Wir, also Saller, Ihre Bank und ich, werden uns genauso arrangieren – für jeden 15 Prozent ...»

Hurlinger überlegte blitzschnell: Bisher verfügten der Fürst und die Saller-Gruppe über je 20 Prozent und hatten davon etwas – er wußte nicht genau, wieviel – an den Abgeordneten Zirlgruber abgetreten. Seine Bank, die ‹Bayern-Credit›, war mit nur 12,5 Prozent beteiligt. Der Vorschlag bedeutete also ...

Er kam nicht dazu, die Rechnung zu Ende zu denken, denn Seine Durchlaucht sorgte bereits für neue Überraschungen:

«Wenn wir diese Umverteilung vorgenommen haben, bei der Ihre Bank ihren Anteil von 12,5 auf 15 Prozent erhöhen kann, bleiben genau 10 Prozent übrig. Davon entfallen 1,5 Prozent auf den Herrn Abgeordneten – er hat sie bereits, und ich bin sicher, daß Saller, der sie ihm geschenkt hat, nun auch dafür sorgen wird, daß sich der Zirlgruber dankbar erweist. Ja, und was den Rest betrifft, so muß natürlich» – er senkte seine Stimme und flüsterte Hurlinger einen Namen ins Ohr – «ebenfalls bedacht werden ... – ich denke an 6,5 Prozent, damit wird er sehr zufrieden sein – oder was meinen Sie?»

Hurlinger konnte es kaum fassen. Die Umverteilung, bei der seine Bank besser abschnitt, als er erhofft hatte, dazu die Beteiligung eines Spitzenpolitikers, die bestimmt reiche Früchte tragen würde – und das alles sollte ihm, sozusagen, in den Schoß fallen, noch bevor er überhaupt dazu gekommen war, von der gerade erst gewonnenen Chance, Saller und den Fürsten unter Druck zu setzen, auch nur den kleinsten Gebrauch zu machen ... Das war wie ein Wunder, aber Hurlinger glaubte nicht an Mirakel. Deshalb sagte er vorsichtig:

«Das hört sich alles recht gut, an, Durchlaucht – mir tät es gefallen und meiner Bank gewiß auch ... Aber, sagen Sie mir doch bitte: Ist das Ihre Idee? Oder hat sich das Herr Konsul Saller ausgedacht?»

Der Fürst war auf diese Frage, so schien es Hurlinger, nicht vorbereitet. Er zögerte einen Augenblick mit der Antwort. Dann entschloß er sich, die Karten auf den Tisch zu legen:

«Ich will's Ihnen offen sagen, Hurlinger – der Saller, mit dem ich gestern noch ein längeres Telefongespräch führte, war heute früh, als er mich anrief, wie umgewandelt. ‹Dr. Hurlinger hat völlig recht›, sagte er, und war sehr erfreut, daß ich sofort bereit war, mitzumachen. Er hat mir daraufhin fest zugesagt, gleich am Montag meine Lieferverträge auf drei Jahre zu verlängern!»

«Donnerwetter! Ich gratuliere Ihnen dazu, Durchlaucht! Das ist ja wirklich sehr erfreulich!»

«Mir ist ein Stein vom Herzen, Hurlinger! Und wenn Sie nicht den Anstoß dazu gegeben hätten ...»

Hurlinger wehrte bescheiden ab, während er dachte: ‹Es gibt nur zwei Möglichkeiten – entweder hat der Saller ein so schlechtes Gewissen, daß schon meine vagen Anspielungen ihn weichgemacht haben, oder jemand hat ihm gesteckt, daß ich hinter seine Schliche gekommen bin. Das zweite ist wahrscheinlicher, aber wie kann er davon erfahren haben? Es gab dafür nur zwei einigermaßen plausible Erklärungen: Entweder hatte jemand zufällig erlauscht, was ihm von Anna auf dem Waldfest über die Schiebung berichtet worden war, und hatte nichts Eiligeres zu tun gehabt, als Saller davon sofort zu unterrichten ... oder – natürlich! Das erklärte alles: Sallers Spitzel waren Anna auf den Fersen, hatten mitgehört und ihren Chef noch in der Nacht verständigt ...!›

Hurlinger überlegte noch, ob eine solche Überwachung für ihn auch Nachteile haben könnte, als ihn der Fürst aus seinen Gedanken riß:

«Sie sind plötzlich so nachdenklich, lieber Hurlinger – sind Ihnen Bedenken gekommen?»

«Nein, nein, Durchlaucht, ganz im Gegenteil! Ich habe nur noch mal nachgerechnet. Bei der Neuverteilung, wie Herr Saller und Sie sie vorschlagen, bleiben doch zwei Prozent vom Aktienkapital übrig. Wen sollen Sie denn noch bedenken?»

Der Fürst lachte, hob sein Seidel und prostete Hurlinger zu.

«Na, *Sie* natürlich, lieber Hurlinger – wen sonst? Auf Ihr Wohl!»

Sonntag mittag

Anna überlegte, ob sie sich schon an einen Tisch setzen sollte. Die Resl, mit der sie sich bislang unterhalten hatte, war jetzt sehr beschäftigt und hatte für einen Schwatz keine Zeit mehr, denn die Gaststube des «Hirschen» hatte sich inzwischen gefüllt. Aber der Franz, mit dem sie verabredet war, ließ noch auf sich warten. Er hatte ihr gesagt, er wisse nicht, wie lange seine geschäftliche Unterredung dauern würde.

Anna war nicht hungrig, aber sie hatte vor, gleich nach dem gemeinsamen Mittagessen mit dem frühen Zug nach München heimzufahren. Mit dem nächsten würde sie erst gegen halb acht zu Hause sein, und sie wollte Barbara nicht wieder den Abend verderben. Außerdem brannte sie darauf, von Damian zu erfahren, ob er tatsächlich die Geli hatte besuchen dürfen und wie es im einzelnen gewesen war.

Zum Glück hatte sie ihre Tasche mit in den «Hirschen» genommen. Wenn der Franzi sie allzu lange warten ließ, würde sie ihm eine Nachricht hinterlassen und heimfahren, ohne ihn noch einmal gesehen zu haben.

Doch da kam er bereits, und er war in bester Stimmung, wie sie sogleich bemerkte. Er legte ihr sogar, obwohl einige Leute im Lokal ihn sicherlich kannten, seinen Arm um die Schultern und sagte: «Hast lange warten müssen, Schatz – es tut mir leid!»

Dann führte er sie zu einem der wenigen noch freien Tische. Die Resl brachte ihnen die Speisekarte, und zu Annas Überraschung sagte Hurlinger:

«Such dir aus, was du magst – meinethalben das Teuerste!» Aber Anna blieb, sosehr er sie auch drängte, doch ruhig einmal unbescheiden zu sein, bei Schweinsbraten mit Knödl. Nur zum Nachtisch bestellte sie sich, um den Franzi nicht zu kränken, den teuersten Eisbecher mit Früchten, danach einen Mokka.

«Willst du wirklich schon heim?» fragte Hurlinger, nachdem er bezahlt und der Resl ein nobles Trinkgeld gegeben hatte. «Wir haben in unserer Hütte noch eine Flasche Champagner im Kühlschrank, und morgen in der Früh bring ich dich mit dem Auto pünktlich zur Arbeit – ich muß auch um 8 Uhr in der Bank sein ...»

Aber Anna blieb bei ihrem Entschluß. Sie hatte der Barbara fest versprochen, vor dem Abend wieder daheim zu sein, und das wollte sie auch halten.

Hurlinger brachte sie zum Zug.

Als sie eingestiegen war, wartete er sogar noch auf dem Bahnsteig bis zur Abfahrt.

«Bis bald, Schatz!» rief er ihr zu, als sie ihm aus dem Fenster einen Abschiedsgruß zuwinkte. Dann ging er langsam zurück zum Parkplatz, wo sein Wagen stand.

‹Beschattet zu werden ist meist sehr unangenehm›, dachte er. ‹Aber wenn man weiß, daß man auf Schritt und Tritt beobachtet wird, kann das Beschattetwerden auch sehr nützlich sein, zumal wenn man den Auftraggeber und seine Gründe kennt ...› Und dann überlegte er, was er anstellen könnte, um Konsul Saller in noch größere Panik zu versetzen. Bisher hatte ihm die Sache zwei Prozent des ‹Treubau›-Aktienkapitals von dreißig Millionen, also runde 600 000 DM eingebracht. Wenn er seine Chance nützte, konnte er diesen Gewinn vielleicht verdoppeln.

Als er sich ans Steuer setzte, kam ihm ein Einfall, der ihm um so besser gefiel, je länger er darüber nachdachte.

Honolka und Mannichkeit saßen schon seit 12 Uhr auf dem hölzernen Balkon, der ihre Hotelzimmer miteinander verband. Sie hatten dort gut zu Mittag gegessen. Jetzt spielten sie Karten, tranken dazu ab und zu eine Büchse Bier und wußten es zu schätzen, daß sie die ‹Kommandostelle Tölz› bildeten, anstatt bei dieser Hitze draußen herumlaufen zu müssen. Köhler war mit Anna soeben nach München gefahren, Kleibus und der zur Verstärkung eingetroffene Hinzpeter hatten gemeinsam Hurlinger zu überwachen, der – wie vor einer Viertelstunde von ihnen gemeldet worden war – Tölz verlassen hatte. Er fuhr auf der Bundesstraße in Richtung Miesbach.

«Toni 1, bitte melden! Toni 1 – kommen!» quäkte es aus dem Empfänger des Funkgeräts.

Honolka legte seufzend die Karten aus der Hand – gerade jetzt, wo er ein so gutes Blatt hatte ...!

«Hier Toni 1, kommen!» sprach er in das Mikrofon, das vor ihm auf dem Tisch stand.

Es war Hinzpeter. Er teilte mit, Hurlinger sei in Waakirchen in Richtung Tegernsee abgebogen, nachdem er zuvor von einer Tankstelle aus telefoniert habe. Kleibus sei dicht hinter Hurlingers Wagen und lasse ihn nicht aus den Augen. Er, Hinzpeter, habe bei dem Tankwart einiges über das Telefongespräch in Erfahrung gebracht. Hurlinger habe mit einem Teilnehmer gesprochen, der in einer der am Tegernsee liegenden Ortschaften wohnen müsse. Er habe die Nummer aus dem Telefonbuch herausgesucht – eine fünfstellige Zahl mit einer 8 am Anfang, was auf Bad Wiessee hindeute. Zum Schluß des Gesprächs habe Hurlinger gesagt: ‹Also, bis gleich – ich freue mich darauf, Sie kennenzulernen!›, woraus man schließen könne ...

An dieser Stelle unterbrach Honolka den mitteilsamen Hinzpeter; Schlüsse könne er selber ziehen, bemerkte er unfreundlich und beendete das Gespräch mit der Anweisung, Hinzpeter möge Kleibus folgen.

Eine Viertelstunde später meldete sich Kleibus aus Bad Wiessee, von einem Münzfernsprecher aus. Mit dem Funkgerät habe er keine Verbindung mehr nach Tölz, erklärte er.

Honolka hatte sich auf sein Bett gesetzt, denn das Telefon stand auf dem Nachttisch. Er behielt aber, während er mit Kleibus sprach, seine Spielkarten auf dem Balkontisch im Auge.

Dabei grübelte er, welche Anweisungen er Kleibus geben sollte. Hurlinger war leicht zu verfolgen gewesen – bis zu einem Sanatorium, vor dem sein Wagen jetzt geparkt war. Aber wie sollte Kleibus herausfinden, bei welchem der zahlreichen Gäste Hurlinger jetzt war und was er mit dem Betreffenden besprach?

«Gehen Sie einfach rein», sagte er schließlich. «Sagen Sie der Dame am Empfang, Sie seien ein guter Bekannter von Herrn Bankdirektor Dr. Hurlinger, den Sie vorhin hier gesehen hätten. Ob er noch längere Zeit zur Kur in Bad Wiessee sei oder nur vorübergehend. Hinzpeter kommt nach. Ende.»

Dann kehrte Honolka zu seinem Kartenspiel zurück.

Sonntag nachmittag

Dr. Zadek und der alte Hueber hatten lange miteinander geredet, erst in Zadeks Wohnung, dann in einem italienischen Restaurant in der Nähe, wo sie gemeinsam zu Mittag gegessen hatten. Nun saßen sie im schattigen Garten des Restaurants bei einem Espresso.

«Sie haben mich überzeugt, Sebastian», sagte Zadek. «Ich will mich nicht länger dagegen sträuben, Geld anzunehmen, das mir ohnehin gehört. Aber ich muß darauf bestehen, daß Sie, wenn Sie als mein Bevollmächtigter handeln, das nicht umsonst tun, sondern sich, auch wenn wir gute Freunde sind, so dafür honorieren lassen, wie es üblich ist ...»

«Das kommt überhaupt nicht in Frage, außerdem brauche ich kein Geld. Ich habe eine gute Pension und einige Ersparnisse – das reicht für den Rest meines Lebens.» Doch dann kam Hueber ein Einfall. «Es sei denn, die Mertz-Bank übernimmt mein Honorar – ich bin fast sicher, daß das keine Schwierigkeiten bereiten wird ...» Er lachte.

«Wieviel soll ich denn verlangen?»

Zadek überlegte einen Augenblick lang.

«Sechzig- bis achtzigtausend Mark – das scheint mir angemessen», sagte er dann.

«Mein Gott», rief Hueber, «jetzt werde ich auch noch reich auf meine alten Tage! Das paßt mir aber gar nicht!»

Nun lachte Zadek.

«Wenn Sie mir dafür den größten Gefallen erweisen können, nämlich meinen Vater zu rehabilitieren, sollten Sie diese kleine Unannehmlichkeit auf sich nehmen, Sebastian – zudem wird Ihnen das Finanzamt einen beträchtlichen Teil davon wieder abnehmen ...»

«Richtig», sagte Hueber.

Es schien ihn nicht zu schrecken.

«Wir sollten die Sache gleich zu Papier bringen», meinte Zadek. «Sonst überlege ich mir die Sache womöglich doch noch anders. Ob Fräulein v. Korff für Eilarbeiten auch sonntags zur Verfügung steht?»

«Barbara? Aber natürlich! Nur ist sie wahrscheinlich noch nicht wieder zurück.» Hueber sah auf die Uhr. «Sie müßte aber bald zu Hause sein...» Er zögerte ein wenig, dann fuhr er entschlossen fort: «Ich muß Ihnen noch etwas beichten, Alfred. Ich hoffe sehr, Sie sind mir deshalb nicht böse. Barbara und ich hatten nämlich gestern am späten Abend ein längeres Gespräch – wegen Christmann...»

Dr. Zadek horchte auf, und Hueber erklärte ihm, daß sich Barbara bereit gefunden habe, zu versuchen, etwas über den Immobilienmakler und früheren Gestapo-Chef herauszufinden.

«Sie hat sich mit ihm heute mittag getroffen», schloß er.

«Aber Sebastian! Wie konnten Sie sie in die Höhle des Löwen...!»

«Nein, nein!» Hueber fiel ihm eilig ins Wort. «Sie hat ihn ja nicht...» Er brach ab und blickte verwundert zum Eingang des Gartens. «Da ist sie ja...!»

«Ich hab's mir fast gedacht, daß ich Sie hier treffen würde», sagte Barbara, nachdem sie am Tisch Platz genommen hatte. «Ich wollte einen Espresso trinken...» Und dann berichtete sie, wie ihre Begegnung mit Dr. Kurt Christmann verlaufen war.

«Ein kleiner Mann, etwa Mitte 50, erwartete mich, stellte sich vor und zeigte mir dann die Wohnung. Er hat einen Kopf, wie soll ich sagen, wie eine Gazelle... Wir kamen ins Gespräch. Ich sagte ihm, die Wohnung gefiele mir gut, aber sie sei viel zu teuer für mich, ich hätte keine Eltern mehr, die mir bei der Finanzierung helfen könnten; sie seien kurz nach dem Krieg im Baltikum ums Leben gekommen. ‹v. Korff...?› sagte er dann. ‹Ich habe mal einen Herrn v. Korff gekannt – er war Offizier...› ‹Vielleicht mein Onkel, Harald v. Korff?› fragte ich. ‹Er war bei der Waffen-SS, Sturmbannführer... Er ist im Kessel von Demjansk verschollen.› Und dann fragte ich ihn, ob er auch bei der Waffen-SS gewesen sei. ‹Ich spreche sonst nicht darüber›, antwortete er. ‹Ich habe sehr viel jüdische Kundschaft. Aber es stimmt: Ich war auch SS-Offizier und über ein Jahr in Rußland. Ich sollte im Kaukasus eingesetzt werden, aber das ist ja schiefgegangen, da sind wir nicht durchgekommen.›

Wir sprachen dann noch darüber, daß damals viel Schlimmes passiert sei. Er meinte, das meiste, was man uns Deutschen vorwerfe, sei übertrieben – ‹Es war schließlich Krieg!› –, und ich sagte ihm, ich sei zu jung, um das zu wissen, außerdem Schwedin der Staatsangehörigkeit nach, wenn auch in Reval geboren. ‹Wenn Ihre Eltern Baltendeutsche waren›, sagte er, ‹haben Sie womöglich keine Hinterbliebenenrente!?› Und dann erzählte er mir, daß Kameraden in einflußreichen Stellungen sich darum bemühten, über die bayerische Staatsregierung eine Versorgung der ausländischen SS-Freiwilligen und ihrer Hinterbliebenen durchzusetzen ...»

«War denn Ihr Vater bei der SS?» fragte Zadek. Barbara schüttelte den Kopf.

«Nein, er war Arzt am Bürgerspital. Dr. Christmann glaubte nur, aus meinem ganzen Verhalten schließen zu können, daß auch er bei der SS gewesen sei ... Er erzählte mir dann noch, daß er in letzter Zeit Schwierigkeiten mit der Justiz gehabt habe, aber gegen eine hohe Kaution, eine sechsstellige Summe, von der Untersuchungshaft verschont worden sei.»

«Tatsächlich?» Dr. Zadek war sehr verwundert. «Das bedeutet, daß die Staatsanwaltschaft längst Bescheid weiß über Christmann und seine Verbrechen ...!»

«Ja», sagte Barbara, «er erwähnte sogar, daß aus Moskau umfangreiches Belastungsmaterial gegen ihn gekommen sei – ‹alles maßlos übertrieben›, sagte er –, aber es schien mir, als hätte er überhaupt keine Angst vor einer Anklage. Er sagte, daß er sich nichts vorzuwerfen habe. Er sei Offizier gewesen und habe nur seine Pflicht getan. Er sei immer ein anständiger Mensch gewesen. Er habe noch nicht mal eine Verkehrsstrafe ... Und er deutete an, daß der Staatsanwalt kein großes Interesse an seinem Fall zu haben scheine.»

Als sie zu dritt das Lokal verließen, sagte Dr. Zadek:

«Es war für mich sehr lehrreich, was ich eben gehört habe. Ich werde mich fortan bemühen, Herrn Dr. Kurt Christmann samt seinen Immobilien und seiner jüdischen Kundschaft zu vergessen, und die Justiz dieses Landes ebenfalls.»

«So, dann berichten Sie mal», sagte Honolka zu Kleibus.

Hinzpeter hatte die weitere Beobachtung Hurlingers übernommen, Mannichkeit wartete in Waakirchen auf beider Rückkehr, um im fliegenden Wechsel Hinzpeter abzulösen.

Kleibus hatte, nachdem er zunächst weisungsgemäß vorgegangen war, einem plötzlichen Einfall folgend, die Empfangsdame gefragt, ob er sich mal ein bißchen umsehen dürfe, im Hinblick darauf, daß er selbst demnächst einen Sanatoriumsaufenthalt plane.

Die Empfangsdame hatte ihm daraufhin einige Aufenthaltsräume gezeigt, ihn auch diskret auf einige prominente Gäste hingewiesen, und da habe er geglaubt, in ein Gespensterkabinett geraten zu sein.

«Stellen Sie sich vor, da saß also der ehemalige Reichsbankpräsident und Reichswirtschaftsminister unter Hitler, Dr. Hjalmar Schacht, fast neunzig Jahre alt, aber munter wie ein Fisch im Wasser, neben ihm drei ehemalige hohe SS-Führer, deren Namen ich nicht genau verstanden habe – einer war, glaube ich, der SS-Obergruppenführer Werner Lorenz, der Schwiegervater des Zeitungskonzernchefs Axel Springer –, und im trauten Verein mit diesen alten Herren, die alle putzmunter waren, saßen da nicht nur einige Top-Manager der Industrie – einer war der General a. D. Wenck, Generalbevollmächtigter des Nürnberger Rüstungskonzerns Diehl – und ein paar hohe Ministerialbeamte, sondern auch – ich dachte, ich hör nicht richtig, als mich die Empfangsdame darauf aufmerksam machte! – zwei jüdische Geschäftsleute aus München mit ihrer eintätowierten Auschwitz-Nummer am Arm...»

Honolka war wenig beeindruckt.

«Und was war mit Hurlinger?» fragte er ungeduldig.

«Darauf komme ich noch», sagte Kleibus pikiert. «Ich wollte Ihnen erst mal einen allgemeinen Überblick geben. Ich bat dann die Empfangsdame, mir ein paar Prospekte zu überlassen, woraufhin sie ging, um die Unterlagen zu holen. Ich habe mich dann rasch weiter umgesehen und entdeckte Hurlinger auf der Terrasse. Er trank Kaffee mit einem älteren Herrn, so um die 70, und unterhielt sich angeregt mit ihm. Von der Empfangsdame erfuhr ich später, daß Hurlingers Gesprächspartner Sepp Dietrich war, ehemaliger SS-Oberstgruppenführer und Generaloberst der Waffen-SS.»

Kleibus stellte befriedigt fest, daß Honolka jetzt doch beeindruckt war. Gespannt fragte er:

«Worüber haben die beiden denn gesprochen?»

«Ich habe leider nur ein paar Worte verstanden – von der HIAG war die Rede, auch von Odessa und von einer Katastrophenhilfe, die, wie Hurlinger sagte, ‹wohl immer noch fleißig mitmische›, was Herr Dietrich lachend bestätigte. Ich kann mir keinen Reim darauf machen.»

«Das ist auch nicht nötig», sagte Honolka nur. Dann rief er die Zentrale an.

Als Anna heimkam, fand sie in der Wohnung Herrn Hueber, Dr. Zadek und Barbara vor, die sie freundlich begrüßten, aber sehr beschäftigt waren. Barbara saß an ihrer Schreibmaschine, und Dr. Zadek diktierte ihr etwas, das sich sehr kompliziert anhörte.

Anna wollte nicht stören. Sie flüsterte Barbara nur rasch zu, daß es geklappt habe; Geli komme morgen frei. Dann stellte sie ihre Tasche ab, machte sich ein wenig frisch und sagte: «Ich geh noch ein bißchen spazieren. Ich muß mir die Füße vertreten nach der langen Bahnfahrt!»

«Wenn du zurückkommst, sind wir fertig», sagte Barbara. «Dann mußt du mir alles genau erzählen!»

Anna versprach es.

Als sie schon an der Wohnungstür war, rief sie Herr Hueber nochmals zurück und bat, für ihn doch bitte einen Brief mitzunehmen und unterwegs einzuwerfen.

«Gern», sagte Anna, «ich will sehen, daß ich einen Briefkasten finde, der heute noch geleert wird ...»

Als sie das Haus verließ, trennte sich der Mann, der bis dahin die Auslagen des gegenüberliegenden Ladengeschäfts für Handarbeitsbedarf mit großer Ausdauer studiert hatte, vom Anblick der Wollknäuel und Strickmuster und folgte ihr in etwa dreißig Meter Abstand. Anna ging, ohne auch nur einmal stehenzubleiben, bis zur Leopoldstraße, wo am späten Sonntag nachmittag lebhaftes Treiben herrschte. Die Fußgänger drängten sich auf den Bürgersteigen. Die Kaffeehausterrassen waren dicht besetzt. Vor den Kinoeingängen und an den Ständen der Straßenhändler standen so viele Menschen, daß die Passanten nur mühsam vorwärts kamen, und auf den breiten Fahrbahnen stauten sich die Autos und Busse in beiden Richtungen.

Der Mann, der Anna folgte, sah sich gezwungen, den Abstand zwischen ihnen auf wenige Schritt zu verkürzen, sonst hätte er sie in diesem Gewühl aus den Augen verloren. Ab und zu blieb Anna vor einem Schaufenster stehen. In der Hand hielt sie immer noch den Brief.

Als sie, kurz vor der Ainmillerstraße, wieder in ein hell erleuchtetes Schaufenster schaute, diesmal nicht der Auslagen wegen, sondern um im großen Spiegel einer Parfümerie ihr Aussehen zu prüfen, beging Annas Verfolger einen Fehler. Seine bisherige Vorsicht außer acht lassend, trat er dicht hinter sie und versuchte, die Anschrift des Briefs zu lesen.

«Jessas», rief Anna aus, als sie im Spiegel plötzlich den Kopf des Mannes neben dem ihren sah, «das ist doch der Köhler Seppi!»

Sie wandte sich rasch um und musterte den vor Schreck wie angewurzelt stehengebliebenen Köhler.

«Natürlich», sagte sie, «du bist der Sepp – kennst mich denn nimmer? Ich bin die Anna, die Anna aus Gaißach! Erinnerst du dich denn nicht? Wie du dich mit dem Maihofer Maxl bei uns in der Scheune versteckt hast – im Sommer '45 war's. Mei, ich weiß es noch wie heut!»

Köhler war völlig verwirrt.

«Ja, gewiß ... die Anna ... nein, nein, Sie müssen sich irren», stammelte er, «ich war ... ich heiße nicht ... also, wirklich nicht!»

Dann machte er blitzschnell kehrt und verschwand eilig im Gewühl der Passanten.

‹Natürlich war's der Seppi›, dachte Anna, ‹er hatte ja auch die Narbe im Gesicht – ich irr mich bestimmt nicht! Warum ist er nur so erschrocken und hat Reißaus genommen vor mir? Ich tät ihn doch bestimmt nicht verraten – und es ist doch so lang her, da kann ihm doch nix mehr passier'n ...!›

Sie warf den Brief in den Nachtbriefkasten und ging nachdenklich heim. Köhler aber, nachdem er sicher war, daß sie nicht versucht hatte, ihm zu folgen, trank erst einmal einen doppelten Weinbrand in einer sehr heruntergekommenen, vornehmlich von Stadtstreichern besuchten Kneipe. Dann überdachte er die Lage, rief die Zentrale an und teilte Jellinek mit, daß er die zu observierende Frau zwar im Moment aus dem Auge verloren habe, daß sie aber bestimmt in etwa zwanzig Minuten ihren Spaziergang beendet haben und in ihre Wohnung zurückgekehrt sein werde. «Multhaupt kann da schon Posten beziehen», schloß er, «er muß mich ja sowieso um 19 Uhr ablösen. Ich mach Schluß für heute, morgen habe ich frei. Ich melde mich also wieder am Dienstag um 8 Uhr bei der Zentrale ... Ach so, noch was: Der Brief war nicht von ihr, sondern von einer älteren Person, der Handschrift nach zu urteilen. Außerdem habe ich vom Absender den Vornamen erkennen können: Sebastian ... Das wär's. Ende.»

Sonntag abend

«Dirlewanger», sagte Herr Hueber, «das war der Name einer SS-Sondereinheit, in der die übelsten Strolche und Verbrecher zusammengefaßt waren, die man finden konnte ...»

Hueber und Zadek saßen bei einer Flasche Wein, zu der Hueber auch Anna eingeladen hatte. Barbara war schon gegangen. Anna hatte gerade von ihrer Begegnung mit dem Köhler Seppi berichtet und erzählt, daß sich im Sommer 1945 – sie war damals 15 Jahre alt – daheim in Gaißach zwei junge Burschen in der Scheune der Pichlmayrs versteckt hatten. Sie waren aus amerikanischer Gefangenschaft geflohen. Die beiden hatten der SS-Brigade Dirlewanger angehört, und sie fürchteten, dafür gehenkt zu werden. Acht Wochen lang, bis zum September, hatten Anna und eine Nachbarstochter für die Flüchtlinge gesorgt. Dann waren sie eines Nachts verschwunden, wohl über die Grenze nach Tirol und weiter nach Italien. Anna hatte nie wieder etwas von ihnen gehört.

«Kein Wunder, daß sie Angst vor dem Galgen hatten», meinte Hueber. «Diese Burschen hat man vom Sommer 1940 an aus den Zuchthäusern und Militärgefängnissen zusammengeholt. Es sollten erst nur Wilddiebe, Schmuggler und Raufbolde genommen werden, aber Dr. Oskar Dirlewanger, ein Intimus von Himmlers Stabschef Gottlob Berger, nahm dann auch gern Berufsverbrecher, Raubmörder und professionelle Totschläger. Diese Truppe, 6500 Mann etwa, war in Polen, Weißrußland, der Slowakei und Ungarn eingesetzt und berüchtigt für ihre barbarische Grausamkeit ...»

«Im Nürnberger Hauptkriegsverbrecherprozeß», warf Zadek ein, «wurde dem Oberkommando der Wehrmacht durch Zeugen und Dokumente nachgewiesen, daß diese ‹Einheit Dirlewanger› offizielle Erlaubnis hatte, nach Belieben zu plündern, zu vergewaltigen, zu foltern, Dörfer in Brand zu stecken, Männer, Frauen und

Kinder zu ermorden und jede andere Greueltat zu begehen. Bestraft, und zwar durch Erschießen, wurde nur, wer nicht gehorchte oder nicht rücksichtslos genug vorging.»

Hueber nickte.

«Stimmt. Neben den Dirlewanger-Leuten und den zwölf Polizei-Kompanien des SS-Gruppenführers Heinz Reinefarth, die fast ebenso berüchtigt waren, gab es auch noch die aus Ruthenen, Weißrussen und Ukrainern gebildete SS-Truppe unter Führung von Brigadeführer Bronislaw Kaminski, einem üblen Verbrecher, der später als ‹lästiger Zeuge› von der SS liquidiert wurde. Aber die Allerschlimmsten waren zweifellos die Dirlewanger-Leute!»

Anna hatte erschrocken zugehört. Jetzt fragte sie zaghaft:

«Er war damals noch ziemlich jung, der Sepp, so Anfang 20 – kann es nicht sein, daß man ihn zu dieser Einheit eingezogen hat? Daß er gezwungen worden war...?»

Herr Hueber zögerte mit der Antwort.

«Das ist sehr unwahrscheinlich. Allerdings hat Himmler im November 1944, ein halbes Jahr vor Kriegsende, versucht, deutsche politische Häftlinge, die in KZ-Haft waren, zum Dienst bei Dirlewanger zu pressen – ‹begnadigen› nannte er es...»

Anna schüttelte den Kopf.

«Nein, im KZ war der Sepp bestimmt nicht! Sonst hätte er mir davon erzählt und auch keine so große Angst vor den Amerikanern gehabt. Er fürchtete damals, sie würden ihn aufhängen oder an die Russen ausliefern... Er muß wohl noch immer Angst haben, sonst wäre er doch nicht vor mir davongelaufen!»

«Das ist verdammt seltsam», sagte Zirlgruber. «Beim Sepp Dietrich ist er also gewesen, der Hurlinger...»

Er saß mit Konsul Saller im Prominentenstüberl eines Feinschmeckerlokals in Bogenhausen. Saller hatte ihn alarmiert, nachdem er davon unterrichtet worden war, wen Hurlinger am Nachmittag in Bad Wiessee besucht und worüber der mit dem Sanatoriumsgast gesprochen hatte.

«Das wird *ihm* überhaupt nicht gefallen», fuhr Zirlgruber fort, und Konsul Saller wußte, wen er meinte. «Wir verfolgen mit der Katastrophenhilfe und allem, was damit zusammenhängt, ja auch gewisse politische Ziele. Weltweite Zusammenarbeit zur Abwehr der bolschewistischen Gefahr und so – es wäre wirklich nicht wünschenswert, wenn da Einzelheiten bekannt würden...»

Er überlegte. Dann sah er Saller plötzlich schlau lächelnd an und sagte:

«Ich weiß jetzt, wie wir vorgehen müssen! Wir machen ihm ein Angebot, das er nicht ablehnen kann – und zwar heute noch! Sollte er allerdings wider Erwarten nicht darauf eingehen oder sich nicht an die Abmachungen halten, dann hätte das für ihn sehr ernste Konsequenzen – auch das muß ihm unmißverständlich gesagt werden. Kruzifixnochamal, Gustl, dem Hurlinger muß doch beizukommen sein!»

«Wenn ich nur wüßt», sagte Saller, «wie wir ihn heute abend noch erreichen sollen – in seiner Jagdhütte hat er kein Telefon...»

Aber Sallers Sorge war überflüssig.

Während Zirlgruber und er noch beratschlagten, welche äußersten Konzessionen man Hurlinger einräumen könnte, trat der Geschäftsführer an den Tisch.

«Herr Konsul, verzeihen Sie die Störung – Ihre Frau Gemahlin läßt Ihnen ausrichten, ein Herr habe angerufen, der Sie gern heute noch sprechen würde. Er hat eine Telefonnummer hinterlassen und bittet um Rückruf.»

Dann gab er Saller einen Zettel.

Als Saller vom Telefon zurückkam, sagte er:

«Der hört wohl auch das Gras wachsen, der Hurlinger...! In etwa vierzig Minuten wird er hier sein.»

Der Herr Abgeordnete nickte nur und sagte:

«Und die Stänkerei wegen meiner geplanten Ehescheidung, die muß er auch sein lassen, der Bazi, der damische!»

«Du, hör einmal, Maxl», sagte Saller, «fang nicht damit an! Da hab ich eine weit bessere Lösung! Ich kenn da einen Professor, der regelt das auf ganz andere Weise – wir reden noch darüber... Laß uns jetzt genau festlegen, wie weit wir ihm entgegenkommen können und wie wir ihm klarmachen, daß damit die äußerste Grenze erreicht ist.»

«Na gut», meinte Zirlgruber, «aber deine bessere Lösung für meine Probleme, die mußt du mir nachher noch erzählen...»

Hurlinger schaute in den Rückspiegel und fuhr langsamer, denn fast hätte er seinen Verfolger abgehängt. Erst nachdem ihm der wieder dicht auf den Fersen war, bog er plötzlich, ohne vorher zu blinken, in eine Seitenstraße ab, die zu einem Vorortbahnhof der S-Bahn führte. Der VW fuhr in schnellem Tempo weiter geradeaus. Einen Augenblick lang überlegte Hurlinger, ob er seinen Verfolger endgültig abschütteln, den Wagen stehenlassen und den nächsten Zug in die Stadt nehmen solle, doch dann entschied er sich dagegen. Es genügte, wenn er ein paar Minuten Zeit gewann; Saller und Zirlgruber mußten schließlich nicht alles wissen. Von einer Telefonzelle am Bahnhof rief er dann Herrn v. Hunger an.

«Ich habe gute Nachrichten für Sie», sagte er. «Die Ermittlungen gegen den jungen Mann konnten eingestellt werden.»

Herr v. Hunger bedankte sich überschwenglich.

«Stellen Sie sich vor, lieber Hurlinger, vorhin rief mich meine Frau aus Basel an – sie hat ihn heute früh aus der Klinik geholt und mit in die Schweiz genommen!»

«Ausgezeichnet. Aber es sollte bei dem bleiben, was wir besprochen haben – für mindestens ein Jahr müßte er schon wegbleiben ...!»

«Selbstverständlich, Hurlinger, es bleibt dabei! Ich habe es meiner Frau schon gesagt, und sie war derselben Ansicht.»

«Gut», sagte Hurlinger. «Noch eine Frage an Sie, der Sie viel mehr Erfahrung haben in diesen Dingen: Sie wissen ja, ich vertrete unsere Bank im Aufsichtsrat der ‹Treubau›, an der wir beteiligt sind. Ich hätte jetzt die Möglichkeit, selbst ein paar ‹Treubau›-Aktien günstig zu erwerben – bestehen da Bedenken?»

Herr v. Hunger versicherte, keine zu haben, lobte seine Korrektheit und erkundigte sich, in welcher Höhe Hurlinger sich zu engagieren gedenke.

«Drei bis vier Prozent des Aktienkapitals sind mir angeboten worden, und zwar erheblich unter pari ...»

«Menschenskind, Hurlinger, greifen Sie zu!» Herr v. Hunger war ganz aufgeregt. «Das ist ein Bombengeschäft, und ich gönne es Ihnen von Herzen, nach allem, was Sie für mich getan haben ...! Der Ordnung halber werde ich in den nächsten Tagen den alten Batz darüber informieren, aber das ist eine reine Formalität, nachdem Sie vorher bei mir angefragt und meine Zustimmung erhalten haben ...

‹Treubau› hat große Aussichten! Sie werden Ihr Kapital bald verdoppelt haben!»

«Na, hoffentlich», sagte Hurlinger. «Ich danke Ihnen jedenfalls sehr ...»

Er ging zurück zu seinem Wagen, ohne sich umzuschauen. Den dunkelgrünen Volkswagen hatte er schon vor zwei Minuten ankommen und halten sehen.

‹So›, dachte er, ‹das wäre erledigt – jetzt kann er mir meinetwegen hinterherfahren bis zu dem Treff mit seinem Auftraggeber ...›

Der junge Mann mit der Hornbrille, der den alten Hueber tags zuvor in der Halle des Hotels ‹Vier Jahreszeiten› erst so barsch empfangen hatte, ging eilig die Straße entlang, in der einen Hand einen Aktenkoffer, in der anderen einen zusammengerollten Regenschirm, den Blick auf die Nummernschilder der Häuser gerichtet.

Er kam an Multhaupt, Köhlers Ablösung, vorbei, der ihn aufmerksam beobachtete, als er auf den Eingang des Hauses zuging, in dem Anna wohnte. Als sich die Haustür hinter ihm geschlossen hatte, sah Multhaupt auf die Uhr und machte sich eine Notiz.

Der junge Mann stieg eilig die Treppen empor, bis er vor der richtigen Wohnungstür angekommen war. Er betrachtete mißbilligend die vielen Namensschilder und klingelte dann.

Anna öffnete ihm.

«Dr. Bilz», stellte er sich vor. «Ich möchte ...»

«Kommen S' nur herein», sagte Anna freundlich. «Der Herr Hueber erwartet Sie schon.»

Sie führte ihn ins Wohnzimmer und ließ ihn dort mit Hueber allein. Dr. Zadek war eine Viertelstunde zuvor nach Hause gegangen; er wollte mit dem Beauftragten der Mertz-Bank, den Hueber zur Entgegennahme seiner Vollmacht und der von Dr. Zadek vorbereiteten Papiere zu sich bestellt hatte, nicht zusammentreffen. Barbara war noch nicht zurückgekommen. So war Anna sich selbst überlassen.

Damian Lohbichler würde wohl bald erscheinen. Er hatte am Nachmittag angerufen und wollte gegen neun kommen, wie Anna von Barbara ausgerichtet worden war, um ihr – so hatte er gesagt – noch ein bißchen Gesellschaft zu leisten.

Anna mußte darüber lachen.

In Wahrheit war es wohl der Damian, der es allein nicht aushielt und jemanden brauchte, mit dem er über die Geli reden konnte. Wahrscheinlich würde er bleiben, bis sie ihn heimschickte.

Bis der Damian kam, hatte Anna nichts zu tun. Also holte sie sich Schreibpapier, setzte sich an den Küchentisch und begann einen Brief:

Lieber Franzi,
sei mir nicht bös, ich hätte es Dir eigentlich schon in Tölz sagen sollen und habe es nur aufgeschoben, weil Du so guter Laune warst und ich sie Dir nicht verderben wollte...

Hurlinger fand in der Nähe des vielbesuchten Schlemmerlokals erst nach längerem Suchen einen Parkplatz. Vergnügt beobachtete er seinen Verfolger, der es damit noch schwerer hatte. Hurlinger wartete, bis der dunkelgrüne Volkswagen etwa zweihundert Meter entfernt in eine Parklücke einbog. Dann erst betrat er das Restaurant.

Als er sich zu Saller und Zirlgruber an den Tisch setzte, sah er den Mann – es war Hinzpeter – noch ziemlich außer Atem am Eingang erscheinen.

‹Hoffentlich findet er hier einen Platz›, dachte Hurlinger.

Zu den beiden sagte er:

«Mei, ist das ein herrlicher Sommerabend! Der Föhn hat die Berge ganz nahe gerückt – sogar die Zugspitze kann man sehen... Und ein Alpenglühen war – wie im Bilderbuch!»

Saller und Zirlgruber zeigten sich nicht sonderlich interessiert.

«Kommen wir doch zur Sache, Herr Dr. Hurlinger», begann Konsul Saller knarrend, aber Hurlinger tat, als hätte er es nicht gehört. Bis der Oberkellner mit der Speisekarte kam, schwärmte er weiter von den Naturschönheiten, auch von den gemütvollen, aufrechten Menschen des Oberlands – «So g'radheraus san's...!» –, und ließ sich dann gründlich beraten, mit welchen exquisiten Fisch- und Fleischgerichten die Küche aufzuwarten hatte.

Aber als ihm der Oberkellner ein seinen Wünschen entsprechendes Menü zusammengestellt hatte, änderte er plötzlich seinen Entschluß und entschied sich für Bratstrudelsuppn und Krautwickerl.

Saller und Zirlgruber tauschten mehrfach Blicke aus. Ihre Geduld war fast erschöpft. Aber da sagte Hurlinger ganz unvermittelt:

«So, und nun, meine Herren, lassen Sie uns über die ‹Treubau› reden. Seine Durchlaucht hat mir ja schon liebenswürdigerweise Ihre ungefähren Vorstellungen erläutert, doch da gibt es sicherlich noch Möglichkeiten einer Verbesserung, nicht wahr?»

Zirlgruber schluckte.

Saller fragte zögernd: «Dachten Sie an Ihre Beteiligung...?»

Hurlinger, der sich gerade ein Stück Brot in den Mund geschoben hatte und daran kaute, nickte nur, etwas zerstreut. Nun vermochte Zirlgruber nicht länger zu schweigen:

«Hören Sie mal, Hurlinger – irgendwo sind Grenzen, und Sie sollten sich hüten, sie zu überschreiten...!»

Hurlinger schaute ihn an, treuherzig und scheinbar sehr verwundert.

«Nanu, Herr Abgeordneter, was haben S' denn? Wir sind doch jetzt Verbündete – oder?»

«Und wir müssen dauernd gewärtig sein, daß Sie uns in den Rücken fallen?!»

Zirlgruber hatte es mit einem lauernden Unterton gesagt, aber Hurlinger zeigte sich davon unbeeindruckt. Er wies, ohne sich umzudrehen, mit dem Daumen rückwärts – in die Richtung, wo sein Verfolger an einem bescheidenen Tischchen Platz genommen hatte. «*Das* nenn ich ‹in den Rücken fallen›», sagte er.

Zirlgruber und Saller schauten auf, suchten mit ihren Blicken das Lokal ab. Aber sie konnten nichts entdecken.

«Was meinen Sie denn, Herr Dr. Hurlinger?» fragte Saller, etwas unsicher.

Hurlinger stand auf. Er ging zu Hinzpeter, der plötzlich großes Interesse an der Speisekarte zeigte.

«Ach, bitte», sagte Hurlinger, «kommen S' doch mal für einen Moment an unseren Tisch – Herr Konsul Saller möchte Sie sprechen...!»

Hinzpeter warf einen raschen Blick zu Saller, sah dessen energisches Kopfschütteln und sagte daraufhin:

«Das muß ein Irrtum sein – ich kenne Sie nicht und auch keinen Herrn Konsul Saller.»

Damit erhob er sich und verließ eilig das Lokal, sehr gekränkt, wie es schien.

Hurlinger kehrte lachend an seinen Platz zurück.

«So, das wäre erledigt», sagte er gutgelaunt. «Ich hoffe, Herr Konsul, Sie lassen die Schnüffelei jetzt einstellen.»

Saller nickte zerstreut.

«Ich habe noch mal genau nachgerechnet, mein lieber Hurlinger, es läßt sich tatsächlich noch ein bißchen für Sie abzwacken – sagen wir, anstatt zwei, also drei Prozent?!»

«Ich dachte an vier», erwiderte Hurlinger.

Sie einigten sich schließlich auf 3½ Prozent und einen gutdotierten Sitz im Aufsichtsrat der ‹Katastropenhilfe GmbH›, wo Zirlgruber den Vorsitz führte.

«Da kriegen Sie dann alle Informationen aus erster Hand», meinte Zirlgruber grinsend.

Dr. Bilz hatte alle Papiere, die von Hueber und Zadek vorbereitet worden waren, genauestens studiert und in Ordnung befunden. Wegen der Übernahme von Huebers Honorar durch die Mertz-Bank hatte er mit seinem Chef telefoniert und dessen Zustimmung erhalten. Jetzt war er aufgestanden, holte einige Formulare aus seinem Aktenkoffer und sagte:

«Ich brauche dann noch einige Unterschriften von Ihnen für die Konteneröffnung ...» Und als er Huebers erstaunten Blick sah, fügte er rasch hinzu:

«Ich lasse morgen früh für Sie zwei Konten eröffnen, das eine für Sie persönlich – darauf wird Ihr Honorar gutgeschrieben –, das andere für den Betrag, den Sie für Herrn Dr. Zadek in Empfang nehmen.»

Hueber überlegte. Es erschien ihm seltsam, daß Alfred Zadek und er nun auch noch Kunden der Mertz-Bank werden sollten, aber für den Bankier war das wohl, nachdem sie sich verständigt hatten, ein normaler Geschäftsvorgang.

«Also, gut», sagte er, «warum eigentlich nicht?»

Dann unterschrieb er.

Dr. Bilz versicherte ihm, daß die Mertz-Bank die ihr von Dr. Zadek übertragenen Forderungen nun sofort und mit allem Nachdruck einklagen werde. Und dann sagte er, während er die Formulare wieder einsammelte: «Wir werden uns bemühen, Ihr Vertrauen zu rechtfertigen. Sie dürfen versichert sein, daß unser Haus Sie stets kulant bedienen wird.»

Geld kommt zu Geld ...

... so pflegt man zu sagen. Je größer der Haufe, je größer die Anziehung.

Es bleibt zu hoffen, daß Geld, wenn es selbst entscheiden könnte, gelegentlich andere Bestimmungsorte wählen würde.

Pfandbrief und Kommunalobligation

Meistgekaufte deutsche Wertpapiere - hoher Zinsertrag - schon ab 100 DM bei allen Banken und Sparkassen

Verbriefte  Sicherheit

Er verabschiedete sich mit einer kleinen Verbeugung. Herr Hueber brachte ihn zur Tür.

Zu Annas Überraschung war Damian nicht allein gekommen, sondern in Begleitung von Monika Neureuther.

«Wir haben uns zufällig an der Ecke getroffen», sagte Moni, «ich kam aus dem Kino ... Der Damian hat mir schon erzählt, daß er die Geli besucht hat und daß sie morgen früh ...»

«Wenn sie nur erst draußen wär», rief Damian dazwischen, «ich hab keine Ruh – ich stell mir immer vor, einer von den Herren Beamten könnt ein Papier vergessen oder krank werden, und dann würde die Geli ...»

«Hör auf!» sagte Anna energisch. «Du machst dich und uns alle noch ganz narrisch – es geht ganz gewiß in Ordnung! Da passiert nix mehr!»

Dann erzählte sie den Freunden von ihrer seltsamen Begegnung mit dem Köhler Seppi, nicht zuletzt, um den Damian abzulenken.

«Hast du dich auch nicht geirrt?» fragte er. «Es ist schließlich schon arg lang her – rund zwanzig Jahr!»

Anna schüttelte den Kopf.

«Nein, da bin ich ganz sicher – und jetzt, wo mir der Herr Hueber von den Dirlewanger-Leuten erzählt hat, da versteh ich auch, warum der Sepp gleich Reißaus genommen hat. Wahrscheinlich lebt er irgendwo unter falschem Namen ...»

Damian war anderer Meinung.

«Ach was, die verstecken sich doch längst nicht mehr! Denen geschieht doch nix – nur wenn unsereiner 'was ausfrißt, dann fassen sie alle gleich zu: die Polizei, der Staatsanwalt, das Gericht! Denk doch nur, wie's der Geli ergangen ist – z'wegen lumpiger Strümpf für 1,98 ...!»

«Was wir brauchen», sagte Monika, «ist ein Betriebsrat – wenn wir den schon hätten, dann wär das nicht passiert mit der Geli – und all das andere, was die sich erlauben – Überstunden ohne Bezahlung oder zum Abbummeln, und die Bußgelder, die sie von uns für jeden Schmarrn kassieren. Und dann gäb's vielleicht auch Essensmarken, daß man sich in der Mittagspause beim Mario eine Pizza leisten könnt. Und besseren Unfallschutz, garad im Lager II, wo alle naslang was passiert!»

Anna und Damian sahen sie verwundert an.

«So kenn ich dich ja gar nicht, Moni», sagte Anna.

Damian meinte:

«Hört sich gut an – aber sie beschäftigen ja möglichst nur Aushilfskräfte! Mehr als anderthalb Dutzend Leut, die fest angestellt und keine Lehrlinge sind, bringst doch bei uns nicht zusammen...!»

«Zehn Ständige reichen», sagte Monika, «und die bringen wir allemal zusammen – oder? Ich hab mich bei meinem Vater erkundigt, der kennt sich da aus.»

«Am End wird noch der Schimanski unser Betriebsrat», sagte Damian. «Der Lallinger und die Stepanek würden sich doch für ihn einsetzen, für diesen Spitzel, diesen elendigen...»

«Das laß nur unsere Sache sein», sagte Anna. «Gell, Moni, unsere Frauen, die lassen sich bestimmt nicht den Hansi Schimanski aufschwatzen, da leg ich meine Hand für ins Feuer! Und zusammen sind wir zwölf, damit haben wir schon die Mehrheit... Die Frage ist nur – wer soll's machen?»

Damian und Moni sahen sich an.

«Also», sagte Moni, «wir haben gedacht, daß du's am besten machen würd'st, Anna. Du bist schon lang beim Saller, hast sogar die goldene Nadel gekriegt, und zu dir haben die andern Vertrauen...»

«Genau», sagte Damian.

Anna war zunächst überrascht.

«Ja», sagte sie dann, «wenn ihr meint – ich trau mich schon! Vorgestern hätt ich vielleicht noch a bißl Schiß gehabt, aber das ist jetzt vorbei...»

Montag früh

«Na, Frau Lemmert, gibt's was Neues?»

Frau Lemmert, die Dr. Hurlinger gerade Kaffee einschenkte, brannte schon darauf, ihm den neuesten Klatsch zu berichten.

«Es scheint ein schönes, ruhiges Wochenende gewesen zu sein», begann sie eilig und lächelte süffisant, «außer bei unserem Kommerzienrat ... Er hat dem Fräulein Dorothee ganz schön die Leviten gelesen!»

«Soso», murmelte Hurlinger nur, nicht sonderlich interessiert, wie es Frau Lemmert schien.

Sie war enttäuscht, ließ sich aber nichts anmerken und nahm einen neuen Anlauf:

«Der Krach im Hause von Herrn Kommerzienrat Batz war übrigens *nicht* wegen des Skandals im Kaufhaus von letzter Woche – das mit dem Kaviar, dem Pelz und dem Reisewecker ist längst vergeben und vergessen, und Professor Glückstein hat Fräulein Dorothee ein Attest ausgestellt – man kann sich ja denken, was er ihr da bescheinigt hat ...»

Hurlinger horchte auf, aber er stellte keine Fragen, sondern löffelte seinen Joghurt und begnügte sich mit einem ermunternden Kopfnicken.

«Stellen Sie sich vor, Herr Direktor, die Verlobung von Fräulein Batz mit dem Chefingenieur von der Elektronik-Union, diesem gutaussehenden Mann, der neulich auch in der Zeitung abgebildet war, die ist *rückgängig* gemacht worden – im gegenseitigen Einvernehmen, wie es heißt ...»

«Tatsächlich?»

«Fräulein Batz hat am Samstag abend noch ihr bestandenes Referendarexamen gefeiert – da war ihr Verlobter natürlich dabei, und alles zwischen den beiden schien noch in bester Ordnung ... Kein

Mensch weiß, was danach vorgefallen ist, zwischen Mitternacht, als die Feier im Hause Batz zu Ende ging, und Sonntag vormittag, als der Herr Chefingenieur mit dem Herrn Kommerzienrat telefoniert hat ... Aber dem gewaltigen Krach nach zu urteilen, den unser Kommerzienrat dann gemacht hat, muß es geradezu *haarsträubend* gewesen sein, was die junge Dame sich geleistet hat ...»

«Na, na», sagte Hurlinger, etwas unwirsch. Er fühlte sich verpflichtet, für Fräulein Dorothee Batz und ihre Ehre einzutreten. Dabei dachte er nur: ‹Verdammt schnelle Arbeit – das muß man dem Rablaczek lassen ...!›

Frau Lemmert ließ sich nicht weiter beirren.

«Das Fräulein Dorothee fliegt heute nachmittag zu ihrer Tante, der Prinzessin, die in Montevideo lebt – für etwa ein Vierteljahr! Da muß doch wirklich etwas *Schlimmes* vorgefallen sein, wenn man sie so rasch und so weit fortschickt – meinen Sie nicht auch, Herr Direktor?»

Hurlinger sagte, er könne nicht finden, daß eine Reise zur Tante in Uruguay als schwere Strafe anzusehen sei.

«Ich wünschte, mich schickte mal jemand drei Monate zur Erholung nach Südamerika ...!»

Frau Lemmert schwieg dazu, etwas pikiert.

«Sonst noch was, Lämmchen?»

«Eigentlich gibt es nichts weiter zu berichten, Herr Dr. Hurlinger – es scheint ein ungewöhnlich ruhiges Wochenende gewesen zu sein, wenn man von dem Krach im Hause Batz einmal absieht. Ich hoffe, es war auch für Sie recht erholsam ...»

«Ja, danke, das war es», sagte Hurlinger, «ja, doch, das kann man schon sagen.»

Dann griff er zur Zeitung.

«Übrigens, der Landwirt Gstettenbauer bekommt eine Entschädigung vom Freistaat Bayern», bemerkte Frau Lemmert im Hinausgehen. «Es steht ganz groß im ‹Nachtexpreß›, auch daß man nun auf einen Untersuchungsausschuß verzichten kann. Ich finde, das mit der Entschädigung, das ist wirklich christlich und sozial ...»

«Da mögen Sie sogar sehr recht haben», sagte Hurlinger und lachte.

«*Presto, presto*, meine Damen», rief Anna, Herrn Lallinger nachahmend, «keine Müdigkeit vorschützen! Und das gilt auch für Sie, *Fräulein* Zivojinovic...!» Sie kniff dabei ein Auge zu.

Geli, die erst vor ein paar Minuten eingetroffen war – Damian hatte sie mit dem Saller-Lieferwagen abgeholt –, lachte vergnügt, verstummte dann aber jäh und machte Anna ein Zeichen, still zu sein.

Anna wandte den Kopf und sah Herrn Lallinger, der sehr verwundert schien, Geli wieder bei der Arbeit zu sehen.

«Da sind Sie ja wieder», sagte er. «Dann hat sich das wohl erledigt?»

«Ja», sagte Anna. Sie lächelte dabei auf eine Herrn Lallinger etwas verwirrende Weise. «Sie brauchen sich keine Mühe mehr zu machen, Herr Lallinger. Das Fräulein Zivojinovic hat Aufenthalts- und Arbeitserlaubnis für zunächst ein Jahr, und sie darf wieder Salatkartoffeln, Weißkohl und Semmeln nach vorn schaffen – wie bisher... Die 1,98 für das eine Paar Strümpfe habe ich übrigens heut früh der Frau Stepanek gegeben – Fräulein Zivojinovic hatte sie nämlich für mich geholt...»

«Tatsächlich? Dann ist ja alles in Ordnung... Und lassen Sie sich nicht stören bei der Arbeit, meine Damen!»

Anna nickte nur.

Sie packte dabei Kohlköpfe in einen Korb und schien mit sich und der Welt im großen und ganzen zufrieden.

Anhang

Von den wirklichen, nicht erfundenen Personen, die in diesem Tatsachenroman vorkommen, sind nachstehend diejenigen in alphabetischer Reihenfolge angeführt, deren Biographie für das Verständnis des zeitgeschichtlichen Hintergrunds der Handlung von Bedeutung sein könnte.

ANILOWA, Tamara (Tomka), geboren um 1923, lebt in der Sowjetunion.
Wurde vom Sonderkommando 10a der SS bei einer Razzia aufgegriffen, gefoltert und gezwungen, für die SS zu arbeiten. Sie war zwangsweise Dr. Kurt Christmanns Geliebte, auch Zeugin der Greueltaten der SS.
Die deutsche Übersetzung ihrer Aussagen wurde auszugsweise im Text zitiert; auch die Beschreibung Christmanns (s. d.) geht darauf zurück.

BEN-CHORIN, Schalom, geboren am 20. Juli 1913 in München.
Stammt aus einer alteingesessenen bayerisch-jüdischen Familie, hieß ursprünglich Fritz Rosenthal, studierte in München Philosophie, Germanistik und vergleichende Religionswissenschaft, wurde zu Beginn der Nazi-Diktatur von SA-Leuten mißhandelt und in ‹Schutzhaft› genommen. Er emigrierte dann und lebt als freier Schriftsteller und Journalist in Jerusalem.

BERGER, Gottlob, geboren am 16. 7. 1896
SS-Obergruppenführer und General der Waffen-SS, vor dem 2. Weltkrieg als Leiter des SS-Führungshauptamts einer der engsten Mitarbeiter Heinrich Himmlers und «der Treueste der Treuen».

1944 leitete er die Niederwerfung des slowakischen Aufstands durch die Einsatzgruppe H.
Berger wurde vom Alliierten Militärtribunal zu 25 Jahren Gefängnis verurteilt, jedoch 1951 aus der Haft entlassen. War dann Mitarbeiter der in Coburg erscheinenden neofaschistischen Monatszeitschrift ‹Nation Europa›.

CHRISTMANN, Kurt, Dr. jur., geboren am 1. Juni 1907 in München. SS-Obersturmbannführer, Oberregierungsrat i. R., Immobilienmakler. Mitglied der NSDAP seit 1. Mai 1933, Mitgliedsnummer 3203599, SS-Mitgliedsnummer 103057.
Vom 21. April 1934 bis 14. Februar 1937 Referent für Pressewesen und Marxismus im SD-Hauptamt, Berlin. Vom 15. Februar 1937 bis 16. Juni 1938 Hauptreferent im SD-Hauptamt.
Vom 17. Juni 1938 bis 1. Dezember 1939 Untersuchungsleiter bei der Gestapo-Leitstelle München, Regierungsrat.
Vom 1. Dezember 1939 bis Anfang 1942 Leiter der Gestapo in Salzburg, Oberregierungsrat.
Von Anfang 1942 bis Mitte 1943 als SS-Obersturmbannführer Chef des SS-Sonderkommandos 10a in der Sowjetunion,
dann Leiter der Gestapo in Klagenfurt und (bis Kriegsende) in Koblenz.
Im ersten Kriegsverbrecherprozeß des Zweiten Weltkriegs wurde in Krasnodar (Sowjetunion) gegen Dr. Christmann und seine Mitarbeiter in Abwesenheit verhandelt. Die Greueltaten des Sonderkommandos 10a wurden durch Zeugenaussagen, Dokumente und Augenschein nachgewiesen und zu Protokoll genommen. Auch im Einsatzgruppenprozeß (Fall 9), der bis zum 10. April 1948 vom Militärgerichtshof V der Vereinigten Staaten in Nürnberg verhandelt wurde, kamen Christmanns Verbrechen ausführlich zur Sprache. Er selbst hatte sich mit Hilfe der geheimen ‹Odessa›-Verbindungen nach Argentinien abgesetzt. Mitte der 50er Jahre kehrte Dr. Kurt Christmann nach München zurück, eröffnete ein Immobilienmaklerbüro (zuletzt Schützenstr. 1) und blieb zunächst unbehelligt, trotz zahlreicher Strafanzeigen, die bei der Staatsanwaltschaft München eingingen.
1967/68 wurde Christmann von dem sowjetischen Schriftsteller Lew Ginsburg, von dem Mitherausgeber der sowjetischen Zeit-

schrift «Neue Zeit», Lew Besymenski, sowie von mehreren Münchner Journalisten besucht und über seine Tätigkeit in der Sowjetunion während des Zweiten Welkriegs ausführlich befragt. Seine in diesem Roman in indirekter Rede wiedergegebenen Äußerungen entsprechen wörtlich seinen damaligen Äußerungen. Auch die im Text zitierten Protokolle entsprechen der Übersetzung aus dem Russischen, wie sie von Lew Ginsburg in der Zeitschrift «kürbiskern» 4/67, Seite 153–170, ausführlich wiedergegeben worden sind. Ginsburg hat auch Tamara (Tomka) Anilowa, «eine bedauernswerte Kollaborateurin, ein Abfall des Krieges», interviewt; auch auf dieses Interview nimmt der Roman Bezug.

Nachdem Dr. Kurt Christmann 24 Jahre lang, von seiner Rückkehr aus Argentinien um 1955 bis Ende 1979, von der bundesdeutschen Justiz entweder gar nicht behelligt oder – gegen Kaution in sechsstelliger Höhe – von Untersuchungshaft verschont worden ist, wurde er, kurz nach Beginn der Recherchen des Autors für diesen Roman, verhaftet. Nach Auskunft der Justizpressestelle soll ein Prozeß gegen ihn im Herbst 1980, also 37 Jahre nach den Vorfällen, die die Straftatbestände bilden, und ein Vierteljahrhundert nach Christmanns Rückkehr und den ersten Strafanzeigen, in München beginnen.

Das Maklerbüro, das Christmann im Hause Schützenstraße 1 hatte, ist dort nicht mehr; der im Immobiliengeschäft sehr wohlhabend gewordene, inzwischen 73jährige Dr. Christmann lebte bei seiner Verhaftung bereits im Ruhestand in seinem Landhaus bei München. Über die schließliche Verhaftung Christmanns berichtete die «Süddeutsche Zeitung» am 14. November 1979:

«Nach fünf Jahren ist es den Münchner Strafverfolgern gelungen, den 72jährigen Immobilienhändler Kurt Christmann hinter Gitter zu bringen ... Die Einstellung eines früheren Verfahrens gegen Christmann am 28. November 1974, die mit dessen dauerhafter Verhandlungsunfähigkeit begründet wurde, hatte ihn bisher vor strafrechtlicher Verfolgung bewahrt ... Zwei Beamte des Landeskriminalamts, die den ermittelnden Ersten Staatsanwalt Wolf Folger am Dienstag gegen 8 Uhr zu dem Haus in Laim begleiteten, in dem Christmann wohnte, gebrauchten eine kleine Finte, damit sich der Beschuldigte nicht in letzter Minute der Festnahme entziehe. Einer der Beamten war als Postbote verkleidet. Er fragte in Christmanns

Wohnung dessen Frau nach ihrem Mann, weil er eine Einschreibesendung auszuhändigen habe. Er wurde in den Swimming-pool im Keller des Hauses geschickt. Dort trafen der Staatsanwalt, die zwei Polizisten und ein medizinischer Sachverständiger, der die Beamten begleitete, Christmann an. Dieser hatte gerade sein Morgenbad beendet. Er schimpfte wüst, als man ihm die Festnahme eröffnete, und bezeichnete die Beamten als Gangster ...»
In einem Kommentar in derselben Ausgabe der «Süddeutschen Zeitung» schrieb dazu Johann Freudenreich: «Ein Mann, der verdächtig ist, an Massenmorden der NS-Zeit, den wohl scheußlichsten Verbrechen des Jahrhunderts, mitgewirkt zu haben, kann sich fünf Jahre lang seiner Verantwortung und seinem Prozeß entziehen. Ein amtsärztliches Gutachten, das ihm 1974 dauernde Verhandlungsunfähigkeit bescheinigte, machte es möglich. Sein angeblich so bedenklicher Gesundheitszustand hinderte den Beschuldigten freilich nicht daran, in diesen fünf Jahren weiter seinen Geschäften nachzugehen, in schweren Autos über Land zu fahren und täglich seine Runden im Swimming-pool zu drehen ...»

DIEHL, Karl, geboren am 4. Mai 1907.
Diplom-Ingenieur, Industrieller, Verwaltungsratsvorsitzender der Diehl-Gruppe (NE-Metall-Halbzeug, Uhren, Zeitschaltgeräte, Rechenmaschinen, feinmechanische Fertigung), eines der wichtigsten Unternehmen der Rüstungsindustrie der Bundesrepublik. Das Unternehmen mit dem Hauptsitz in Nürnberg wurde von seinem Vater, Heinrich Diehl, gestorben 1938, gegründet. Der Sohn und Erbe führte es von 1939 an zu seiner jetzigen Größe. (S. auch Wenck, Walter). Diehl gehört zum engsten Freundeskreis von Franz Josef Strauß.

DIETRICH, Josef («Sepp»), geboren am 28. 5. 1892 in Hawangen Kr. Memmingen, gestorben am 21. April 1966 in Ludwigsburg.
Dietrich, Sohn eines Kleinbauern, wurde Berufssoldat, zuletzt Feldwebel. 1919 wurde er in den bayerischen Polizeidienst übernommen. Von 1928 an war er Hitlers Leibwächter. Daneben baute er in Südbayern, dann auch im Raum Hamburg, die Schutzstaffel (SS) auf. 1933 wurde er Kommandant der bewaffneten SS-Stabswache, die in der Berliner Reichskanzlei den Sicherheitsdienst versah

und am 9. November 1933 die Bezeichnung «Leibstandarte Adolf Hitler» erhielt. Beim sog. ‹Röhm-Putsch› vom 30. Juni/1. Juli 1934 führte Dietrich mit seinen SS-Leuten die Ermordung Röhms und zahlreicher hoher SA-Führer durch. Während des 2. Weltkriegs führte er Verbände der Waffen-SS in Divisions- und Korpsstärke. Zuletzt war er Oberbefehlshaber der 6. SS-Panzerarmee als SS-Oberstgruppenführer und Generaloberst der Waffen-SS.
1946 wurde Sepp Dietrich im ‹Malmedy-Prozeß› wegen Kriegsverbrechen zu lebenslanger Freiheitsstrafe verurteilt, jedoch 1955 begnadigt und freigelassen. Im Münchner ‹Röhm-Prozeß› erhielt er 1957 eine Strafe von 18 Monaten Gefängnis. Sepp Dietrich war bis zu seinem Tod führend in der ‹HIAG› (‹Hilfsorganisation auf Gegenseitigkeit› ehemaliger SS-Angehöriger) tätig.

EHARD, Hans, geboren am 10. November 1887 in Bamberg.
Ehard, Sohn eines Bamberger Stadtkämmerers, studierte Rechtswissenschaft an den Universitäten München und Würzburg, promovierte 1912, nahm am 1. Weltkrieg teil und trat dann in den bayerischen Justizdienst ein. 1923/24 war Ehard Vertreter der Anklage im Strafprozeß gegen die Teilnehmer am Hitler-Putsch vom 9. November 1923 und fiel dabei auf durch besondere Milde und Rücksichtnahme auf die Angeklagten. Als Mitglied der Bayerischen Volks-Partei wurde er ins Justizministerium berufen und war dort als Oberregierungs-, dann als Ministerialrat tätig. 1933 wurde er Senatspräsident am Oberlandesgericht München. 1945 Justizminister im Kabinett Fritz Schäffer, das nach kurzer Amtszeit von der amerikanischen Militärregierung abgesetzt wurde. Ehard blieb als Staatssekretär im Justizministerium, bis er 1946 bayerischer Ministerpräsident wurde (bis 1954, erneut von 1960 bis 1962). Seit 1949 (bis 1955) Vorsitzender der Christlich-Sozialen Union (CSU) in Bayern, seit 1969 deren Ehrenvorsitzender. Von 1962 bis 1966 bayerischer Justizminister. Ausgezeichnet mit dem Großkreuz des Verdienstordens der Bundesrepublik sowie mit zahlreichen in- und ausländischen Orden und Ehrenzeichen.

EHRHARDT, Hermann, geboren am 29. November 1881 in Diersburg (Baden).
Berufsoffizier bei der kaiserlichen Kriegsmarine, zuletzt Korvetten-

Ein deutsches Lesebuch –
Die Summe eines großen, kämpferischen Lebens:

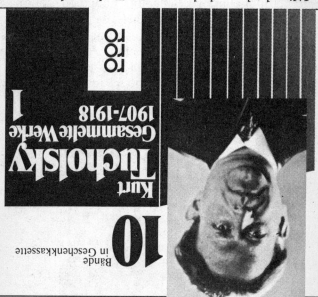

«Wir glaubten doch, unseren Tucho recht gut zu kennen. Nun stehen wir überrumpelt, hingerissen, verblüfft vor immer neuen Entdeckungen.»
Axel Eggebrecht

«Dieses ganze dicke, runde, zum Schmökern geradezu einladende Buchpaket kostet ganze DM 98,–. Was soll man da anderes empfehlen als: zugreifen?»
Frankfurter Rundschau

Rowohlt

Esther, eine sehr junge Frau, und ihre beiden Brüder Koni und Nik stehen im Zentrum dieser Geschichte, die mit einer Demonstration beginnt und mit einer Aktion endet, die phantastisch und ungeheuerlich ist, fast schon kohlhaasisch. Otto F. Walter ist hier etwas Seltenes gelungen: engagiertes Schreiben in den Dimensionen des Poetischen. 141 Seiten. Brosch.

Der Stumme · Roman · rororo Band 1688

Herr Tourel · Roman · rororo Band 1847

Die ersten Unruhen · Ein Konzept · 204 Seiten. Geb.

Die Verwilderung · Roman · 3. Auflage. 282 Seiten. Geb.

kapitän. Anfang 1919 gründete er das Freikorps ‹Brigade Ehrhardt›, das unter seiner Führung an der Niederwerfung kommunistischer Aufstände in Wilhelmshaven, Braunschweig und München teilnahm. Als Bestandteil der vorläufigen Reichswehr wurde die Brigade unter Ehrhardts Kommando nach Döberitz bei Berlin verlegt und sollte einen Teil der ‹Eingreifreserve› gegen die Arbeiterschaft der Reichshauptstadt bilden. Statt dessen schloß sich Ehrhardt mit seiner Truppe den Putschisten an, die unter Führung von Kapp und Lüttwitz im März 1920 die Republik zu beenden und die Reichsregierung zu stürzen versuchten. Nach dem Scheitern des Kapp-Putschs wurde Ehrhardt im Lager Munster bei Paderborn interniert, konnte aber nach Bayern fliehen, wo er von den Behörden unbehelligt blieb und die «Organisation Consul» (OC) gründete. Die OC, die antirepublikanisch und militant antisemitisch ausgerichtet war, konnte mit stillschweigender Duldung der bayerischen Behörden zahlreiche Verbrechen begehen (Feme-Morde, Attentate auf Reichsaußenminister Walther Rathenau, Matthias Erzberger, Philipp Scheidemann). 1922 wurde Ehrhardt, der neben der OC auch den ‹Wiking-Bund›, eine weitere rechtsextremistische Geheimorganisation, führte, verhaftet, konnte aber aus dem Gefängnis fliehen, hielt sich dann weiter in Bayern, später in Südtirol auf und wurde 1925 amnestiert.
Was er nach 1933 tat, ist ungeklärt. Nach seinen eigenen Angaben hielt er sich in Österreich auf und vom politischen Geschehen fern.

EICHMANN, Adolf, geboren am 19. März 1906 in Solingen, gestorben am 1. Juni 1962 (Hinrichtung) in Ramle, Israel.
War zunächst kaufmännischer Angestellter in Österreich, von 1927 bis 1931 Mitglied des deutsch-österreichischen Frontkämpferbundes, 1932 Beitritt zur NSDAP und von 1933 an hauptamtlicher SS-Funktionär. Nach dem Verbot der NSDAP in Österreich 1934 in das neue SD-Hauptamt in Berlin übernommen, war er dort Sachbearbeiter für Freimaurer-Angelegenheiten. 1935 Versetzung ins ‹Juden-Referat›. Von 1938 an Leiter des Amts für jüdische Auswanderer in Wien. 1939, nach Kriegsausbruch, Leiter des Juden-Referats im Reichssicherheitshauptamt.
Von 1941 an wurde die ‹Dienststelle Eichmann› zur zentralen Stelle für die ‹Endlösung der Judenfrage› ausgebaut. Eichmann wurde da-

mit zum Organisator der Deportationen in die Vernichtungslager, wo der größte Teil der während des 2. Weltkriegs im Machtbereich Hitlers lebenden Juden Europas durch Zwangsarbeit, Hunger, Seuchen, pseudowissenschaftliche Versuche und vor allem durch massenhafte Ermordung, meist mit Giftgas, ausgerottet wurde.
Wo sich Eichmann in den ersten Jahren nach Kriegsende versteckt hielt, ist nicht bekannt. 1950 konnte er mit Hilfe der geheimen ‹Odessa›-Verbindungen und Unterstützung aus Kreisen des Vatikans nach Argentinien entkommen und lebte dort unter falschem Namen als Vertreter eines Industrieunternehmens. Im Mai 1960 wurde Eichmann vom israelischen Geheimdienst entführt und in Jerusalem nach viermonatiger Gerichtsverhandlung am 15. Dezember 1961 zum Tode verurteilt und am 1. Juni 1962 hingerichtet. Seine Aussagen, soweit sie einige noch lebende Personen, darunter Bonner Politiker und hohe Beamte, erheblich belasteten, sind von den israelischen Behörden geheimgehalten worden.

EICKE, Theodor, geboren am 17. Oktober 1892 in Hampont (Elsaß-Lothringen), gefallen am 26. Februar 1943 bei Orelka (UdSSR).
Im 1. Weltkrieg Zahlmeister, trat Eicke 1919 in den thüringischen Polizeidienst ein, wurde 1920 Polizeikommissar in Ludwigshafen. Wegen republikfeindlicher Betätigung entlassen und zeitweise arbeitslos, war Eicke dann bis 1932 ‹Sicherheitskommissar› bei IG Farben (heute BASF) in Ludwigshafen. Seit 1928 Mitglied der NSDAP und SA, rückte er 1931 zum SS-Standartenführer auf. 1932 wurde er wegen eines Bombenanschlags zu 2 Jahren Zuchthaus verurteilt, konnte aber vor Strafantritt mit Himmlers Hilfe ins damals faschistische Italien fliehen, wo er als SS-Oberführer die Leitung des dortigen SS-Flüchtlingslager übernahm.
Eicke kehrte sofort nach der Machtübernahme durch die Hitler-Partei nach Deutschland zurück und wurde Kommandant des Konzentrationslagers Dachau und dessen Wachmannschaft. Vom 4. Juli 1934 an war er Inspekteur aller Konzentrationslager und Führer der SS-Wachverbände, die vom März 1936 an die Bezeichnung ‹Totenkopf-Verbände› führten. Eicke organisierte alle KZ nach Dachauer Muster, führte die Prügelstrafe und das ‹Disziplinarrecht› ein und war verantwortlich für die barbarischen Mißhandlungen der Häftlinge und die zahlreichen ‹Hinrichtungen› aus nichtigem Anlaß.

Nach Kriegsbeginn 1939 organisierte und befehligte Eicke die Toten-Division der Waffen-SS, die für individuelle Greueltaten und organisierte Kriegsverbrechen berüchtigt war. Letzter Dienstgrad: SS-Obergruppenführer und General der Waffen-SS.

FAULHABER, Michael v., Kardinal, Erzbischof von München und Freising, geboren am 5. März 1869 in Heidenfeld (Unterfranken), gestorben am 12. Juni 1952 in München.
Wurde 1892 Priester, 1903 Professor der katholischen Theologie in Straßburg, 1911 Bischof von Speyer, 1914 Feldpropst der königlich bayerischen Armee, 1917 Erzbischof von München und Freising, 1921 Kardinal.
Erzbischof v. Faulhaber bezeichnete den Sturz der Monarchie im November 1918 als «Meineid und Hochverrat», stellte sich noch 1922/23 öffentlich gegen die Republik, die nach seinen Worten («Das Bayerische Vaterland», 28. 8. 1922) «mit einem Kainszeichen gezeichnet» sei. Faulhaber, der während des 1. Weltkriegs als erster Bischof mit dem Eisernen Kreuz 1. Klasse ausgezeichnet und vom bayerischen König geadelt worden war, gehörte zu denen, die sich von Hitlers Machtübernahme eine Wiederherstellung der alten Ordnung versprachen. So schrieb er im Juni 1933, nach Abschluß des Konkordats zwischen dem Reich und dem Vatikan, an dessen Zustandekommen er maßgeblich beteiligt war, an Hitler: «Uns kommt es aufrichtig aus der Seele: Gott erhalte unserem Volke unseren Reichskanzler!» Er äußerte sich wiederholt positiv über die «Errungenschaften» der Nazi-Diktatur (vgl. hierzu «Amtsblatt der Erzdiözese München-Freising vom 21. 2. 1933, 15. 11. 1934 sowie die Ausgaben Nr. 6 und 8 von 1936). Noch 1939, nach einem mißglückten Attentat auf Hitler am 9. November, hielt Kardinal Faulhaber in der Münchner Frauenkirche einen besonderen Dankgottesdienst «für die Errettung des Führers» ab. Obwohl er sich, etwa von 1937 an, auch wiederholt deutlich gegen die Auswüchse der Nazi-Rassenlehre ausgesprochen und energisch die Rechte der Kirche verteidigt hat, blieb Kardinal Faulhaber bis zum Zusammenbruch loyal gegenüber der Hitler-Diktatur. Im Mai 1945 empfahl er der amerikanischen Besatzungsmacht den früheren Vorsitzenden der Bayerischen Volks-Partei, Dr. Fritz Schäffer, als ersten Ministerpräsidenten Bayerns nach dem Kriege.

FEUCHTWANGER, Lion, geboren am 7. Juli 1884 in München, gestorben am 21. Dezember 1958 in Pacific Palisades, California, USA.
Er stammte aus einer in Bayern alteingesessenen jüdischen Bürgerfamilie, studierte Germanistik, Philosophie und Anthropologie in München und Berlin, promovierte zum Dr. phil. in München, wurde während einer Studienreise im August 1914 nach Ausbruch des 1. Weltkriegs in Tunis interniert, floh zurück nach Deutschland und nahm als Freiwilliger am Krieg teil. Unter dem Eindruck seiner Erlebnisse als Soldat schrieb er dann pazifistisch-revolutionäre Dramen, errang dann als Romancier, vor allem mit «Jud Süß», Welterfolge und zog sich mit seinen zeitkritischen Werken, besonders mit der Josephus-Trilogie, deren erster Teil, «Erfolg», in der «Ordnungszelle Bayern» der 20er Jahre spielt, den Haß der politischen Rechten zu.
1933 wurden seine Werke von den Nazis öffentlich verbrannt. Feuchtwanger ging ins Exil nach Südfrankreich, wo er 1940 als «feindlicher Ausländer» interniert wurde. Nach der Kapitulation Frankreichs konnte er über Portugal nach Amerika fliehen und lebte dann bis zu seinem Tode in Kalifornien. In seinen letzten Lebensjahren wurden ihm in beiden deutschen Staaten zahlreiche Ehrungen zuteil, so 1953 der Nationalpreis 1. Klasse der DDR und 1957 der Kultur- und Literaturpreis der Stadt München.

FINCK, August v., geboren am 18. Juli 1898 in Kochel am See, Oberbayern, gestorben 1980.
Der Sohn des Bankiers und Großgrundbesitzers Wilhelm Reichsrat v. Finck übernahm 1924, nach dem Tode seines Vaters, mit erst 26 Jahren die Leitung des Bankhauses Merck, Finck & Co in München, außerdem fast 30 wichtige Aufsichtsratmandate. Unter anderem war er Großaktionär und Aufsichtsratsvorsitzender des Allianz-Versicherungskonzerns und der Münchner Rückversicherung.
August v. Finck lernte frühzeitig Hermann Göring (s. diesen) und den in den Münchner Salons verkehrenden Nazi-Führer Adolf Hitler kennen. Er setzte sich von 1930 an wiederholt für eine Kanzlerschaft Hitlers ein.
Nach der Machtübernahme durch die Nazis trat v. Finck der NSDAP bei, wurde von Hitler zum Senator der Deutschen Akade-

mie, zum Mitglied des exklusiven Generalrats der Wirtschaft und zum Präsidiumsmitglied der Akademie für Deutsches Recht ernannt. Er organisierte Sammlungen, u. a. für das ‹Haus der deutschen Kunst› und für die ‹Hermann-Göring-Geburtstagsspende› der deutschen Wirtschaft.
Das Bankhaus Merck, Finck & Co ‹arisierte› in der Folgezeit zunächst die Privatbank J. Dreyfus & Co, Berlin, dann das führende österreichische Bankhaus S. M. v. Rothschild, Wien, wurde aber nach dem Krieg mit keiner Restitutionsforderung behelligt. Das Nachrichtenmagazin ‹Der Spiegel› zog die Kriegsbilanz des Bankiers: «Das Münchner und das Berliner Bankgebäude zerstört, das Wiener eingebüßt, das Führer-Foto mit eigenhändiger Widmung vom Klavier abgeräumt – sonst alles gerettet!»
Allerdings wurde v. Finck 1945 vorübergehend als prominenter Nazi von der amerikanischen Besatzungsmacht interniert. Im Spruchkammerverfahren, das sich bis 1948 hinzog, wurde v. Finck dann zum bloßen ‹Mitläufer› erklärt und mit 1000 DM Geldstrafe belegt, die ihm dann auf dem Gnadenwege erlassen werden konnte.
Im Zug der Bodenreform wurde v. Finck, einer der größten Grundbesitzer Süddeutschlands, zunächst zur Abgabe von 575 Hektar herangezogen. Das Abgabesoll wurde auf 271 Hektar ermäßigt, und damit war v. Finck zunächst einverstanden. Jahre später stellte sich heraus, daß bei mehr als 100 Hektar der Finckschen Landabgabe keine Übertragung im Grundbuch stattgefunden hatte. Anstatt auf Berichtigung zu dringen, erstattete der Freistaat Bayern dem Bankier noch weitere 41,4 Hektar zurück. In den folgenden Jahren bis 1965 gab Bayern dem Milliardär v. Finck nach und nach weitere 70 Hektar zurück, darunter Äcker, aus denen inzwischen Bau- und Bauerwartungsland geworden war. Außerdem leistete der Freistaat auch noch Schadenersatz: Rund 400 Teilenteignete erhielten zusammen etwa 72 Millionen DM, v. Finck, der sein ursprüngliches Abgabesoll zu 90% nicht erfüllt hatte, forderte erst 52, dann 34 Millionen. Was er tatsächlich erhielt, läßt sich nur schätzen. Bei einer einzigen Transaktion, bei der Bayern den Bankier 45 Hektar an der Peripherie Münchens durch Tausch – und damit praktisch zum qm-Preis von 1 DM – zurückerwerben ließ, verdiente v. Finck Millionen, indem er einen Teil dieses Areals einer Gesellschaft zur Errichtung einer Trabantenstadt überließ – um qm-Preis, laut v. Finck,

von etwa 65 DM! August v. Finck galt bis zu seinem Tode als einer der reichsten Männer der Bundesrepublik; wahrscheinlich war er der reichste überhaupt. Als Aufsichtsratsvorsitzender u. a. der Isar-Amper-Werke, der Löwenbräu AG, der Süddeutschen Bodencreditbank und der Gesellschaft für Markt- und Kühlhallen hatte er maßgeblichen Einfluß weit über München hinaus.

FRICK, Wilhelm, geboren am 12. März 1877 in Alsenz (Pfalz), gestorben am 16. Oktober 1946 in Nürnberg (hingerichtet).
Als Sohn eines bayerischen Beamten studierte er Rechtswissenschaften in München, Göttingen und Berlin, war dann bis 1923 Beamter im Polizeipräsidium München, wo er als Leiter der politischen Polizei die Putschpläne Hitlers deckte. Im Hitlerputsch-Prozeß angeklagt, kam er mit einer kurzen, zur Bewährung ausgesetzten Haftstrafe sowie mit einer gelinden Geldbuße außerordentlich milde davon, da den bayerischen Justizbehörden nicht daran gelegen war, die engen Beziehungen zwischen Polizei und Putschisten aufzudecken (s. auch Ehard, Hans).
Von 1924 an NSDAP-Reichstagsabgeordneter und Fraktionsvorsitzender. Von Januar 1930 bis April 1931 Innenminister von Thüringen, von 1933 bis 1943 Reichsminister des Innern, u. a. verantwortlich für die ‹Rasse›gesetzgebung (s. auch Globke, Hans), von 1943 bis Kriegsende Reichsprotektor von Böhmen und Mähren. Im Nürnberger Hauptkriegsverbrecherprozeß 1946 zum Tode verurteilt und hingerichtet.

GLOBKE, Hans Maria, geboren am 10. September 1898 in Düsseldorf.
Der Sohn eines Textilkaufmanns wuchs in Aachen auf, studierte nach dem 1. Weltkrieg Rechtswissenschaft in Bonn und Köln, promovierte 1922 *magna cum laude*, trat in den preußischen Staatsdienst ein und wurde bereits 1925 stellvertretender Polizeipräsident von Aachen.
1929 wurde Dr. Globke Regierungsrat im preußischen Innenministerium und 1932, noch unter der Kanzlerschaft Heinrich Brünings, Referent im Reichsministerium des Innern.
Als aktives Mitglied der katholischen Zentrumspartei hätte Globke 1933 vom neuen Reichsinnenminister Dr. Frick (NSDAP) wegen

‹nationaler Unzuverlässigkeit› entlassen werden oder, wie es aufrechte Demokraten taten, seinen Abschied nehmen können. Er blieb indessen im Amt und wurde noch im Herbst 1933 zum Oberregierungsrat befördert. Nachdem durch die Entlassung eines jüdischen Beamten aus dem Ministerium eine Planstelle frei geworden war, konnte Globke ein selbständiges Referat übernehmen: Er lieferte die Gesetzentwürfe, die zur totalen Entrechtung der deutschen Juden führten und die Voraussetzung für ihre ‹Aussiedlung› und spätere Ermordung bildeten.
Am 20. April 1938 – Hitlers Geburtstag – schrieb Innenminister Dr. Frick (s. diesen) an den ‹Führer›-Stellvertreter Rudolf Heß: «Oberregierungsrat Dr. Globke gehört unzweifelhaft zu den befähigsten und tüchtigsten Beamten meines Ministeriums. In ganz hervorragendem Maße ist er an dem Zustandekommen der nachstehend genannten Gesetze beteiligt gewesen: a) des Gesetzes zum Schutze des deutschen Blutes und der deutschen Ehre ...» – es folgen eine Reihe weiterer ‹Rasse›gesetze – «... Dr. Globke ist bisher wegen seiner früheren langjährigen Zugehörigkeit zur Zentrumspartei nicht zur Beförderung zum Ministerialrat vorgeschlagen worden. Bei seiner seit der Machtergreifung durch die NSDAP bewiesenen Loyalität und steten Einsatzbereitschaft halte ich es aber für dringend erforderlich, ihm nunmehr durch die Beförderung zum Ministerialrat eine Anerkennung für seine ganz vorzüglichen Leistungen zu Teil werden zu lassen.»
Fricks Antrag wurde stattgegeben. Wenig später, im Winter 1938/39, verhandelte Ministerialrat Dr. Globke bereits erstmals ‹als Vertreter der Reichsregierung› in Prag über einen Vertrag, der dann zustande kam und die erste Zwangsaussiedlung von rund 500000 Menschen aus dem Sudetenland zur Folge hatte.
Inzwischen war Globke auch zum Spezialisten für «Judenangelegenheiten» geworden. Zusammen mit Staatssekretär SS-Obergruppenführer Wilhelm Stuckart verfaßte er den berüchtigten Kommentar zur judenfeindlichen Sondergesetzgebung, der dem Terror des ‹Dritten Reichs› die erforderliche Schein-Legalität gab. Globke bereitete durch Dienstreisen und Vorgespräche mit den örtlichen Machthabern die Judenausrottung in fast allen zum deutschen Herrschafts- und Einflußgebiet gehörenden Ländern Europas vor. Im letzten Geschäftsverteilungsplan des Nazi-Regimes vom 15. Ja-

nuar 1945 war Dr. Globke insgesamt 33mal aufgeführt, an erster Stelle als zuständig für «Allgemeine Angelegenheiten und Geschäftsführung» des «Generalbevollmächtigten für die Reichsverwaltung», Heinrich Himmler (s. diesen).
Nach der Kapitulation versteckte sich Globke (Nr. 101 auf der alliierten Liste der Kriegsverbrecher) im Dominikanerkloster Walberberg bei Köln. Im Herbst 1946 trat er der CDU bei, nachdem er als einer der Hauptzeugen der Anklage im Nürnberger Kriegsverbrecherprozeß fungiert hatte. Von 1949 an war er erst Ministerialdirektor, dann Staatssekretär im Bundeskanzleramt, beeinflußte alle wichtigen Personalentscheidungen und galt als Konrad Adenauers engster Mitarbeiter bis zu dessen Rücktritt. Dann trat Dr. Globke, ausgezeichnet mit dem Großkreuz des Verdienstordens der Bundesrepublik, in den Ruhestand.

GÖRING, Hermann, geboren am 12. Januar 1893 in Rosenheim (Oberbayern), gestorben am 15. Oktober 1946 in Nürnberg (durch Selbstmord).
Der Sohn eines Kolonialbeamten wurde in der Kadettenanstalt Karlsruhe erzogen. Im 1. Weltkrieg war er ein erfolgreicher Jagdflieger, zuletzt Kommandeur des Jagdgeschwaders Richthofen, ausgezeichnet mit dem Orden Pour le mérite. Nach Kriegsende wurde er Berater skandinavischer Flugzeugbaufirmen und Pilot in Schweden. 1922 schloß er sich in München der Hitlerpartei an. Nach dem gescheiterten Hitler-Putsch vom 9. November 1923 floh er nach Österreich, lebte in Italien, dann in Schweden und kehrte 1926 nach Deutschland zurück. 1928 wurde Göring NSDAP-Reichstagsabgeordneter und Hitlers Beauftragter in Berlin, 1932 Reichtagspräsident. Er war dann maßgebend beteiligt an der Bildung des Koalitionskabinetts, das am 30. Januar 1933 unter Reichskanzler Hitler gebildet wurde, und übernahm zunächst kommissarisch das preußische Innenministerium. In dieser Stellung schuf er das Geheime Staatspolizeiamt, das 1934 von Himmler und Heydrich (s. d.) ausgebaut wurde. Nach dem Reichstagsbrand vom 27. Februar 1933 – der Verdacht, daß er die Brandstiftung selbst veranlaßt hat, ist weder ausgeräumt noch eindeutig bewiesen – ging er mit großer Brutalität gegen Kommunisten und Sozialdemokraten vor. Vom 10. April 1933 bis Kriegsende war Göring preußischer Mini-

sterpräsident, seit 5. Mai 1933 auch Reichsminister der Luftfahrt, seit 1935 zugleich (zuletzt als ‹Reichsmarschall›) Oberbefehlshaber der Luftwaffe, außerdem Reichsforst- und Reichsjägermeister, Beauftragter für den Vierjahresplan, Vorsitzender des Reichsverteidigungsrats usw. An der Ermordung der Opfer des sog. ‹Röhm-Putschs› vom 30. 6./1. 7. 1934 in Berlin war Göring maßgeblich beteiligt.

Ämterhäufung, Prunksucht, Korruption und mangelnde Sachkenntnis in Wirtschaftsfragen sowie der Verlust der Luftherrschaft nach der Schlacht um England führten zu starkem Prestigeverlust und zunehmender Entmachtung. Am 8. Mai 1945 geriet Göring in amerikanische Gefangenschaft, wurde vom Internationalen Militärtribunal in Nürnberg 1946 als Hauptkriegsverbrecher zum Tode verurteilt und entzog sich seiner Hinrichtung durch Selbstmord.

HEYDRICH, Reinhard, geboren am 7. 3. 1904 in Halle, gestorben (an den Folgen eines Attentats) am 4. Juni 1942 in Prag.
Als Sohn eines Konservatoriumsdirektors trat Heydrich in die Reichsmarine ein, aus der er 1931 als Oberleutnant nach einem Ehrengerichtsverfahren ausscheiden mußte. Er trat dann der SS bei und wurde bei der SS-Nachrichtenabteilung in München ein enger Mitarbeiter Himmlers (s. d.). Diese Abteilung baute Heydrich von 1932 an zum ‹Sicherheitsdienst› (SD) aus und schuf damit der SS einen eigenen politischen Nachrichtendienst.
Als Leiter der bayerischen politischen Polizei unter Himmler begann Heydrich von 1933 an, Einfluß auf die gesamte Polizei zu nehmen. 1934 wurde er Chef des Geheimen Staatspolizeiamts (und zugleich des neuen SD-Hauptamts) in Berlin. Als ‹Chef der Sicherheitspolizei und des SD› kontrollierte er von 1936 an den gesamten politischen Polizei- und Sicherheitsapparat im Deutschen Reich. Von 1939 an war er Chef des neugeschaffenen Reichssicherheitshauptamts (RSHA), seit 1941 SS-Obergruppenführer und General der Polizei. Am 27. September 1941 wurde er von Hitler (unter Beibehaltung seiner Stellung als RSHA-Chef) zum stellvertretenden Reichsprotektor in Böhmen und Mähren ernannt. Am 27. Mai 1942 wurde auf ihn in Prag ein von tschechischen Patrioten organisiertes Attentat verübt, an dessen Folgen Heydrich starb. Als Vergeltungsmaßnahme wurde das Dorf von der SS vernichtet. 191

Männer und 7 Frauen wurden erschossen, weitere 195 Frauen kamen ins KZ, wo 52 starben. 98 Kinder aus Lidice wurden verschleppt; nur ein Teil von ihnen konnte später in Bayern identifiziert werden.
Heydrich war einer der Hauptverantwortlichen für die Greuel der ‹Einsatzgruppen› und für die Massenvernichtungsaktionen in den KZ.

HIMMLER, Heinrich, geboren am 7. Oktober 1900 in München, gestorben am 23. Mai 1945 bei Lüneburg durch Selbstmord.
Himmler, Sohn eines Oberstudiendirektors, trat 1917 in ein bayerisches Infanterieregiment ein und nahm nach Kriegsende als Freikorpsmann an den konterrevolutionären Kämpfen teil. Nach beendetem Studium (Dipl.-Landwirt) nahm er als Mitglied des von Ernst Röhm (s. d.) gegründeten Wehrverbands ‹Reichskriegsflagge› am Münchner Hitler-Putsch vom 9. November 1923 teil. Er blieb unbehelligt von der Justiz und wurde enger Mitarbeiter Gregor Strassers (der, wie Röhm und andere Kampfgefährten, 1934 von Himmlers SS ermordet wurde).
1925 wurde Himmler NSDAP-Mitglied und stellvertretender Gauleiter in Nieder-, dann in Oberbayern. 1929 ernannte ihn Hitler zum ‹Reichsführer SS›, wobei anzumerken ist, daß die ‹Schutzstaffeln› (SS) damals im gesamten Deutschen Reich weniger als 300 Mitglieder zählten. Er baute die SS zur Parteipolizei aus, versuchte ihr Ordenscharakter zu verleihen (schwarze Uniform, eigene Symbolik) und führte das ‹rassische› Ausleseprinzip als Aufnahmekriterium ein. Die SS blieb aber (bis zur Ermordung Röhms und anderer hoher SA-Führer) dem SA-Stabschef befehlsmäßig unterstellt.
1933 wurde Himmler zunächst Polizeipräsident von München. Von hier aus brachte er mit Unterstützung Heydrichs (s. d.) die politische Polizei erst Bayerns, dann der anderen Länder unter seine Kontrolle; 1934 wurde er auch stellvertretender Chef der Geheimen Staatspolizei (Gestapo) in Preußen, 1936 als Staatssekretär im Reichsinnenministerium Chef der deutschen Polizei. In der Folgezeit führte er die personelle und organisatorische Verschmelzung von Polzei und SS durch; daneben begann er mit dem Aufbau eigener, von der Wehrmacht unabhängiger militärischer Verbände (Waffen-SS). Als Reichskommissar für die Festigung des deutschen

Volkstums war Himmler seit Oktober 1939 verantwortlich für die Umsiedlungs- und Germanisierungsaktionen in den besetzten Ländern Ost- und Südosteuropas, zugleich der entscheidende Organisator der Judenvernichtung («Endlösung») im gesamten Herrschafts- und Einflußgebiet der Nazi-Diktatur.
1943 wurde er Reichminister des Innern und Generalbevollmächtigter für die Reichsverwaltung, außerdem seit 21. Juli 1944 – nach dem gescheiterten Anschlag auf Hitler – Oberbefehlshaber des Ersatzheeres und Chef der Heeresrüstung. 1945 führte er zeitweilig zwei Heeresgruppen. In geheimen Verhandlungen (mit dem schwedischen Grafen Bernadotte) machte er 1945 den Westalliierten ein Kapitulationsangebot und wurde deshalb von Hitler als «Verräter» aller Ämter enthoben und aus der Partei ausgeschlossen.
Nach der Kapitulation geriet Himmler – verkleidet und unter falschem Namen – in britische Gefangenschaft und beging, als seine wahre Identität festgestellt wurde, Selbstmord.

Höhn, Reinhard, geboren am 29. Juli 1904 in Gräfenthal/Thüringen.
Der promovierte Jurist trat 1934 als Leiter der Abteilung 2 der Hauptabteilung II in das Sicherheitshauptamt des SD ein. Nach eigenen Behauptungen schied er 1937 aus dem aktiven SS-Dienst aus und leitete als Direktor das Institut für Staatsforschung, «das mit Himmler nicht das geringste zu tun hatte». Tatsächlich wurde Prof. Höhn am 30. Januar 1939 zum SS-Standartenführer, am 9. November 1944 zum SS-Oberführer befördert. Die letzte Eintragung in den «Dienstalterslisten der Schutzstaffel der NSDAP» vom 9. 11. 1944 lautet: 727 Höhn, Reinhard Prof. Dr., ... Dienststellung: RSi-Hauptamt (Reichssicherheitshauptamt) ... SS-Oberführer seit 9. 11. 44.
In einem Arbeitsbericht Höhns vom 22. Juni 1940 heißt es: «Das Institut bearbeitet seit dem 1. September 1939 eine Reihe vom Reichsminister des Innern und vom Chef der Sicherheitspolizei und des SD übertragener Aufgaben, ... darunter 16 Berichte aus dem Aufgabenbereich des Reichsführers SS.»
Tatsächlich war Höhns Institut von Himmler für die Dauer des Krieges «beordert» und galt laut RSHA-Telefonverzeichnis als eine Art Zweigstelle des Reichssicherheitshauptamts. Höhn war außer-

dem Stellvertreter und Nachfolger Heydrichs im Ausschuß für Polizeirecht an der Akademie für Deutsches Recht.
1945 versteckte sich Höhn zunächst, gründete 1956 die «Akademie für Führungskräfte der Wirtschaft» in Bad Harzburg, die er seither leitet. Er ist auch geschäftsführendes Vorstandsmitglied der Deutschen Volkswirtschaftlichen Gesellschaft, Hamburg.

Kahr, Gustav Ritter v., geboren am 29. November 1862 in Weißenburg (Bayern), gestorben am 30. Juni 1934 in Dachau (von SS ermordet).
Kahr, Sohn eines Gerichtspräsidenten, war seit 1890 als Verwaltungsjurist im bayerischen Staatsdienst tätig, von 1917 bis 1924 als Regierungspräsident von Oberbayern. Nach dem Kapp-Putsch vom März 1920 wurde er bayerischer Ministerpräsident, Innen- und Außenminister, wobei er sich auf den gegen die revolutionäre Linke gerichteten «Ordnungsblock» stützte. Im September 1923 als Generalstaatskommissar mit der Vollzugsgewalt in Bayern beauftragt, geriet v. Kahr in Konflikt mit der Reichsregierung, weil er versuchte, die in Bayern stationierten Reichswehrverbände für eigene, gegen den Bestand der Weimarer Republik gerichtete Ziele ‹in Pflicht› zu nehmen. Er ließ Polizei und Heer mit bewaffneten rechtsextremistischen Verbänden, insbesondere auch mit den Hitler-Anhängern, konspirativ zusammenarbeiten und den Sturm auf die Republik vorbereiten. Er nahm auch selbst, zusammen mit General v. Lossow, an den Vorbereitungen für den Putsch vom 9. November 1923 teil, dessen Erfolgsaussichten ihm aber so gering erschienen, daß er sich aus dem Komplott wieder befreite und die Landespolizei gegen die Putschisten einsetzte. Von 1924 bis 1927 war v. Kahr Präsident des Bayerischen Obersten Verwaltungsgerichts und trat dann in den Ruhestand.
Beim sog. ‹Röhm-Putsch› wurde v. Kahr am 30. Juni 1934 auf Hitlers Befehl ins KZ Dachau gebracht und dort ermordet.

Lorenz, Werner, geboren am 2. Oktober 1891.
Erziehung im Kadettenkorps, Berufsoffizier, Flieger, dann Gutsbesitzer im Freistaat Danzig, schloß sich frühzeitig der NSDAP (Mitgliedsnummer 317994) und der SS (Mitgliedsnummer 6636) an. Lorenz, «zuletzt Führer des SS-Oberabschnitts ‹Nordwest› (Ham-

burg), galt als der Bonvivant der Schutzstaffel und brachte die Kasino-Manieren des alten preußischen Offiziers mit, die leicht darüber hinwegtäuschten, daß der spätere Schwiegervater des Hamburger Verlegers Axel Springer ein unübertroffener Meister der Hinterzimmer-Intrige war». (Heinz Höhne, «Der Orden unter dem Totenkopf. Die Geschichte der SS», Gütersloh, 1967.)
SS-Obergruppenführer Lorenz, Staatsrat und Mitglied des Reichstags, war Chef der «Volksdeutschen Mittelstelle», die in enger Zusammenarbeit mit dem SD bereits vor Ausbruch des 2. Weltkriegs die spätere Umsiedlungs- und Ausrottungspolitik vorbereitete.
Lebte nach dem Ende der Naziherrschaft unbehelligt in West-Berlin; seine Tochter Rosemarie wurde die Ehefrau des Verlegers Axel Springer.

OHLENDORF, Otto, geboren am 4. Februar 1907, hingerichtet 1951 in Nürnberg.
Der hannoversche Bauernsohn, Jurist und Volkswirt, trat bereits 1925 der NSDAP bei (Mitgliedsnummer 6531), später auch der SS (Mitgliedsnummer 880). Vor 1933 war er Ortsgruppenleiter der NSDAP in Hoheneggelsen bei Hildesheim.
Im Frühjahr 1936 trat Ohlendorf ins SD-Hauptamt ein, wo er der engste Mitarbeiter von Reinhard Höhn (s. diesen) wurde. Im April 1937 wurde er Stabsführer der Zentralabteilung II 2, daneben ab 1938 Geschäftsführer der ‹Reichsgruppe Handel›. Im Reichssicherheitshauptamt wurde er mit der Leitung des Inland-SD betraut. Während des Rußlandfeldzugs übernahm Ohlendorf zeitweise den Befehl über die SS-Sonderkommandos der Einsatzgruppe D, die in Südrußland operierte und zu der auch das SS-Sonderkommando 10a unter Dr. Kurt Christmann (s. diesen) gehörte.
Hauptaufgabe der SS-Sonderkommandos war die Ausrottung der jüdischen Zivilbevölkerung im Hinterland, daneben die Liquidierung aller Zivilpersonen und Kriegsgefangenen, die der SS entweder als ‹lebensunwert› oder als mögliche Gegner (Partisanen) erschienen.
Die Absicht des Massenmords an den Juden in der Sowjetunion traf die Opfer völlig unvorbereitet. Die jüdischen Gemeinden, seit der grausamen Unterdrückung und Verfolgung durch das zaristische Regime auf Deutschland als den Hort der Feiheit und Toleranz ver-

trauend, begrüßten vielerorts die einrückenden deutschen Truppen als Freunde.
Aus einer «Ereignismeldung» (Nr. 153) der Einsatzgruppe D (Führung: Otto Ohlendorf):
«Arbeitsbereich der Teilkommandos vor allem in kleineren Orten judenfrei gemacht. In der Berichtszeit wurden 3176 Juden, 85 Partisanen, 12 Plünderer und 122 kommunistische Funktionäre erschossen. Gesamtsumme: 79 276.»
Später übernahm Ohlendorf wieder die Leitung des Inland-SD im Reichssicherheitshauptamt, daneben war er von November 1943 an auch Ministerialdirektor, dann Unterstaatssekretär im Reichswirtschaftsministerium, unter anderem zuständig für die Nachkriegsplanung. In dieser Eigenschaft unterstanden ihm auch die Arbeitskreise, deren Chefplaner der spätere Bundeskanzler Ludwig Erhard war. (Vgl. hierzu: Bernt Engelmann, «Wie wir wurden, was wir sind», München 1980)
Ohlendorf wurde nach Kriegsende vom amerikanischen Militärtribunal wegen seiner Verbrechen in Südrußland zum Tode verurteilt und 1951 hingerichtet.

REINEFARTH, Heinz, geboren am 26. Dezember 1903.
Jurist, machte zunächst als ‹Rechtsberater› des SS-Abschnitts XII Karriere, rückte im Laufe des Krieges zum SS-Gruppenführer und Generalleutnant der Polzei auf, war Höherer SS- und Polizeiführer im Wehrkreis XXI (Warthe) und nahm 1944 mit zwölf Polizei-Kompanien an der Niederschlagung des Warschauer Aufstands teil, bei der von seiten der SS unbeschreibliche Greuel verübt wurden.
1962 tauchte Reinefarth in Schleswig-Holstein auf und wurde BHE-Abgeordneter im Kieler Landtag. Bis 1963 war er auch Bürgermeister der Gemeinde Westerland/Sylt. Das 1961 gegen ihn eingeleitete fünfte Strafverfahren – die vorausgegangenen waren eingestellt worden – wurde auf Antrag der Staatsanwaltschaft Ende 1966 ebenfalls eingestellt. Anfang 1967 erhielt Reinefarth seine Zulassung als Rechtsanwalt.

RÖHM, Ernst, geboren am 28. November 1887 in München, gestorben am 1. Juli 1934 in München (ermordet im Gefängnis Stadelheim).

Der Sohn eines Eisenbahnbeamten wurde Berufsoffizier, nahm am 1. Weltkrieg als Kompanieführer und Generalstäbler teil, zuletzt Hauptmann. Nach Kriegsende hatte Röhm wesentlichen Anteil am Aufbau des konterrevolutionären ‹Freikorps Epp› und der bayerischen ‹Einwohnerwehren›, war der Verbindungsoffizier der Reichswehr zu den rechtsextremistischen Kampforganisationen und wurde Mitglied der NSDAP. Nachdem er 1923 aus der Reichswehr ausgeschieden war, organisierte er die ersten ‹Sturmabteilungen› (SA) der Nazis, nahm am Hitler-Putsch vom 9. November 1923 teil und war 1924–25 NSDAP-Reichstagsabgeordneter. Nach Meinungsverschiedenheiten mit seinem Duzfreund Hitler ging Röhm 1928 als Ausbilder nach Bolivien. Von Hitler zurückgerufen, war er seit 1931 Stabschef der SA.

1933 wurde Röhm bayerischer Staatsminister und Reichminister ohne Geschäftsbereich im 1. Kabinett Hitler. Wegen angeblicher Putschvorbereitungen, in Wahrheit zur Beschwichtigung der Reichswehrführung, die die Bewaffnung der paramilitärischen Verbände Röhms mit Argwohn beobachtete, ließ Hitler seinen Freund und Kampfgefährten, zusammen mit anderen hohen SA-Führern – aber auch Nazi-Gegnern, unliebsamen Zeugen und seinem Vorgänger im Reichskanzleramt, General v. Schleicher – durch seine Stabswache unter Führung Sepp Dietrichs (s. d.) am 30. 6. 1934 festnehmen und ermorden.

Durch Reichsgesetz vom 3. Juli 1934 wurde der Massenmord als «Staatsnotstand» für Rechtens erklärt. Die SA war von da an führungslos und entmachtet. Die SS und das NSKK, bis dahin Teile der SA, wurden selbständige Gliederungen der Nazi-Partei.

ROSENTHAL, Arnold.
Der im Roman geschilderte Fall des Arnold Rosenthal (Zuchthausstrafe wegen Devisenvergehen zugunsten des eigenen Kindes sowie zur Finanzierung der Rettung fremder Kinder) entspricht den Tatsachen. Auch die Verweigerung der Rückerstattung des eingezogenen Vermögens mit der Begründung, die in der Zeit der Nazidiktatur gegen Arnold Rosenthal ausgesprochene Strafe sei ‹Rechtens› gewesen, ist keine Erfindung. Das zitierte höchstrichterliche Urteil ist tatsächlich so ergangen.

Rosenthal, Fritz, siehe Ben-Chorin, Schalom.

Schacht, Hjalmar, geboren am 22. Januar 1877 in Tingleff (Schleswig), gestorben am 3. Juni 1970 in München.
Der Kaufmannssohn studierte im In- und Ausland Nationalökonomie, promovierte als Dr. phil., war danach in leitenden Stellungen bei Großbanken tätig. 1918 war er Mitbegründer der Deutschen Demokratischen Partei, die er 1926 wieder verließ.
1923 wurde er Reichswährungskommissar (Einführung der Rentenmark) und war von 1924–30 und von 1933–39 Reichsbankpräsident, von 1934–37 zugleich Reichswirtschaftsminister.
Der von Hause aus monarchistisch gesinnte Schacht wandte sich von 1926 an immer mehr der antirepublikanischen Rechten zu. Im Mai 1929 einigte er sich mit Vertretern der Schwerindustrie auf die Durchsetzung eines reaktionären Kurses. Im Dezember 1930 wurde er mit Göring (s. d.) bekannt und traf bald darauf mit Hitler und Goebbels zusammen. Von da an setzte er sich mit Nachdruck dafür ein, die Hitler-Partei an der Regierung zu beteiligen. Im Oktober 1931 nahm er in Bad Harzburg an dem Treffen der äußersten Rechten teil, das zur Bildung der ‹Harzburger Front›, einem Bündnis der Deutschnationalen mit Hitler und der NSDAP, führte. Im November 1932 initiierte er die Eingabe führender Unternehmer an Hindenburg mit der Forderung, Hitler zum Kanzler zu ernennen. Im Februar 1933 sammelte er bei Industriellen und Bankiers rund 3 Millionen RM für den Wahlkampf der Hitler-Koalition gegen die Linke.
Als Hitlers Wirtschaftsminister und Reichsbankpräsident trug er wesentlich zur Finanzierung der Aufrüstung und der Kriegsvorbereitungen bei. Bis 1943 gehörte er dem Kabinett als Reichsminister ohne Geschäftsbereich an. Nach dem 20. Juli 1944 wurde er wegen seiner Verbindungen zu Widerstandskreisen in Schutzhaft genommen und blieb bis Kriegsende interniert. Im Nürnberger Hauptkriegsverbrecherprozeß wurde er freigesprochen. Im Spruchkammerverfahren zunächst zu 9 Jahren Arbeitslager verurteilt, wurde Schacht 1950 entlassen und war dann (von 1953 an) Mitinhaber der Außenhandelsbank Schacht & Co in Düsseldorf.

Schäffer, Fritz, geboren am 12. Mai 1888 in München, gestorben am 29. März 1967 in Berchtesgaden.

Nach Jurastudium in München und einjährigem Wehrdienst (1915/ 16) trat Fritz Schäffer in den bayerischen Staatsdienst und wurde 1920 Regierungsrat im Kultusministerium. Von 1920–1933 gehörte er als Abgeordneter der Bayerischen Volks-Partei dem Landtag an, war von 1929–1933 Parteivorsitzender, von 1931– 1933 auch Mitglied des Landeskabinetts, zuständig für die Finanzen.
1919 hatte Schäffer als Freikorpsmann an der blutigen Niederschlagung der Münchner Räterepublik teilgenommen. Wie sehr er schon in der Frühzeit der Weimarer Republik mit den völkischen und nationalsozialistischen Gruppen sympathisierte, ließ er 1922 erkennen, als er als Abgeordneter der klerikal-monarchistischen Bayerischen Volks-Partei für seine Fraktion die Ablehnung eines sozialdemokratischen Antrags auf Verbot der Nazi- und anderer rechtsextremististischer Kampfverbände, die in Coburg politische Gegner überfallen und brutal mißhandelt hatten, wie folgt begründete: «Wir haben keinen Anlaß, uns gegen diese Verbände zu wenden, wir haben keinen Anlaß, ihnen mit Mißtrauen entgegenzutreten... Die Interpellation (der SPD) müßte eigentlich lauten: ‹Was gedenkt die bayerische Staatsregierung zu tun, um die bayerische Sozialdemokratie vor einem unangenehmen parteipolitischen Gegner zu bewahren?› Die Nationalsozialisten haben allerdings hierbei ihre körperliche Überlegenheit zu sehr ausgenützt und ..., über die Abwehr hinaus, von ihrer körperlichen Gewandtheit Gebrauch gemacht... Soll es unsere Aufgabe sein, dem Marxismus einen Gegner zu ersparen?» (Amtliches Protokoll des Bayerischen Landtags vom 11. 11. 1922)
Schon 1932 setzte sich Schäffer als BVP-Vorsitzender wiederholt dafür ein, die Nazis in die Reichsregierung aufzunehmen. Er schrieb an Reichspräsident v. Hindenburg, seine Parteifreunde und er selbst hätten «gegen eine Kanzlerschaft Hitlers keine prinzipiellen Einwendungen». Dem damaligen Reichskanzler v. Papen teilte Schäffer mit, er sei «durchaus bereit, in eine Regierung Hitlers einzutreten».
Doch die Nazis brauchten Schäffer nicht, auch nicht in Bayern, wo seine Partei zuletzt eine Koalition mit den Hitleranhängern eingegangen war. Im März 1933 mußten Schäffer und seine Parteifreunde ihre Ministersessel räumen, und wenig später löste sich die Bayerische Volks-Partei auf. Denn, so Schäffer damals, «über allem steht für die Bayrische Volks-Partei der große Gesichtspunkt, daß ein

Scheitern der jetzigen Reichsregierung (unter Adolf Hitler) ein Unglück und eine Gefahr für das ganze deutsche Volk wäre».
Am 4. Mai 1933 erklärte Schäffer gegenüber dem ‹Regensburger Anzeiger›, «die Aufgabe, zu der Adolf Hitler als ein Neuerer des Reiches berufen ist, ist so groß, daß es nötig ist, alle Kräfte wachzurufen und einzusetzen, daß dem Kanzler um Deutschlands willen die gigantische Aufgabe gelingt. Nichts wäre wahnsinniger als eine politische Spekulation auf ein Scheitern dieser Aufgabe.»
So blieb Schäffer in den zwölf Jahren der Nazi-Diktatur unbehelligt, und im Mai 1945 ernannte ihn die amerikanische Militärregierung zum Ministerpräsidenten. Sie folgte damit einer Empfehlung des Kardinals Faulhaber (s. d.). Vier Monate später wurde Schäffer vom US-Oberkommando amtsenthoben, nachdem zwei Berichterstatter, die der Oberkommandierende geschickt hatte, feststellten: «Die bayerische Regierung besteht aus einer klerikalen, monarchistischen militaristischen Clique, angefüllt mit senilen, starrköpfigen Reaktionären.»
Schäffer, Gründungsmitglied der CSU, wurde 1949 Bundesfinanzminister, später Bundesjustizminister in den verschiedenen Kabinetten Dr. Adenauers.
Erst 1961 trat er in den Ruhestand, ausgezeichnet mit dem Großkreuz des Verdienstordens der Bundesrepublik.

SCHELLENBERG, Walter, geboren am 16. Januar 1910 in Saarbrükken, gestorben am 31. März 1952 in Turin.
Als Sohn eines saarländischen Fabrikanten studierte er zunächst Medizin und Rechtswissenschaft, trat 1933 in die NSDAP ein und wurde 1934 Mitarbeiter des Sicherheitsdienstes (SD) der SS. Nach Verwendung im Reichsinnenministerium und in der Auslandsspionage war Schellenberg von 1939 bis 1942 stellvertretender Leiter des Amts IV (Inlandabwehr) im Reichssicherheitshauptamt, dann dort bis Kriegsende Leiter des Amts VI (Auslandsnachrichtendienst). Nach dem 20. Juli 1944 wurde ihm auch die gesamte militärische Abwehr unterstellt.
Als Vertrauter Himmlers, SS-Gruppenführer und Generalleutnant der Waffen-SS nahm der Geheimdienstchef in der Endphase des 2. Weltkriegs wiederholt Kontakt mit den Westalliierten auf, um die Möglichkeit eines Separatfriedens und eines Bündnisses Hitler-

Deutschlands mit den Westmächten gegen die Sowjetunion zu sondieren.
Bald nach Kriegsende wurde Schellenberg von Schweden an die westlichen Besatzungsmächte ausgeliefert, 1949 in Nürnberg zu 6 Jahren Freiheitsstrafe verurteilt, jedoch bereits 1950 begnadigt und entlassen.

SIX, Franz, geboren am 12. August 1909 in Regensburg. Der aus gutbürgerlicher Familie stammende Staatswissenschaftler trat bereits 1930 in die NSDAP, im Frühjahr 1935 in die SS ein, wo er sogleich Chef des Amts II im Sicherheitshauptamt des SD wurde. Später übernahm Six die Abteilung VII des Reichssicherheitshauptamts.
Im 2. Weltkrieg wurde Six Chef des «Vorkommandos Moskau», mit dem er im Juli 1941 in Smolensk eintraf. Dieses Kommando sollte, sobald die deutschen Truppen Moskau erreichen würden, dort alle Archive sicherstellen. Tatsache ist, «daß das Vorkommando Moskau, während es unter Leitung von Six stand, zur Liquidierungsaktion gebraucht wurde und daß außerdem die Sicherstellung von Dokumenten in Rußland nicht aus wirtschaftlichen und kulturellen Gründen geschah, sondern in der Absicht, Listen kommunistischer Fuktionäre zu erhalten, die selbst Kandidaten für die Liquidierung geworden wären». (Aus der Urteilsbegründung im Fall 9 – Einsatzgruppenprozeß – des Nürnberger Gerichtshofs, S. 161) Im Einsatzgruppenprozeß wurde SS-Oberführer Dr. Six von den amerikanischen Richtern zu 20 Jahren Freiheitsstrafe verurteilt. Anfang 1951 wurde Six begnadigt und entlassen. Er wurde dann Werbechef bei einem Industrieunternehmen am Bodensee, nach DDR-Angaben auch Mitarbeiter des Bundesnachrichtendienstes.

WALDECK-PYRMONT, Josias zu, geboren am 13. Mai 1896 in Arolsen, gestorben 1967.
Der ‹Erbprinz›, dessen Vater noch bis 1918 den deutschen Kleinstaat (rund 1200 qkm mit damals knapp 70 000 Einwohnern) als Fürst regierte, trat bereits 1929 der SS bei (Mitgliedsnummer 2139) und war schon vor 1933 einer der ranghöchsten SS-Führer. 1934 nahm der Erbprinz Josias zu Waldeck-Pyrmont, an der Seite des ‹Leibstandarten›-Führers Sepp Dietrich (s. d.), an der Ermor-

dung Röhms (s. d.) und anderer hoher SA-Führer in München-Stadelheim teil. 1935 wurde er Führer des SS-Oberabschnitts Werra-Fulda, 1936 SS-Obergruppenführer, 1941 General der Polizei, 1944 General der Waffen-SS.
Er war außerdem Mitglied des Reichstags, gehörte dem 2. Senat des berüchtigten Volksgerichtshofs an und wirkte dort mit an Terrorurteilen gegen Widerstandskämpfer. Als sog. ‹Gerichtsherr› des KZ Buchenwald hätte er für die Einhaltung rechtsstaatlicher Normen im ‹Schutzhaft›-Vollzug sorgen müssen; wie er es damit hielt, ist nachzulesen bei Eugen Kogon, ‹Der SS-Staat›.
Erbprinz Josias verstand es, sich während der Zeit der Nazi-Diktatur erhebliche Vorteile zu verschaffen. So erreichte er mit Hilfe Himmlers, daß sein Großgrundbesitz (1937: über 5000 Hektar) zum «Erbhof» erklärt wurde, obwohl die Nazi-Gesetze für derart privilegierten Grundbesitz eine Obergrenze von 125 Hektar zwingend vorschrieben.
Seiner ‹Residenz› Arolsen verschaffte Josias zu Waldeck SS-Garnisonen, eine SS-Führerschule und ein Außenlager des KZ Buchenwald.
Nach dem 2. Weltkrieg wurde Josias zu Waldeck zu lebenslanger Freiheitsstrafe verurteilt, jedoch schon bald begnadigt und auf freien Fuß gesetzt. Spätere Verfahren deutscher Ermittlungsbehörden, die gegen ihn eingeleitet wurden, weil sich der Verdacht weiterer Schwerverbrechen ergeben hatte, mußten eingestellt werden, weil der ‹Erbprinz› nach ärztlichem Attest nicht mehr verhandlungsfähig war.

WENCK, Walter, geboren am 18. September 1900 in Wittenberg/Elbe.
Als Sohn eines Berufsoffiziers schlug Wenck ebenfalls diese Laufbahn ein, war zunächst in der Reichswehr, dann in der Wehrmacht als Generalstabsoffizier, bei Kriegsbeginn vom Generalstab des XVI. Armeekorps zur 1. Panzerdivision kommandiert. 1942 wurde er Generalstabschef bei der 3. rumänischen Armee. 1943/44 Chef der Heeresgruppe Südukraine, nach dem 20. Juli 1944 zum Chef der Operationsabteilung des Oberkommandos der Wehrmacht ernannt – ein besonderer Vertrauensbeweis Hitlers, der Wenck schon zuvor mit dem Ritterkreuz ausgezeichnet hatte.

In den letzten Kriegsmonaten war Wenck als ‹Durchhalte›-General berüchtigt. Hitler setzte auf ihn seine letzten Hoffnungen, doch konnte die ‹Geisterarmee› Wenck die eingeschlossene Reichshauptstadt nicht entlasten, schon gar nicht aus der Umklammerung befreien.
Nach 1945 war General a. D. Wenck in leitenden Stellungen bei westdeutschen Industriefirmen, von 1961–66 Generaldirektor der Diehl-Gruppe, auch Rüstungsbeauftragter des Bundesverbands der deutschen Industrie (BDI). Als zum engsten Kreis um Franz Josef Strauß gehörend, war Wenck auch für die rechtsextreme ‹Deutschland-Stiftung› tätig.

WISSEBACH, Hans, geboren am 19. Oktober 1919 in Marburg/Lahn.
Nach eigenen Angaben im Handbuch des Deutschen Bundestages: «1938 Abitur. Arbeitsdienst, anschließend Wehr- und Kriegsdienst bei der Waffen-SS. Teilnahme am Polen-, West- und Balkanfeldzug als Soldat bzw. Unterführer, am Rußlandfeldzug als Offizier. März 1942 durch Verwundung erblindet und sofort in russische Gefangenschaft geraten. Heimkehr 1954 ... Seit 1961 Mitglied der CDU, seit 1965 Mitglied des Kreisvorstands der CDU. 1968 Stadtverordneter in Marburg.» Mitglied des Bundestags (CDU-Landesliste Hessen) 1969–1976 und seit 1977. Zugelassen als Rechtsanwalt.
Wissebach war Offizier in der SS-Division «Leibstandarte Adolf Hitler» (s. auch Dietrich, Sepp). Er ist nicht der einzige CDU/CSU-Bundestagsabgeordnete, der sich freiwillig zur ‹Leibstandarte Adolf Hitler› gemeldet und als ihr Angehöriger im Einsatz gestanden hat. Auch der ehemalige oberste HJ-Führer des ‹Reichsprotektorats Böhmen und Mähren›, Siegfried Zoglmann, Mitglied des Bundestags seit 1957, seit 1970 übergetreten zur CSU, hat sich 1940 freiwillig zur ‹Leibstandarte› gemeldet und war zeitweise zur ‹Frontbewährung› als SS-Untersturmführer in der Sowjetunion eingesetzt.

AutorenEdition

Der packende Roman über die deutsche Nachkriegszeit.

Gerd Fuchs
Stunde Null
Roman
340 Seiten,
geb. DM 34,–
ISBN 3-7610-0576-8

Mai 1945: Der Gefreite Werner Haupt kehrt aus dem Krieg heim und findet kein Zuhause mehr vor. Die Eltern sind verschwunden, der jüngere Bruder sitzt als Anführer einer Werwolfbande im Gefängnis, das Dorf ist von den Amerikanern besetzt. Es gilt, aus dem Leid und Chaos einen neuen, mühsamen Anfang zu machen.

Dieser Roman wird alle Leser packen, die in Werken der Gegenwartsliteratur die Begegnung mit der jüngsten Geschichte dieses Landes und den Geschicken seiner Bewohner suchen.

Verlag AutorenEdition im Athenäum Verlag München und Königstein/Ts.

Bernt Engelmann

Großes Bundesverdienstkreuz
Tatsachenroman
(1924)

Hotel Bilderberg
Tatsachenroman
(4471)

Trotz alledem
Deutsche Radikale 1777–1977
(Sachbuch 7194)

Stefan Heym

Auskunft 2

Neue Prosa aus der DDR
(4816) Oktober '81

44 Kurzgeschichten und Skizzen, Essays und Fragmente aus der DDR. «Das Interesse an Unternehmen wie «Auskunft», den Bänden eins (rororo Nr. 4046) und zwei zusammen, ist gerade darum im Westen so groß, weil ernstzunehmende, sprachliche und künstlerisch bedeutende Literatur Aufschluß gibt über das, was hinter den Fassaden ist.»
(Neue Zürcher Zeitung)

Auskunft

Neue Prosa aus der DDR
(4046)